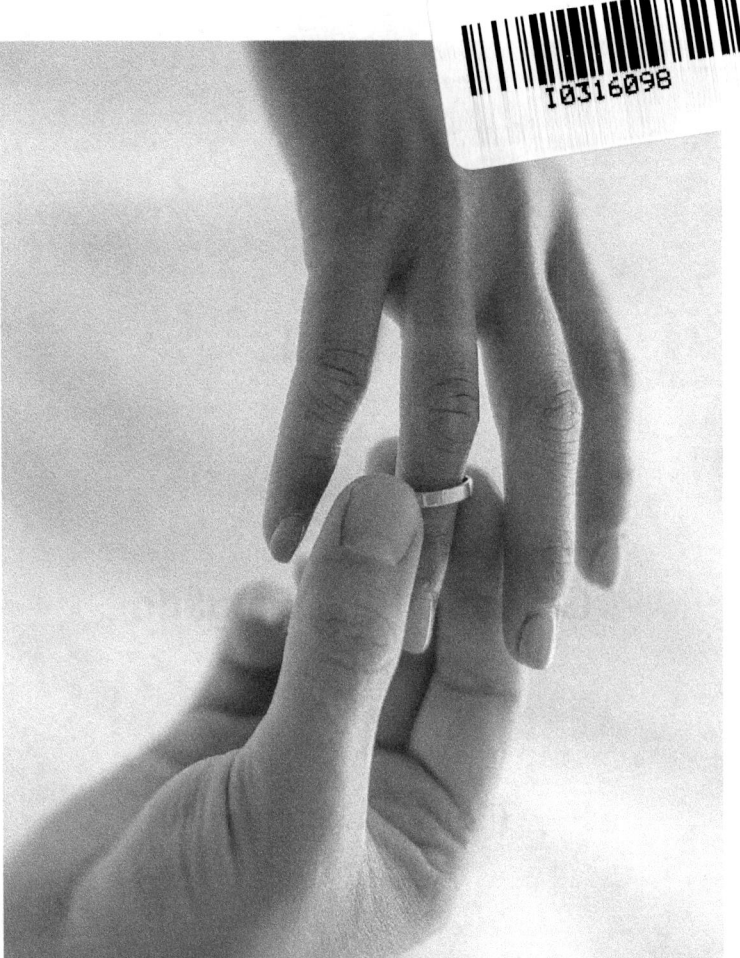

MI PIEL

Gustavo Pino Salgado

(Edición segunda)

Título: MI PIEL

Autor: Gustavo Pino Salgado

Editor: Gustavo Pino Salgado

Colaboradora: Salomé Moure Saa

Gracias por la adquisición de este libro.

Asimismo, gracias por respetar las normas naturales de los derechos de autor al no copiar, reproducir o escanear parte o la totalidad del contenido de esta obra.

Todos los derechos reservados a favor del autor y editor.

© Copyright: Gustavo Pino Salgado

Sistema Internacional Identificación Libros

(ISBN): 9781326881719

Registro Propiedad Intelectual

(RPI): 00765-01789421

BIOGRAFÍA

Gustavo Pino Salgado
Nació en Mourazos (España).
Licenciado en Derecho.

Profesionalmente, completó dos etapas:
1ª En el mundo de electrónica, 15 años.
2ª En el universo de la justicia, 28 años.

Publicó las siguientes obras:
Pipa Guleta, abril 2024
Las seis condiciones, marzo 2024
Mi piel, septiembre de 2022
Azúcar tirano, junio de 2020
La cortina, enero de 2016
Jura de cuentas, octubre de 2014
Justicia nonada, febrero de 2013
Gestión justicia, julio de 2004

Sinopsis

Esta obra pretende hacerse eco de las delicias que se sienten debajo de las sábanas y, al mismo tiempo, de las traiciones que se sufren encima de las mismas.

También intenta recoger una pizca de todo el amor gozado por la pareja, disfrutado dentro de una primera etapa de sus vidas ordenadas, así como airear algunos de los pecados y delitos cometidos y sufridos por ellos en la época siguiente.

Esta es la vida de Bel, de Isa, de Isabel durante diez años de efervescencia, desde los veintitrés hasta los treinta y tres años.

De Alejandro nos muestra que es todo corazón, responsabilidad y, sin sentido ni justificación alguna, también con alevosía.

Las necesidades y empujes de la pasión se enfrentan con los compromisos y las obligaciones de la razón, hasta que la devoción por la carne y el placer le ganan la batalla a la obligación y a la razón, comenzando entonces el recorrido trágico desde el cielo hasta el infierno.

En algunas travesías de esos diez años se utiliza cierto tipo de expresiones descarnadas, propias de los personajes en acción, del tipo de obra y de autores que no se sienten sujetos a las restricciones morales, religiosas o sociales de su entorno; por eso, en esta obra se utiliza un lenguaje con pocas limitaciones, muy cercano al interior y a la realidad de las personas, sobre todo cuando se comunican entre amigos íntimos y, muy especialmente, cuando ese lenguaje, sin ser proyectado por la lengua, fluye en el cerebro y se mueve dentro del mismo en forma de pensamiento.

El autor.

Dedicado a:

Mi esposa, María Salomé Moure Saa

TABLA DE CONTENIDOS

CAP 1	EL ENCUENTRO	9
CAP 2	MI AMIGA Y SU AMIGO	33
CAP 3	PLANES OCULTOS	60
CAP 4	LA TARJETA	76
CAP 5	LA FINAL DE TENIS	84
CAP 6	LA PRIMERA SIESTA	95
CAP 7	LA NARIZ	117
CAP 8	AMOR ETERNO	135
CAP 9	ANTES Y DESPUÉS DE LA BODA	163
CAP 10	EL CUMPLEAÑOS	196
CAP 11	EL INCENDIO	240
CAP 12	El PICADERO	269
CAP 13	LOS INDICIOS	284
CAP 14	LAS CUCHILLADAS	299
CAP 15	PARTICION DE PERAS	316
CAP 16	EL DIVORCIO	324
CAP 17	¿POR QUÉ?	335
CAP 18	LA INCINERACIÓN	355
CAP 19	LA MANSIÓN	359
CAP 20	EL CHICO	373
CAP 21	ANILLO Y MUERTE	380
CAP 22	EL DESPIDO	403
CAP 23	LAS ALEGRIAS	417
CAP 24	LA VIDA DURA	426
CAP 25	LA NOSTALGIA	437
CAP 26	DE LA NOCHE AL DIA	469

CAP 1 EL ENCUENTRO

Las tres amigas se fueron a bailar, como lo hacían una buena parte de cada uno de los sábados. Generalmente, ellas no repetían dos veces seguidas el mismo local de baile, salvo que a alguna de las amigas le hubiera ido muy bien ese sábado, esto es, que hubiera conocido a algún guapo y se le abrieran los ojos por volver, lo cual, si hubiera sucedido así, el próximo sábado volvían al mismo baile para que ninguna de las amigas se quedara colgada y con la miel cerca de los labios. Las otras dos amigas habían salido, con cierta frecuencia, con la miel en los labios, si bien ella no encontraba ni la miel ni los labios. Sin embargo, no se trataba de que fuera manca, ni que tuviera que ocultar ningún tipo de pequeñeces, no, no, puesto que los guapos la miraban mucho más a ella que a las otras dos amigas; se trataba de que ella no se lanzaba a ninguna piscina que no estuviera totalmente llena de agua, pues no iba a darse golpes de los que dejan cicatrices. Ella no bailaba con chicos, no a la primera, solo lo hacía con sus amigas y únicamente cuando se bailaba desagarrado. Una vez les había secreteado a sus dos amigas que el baile agarrado no se había concebido para compartirlo con amigas, ni con otras chicas (bailar agarrado con otras chicas no es la ilusión de mi vida, decía), ni con chicos vulgares. Bueno, de inmediato había matizado que probablemente eso de "chicos vulgares" no había sido la expresión más afortunada de su vida; más bien pretendía decir que solo bailaría agarrada a su príncipe dorado. Aquella sala de baile, que los dueños habían bautizado con el nombre de DiscoDance, estaba situada en un local semisótano, como la mayoría de esos locales. Era un trozo del mundo metido allí abajo, no solo por las tres pistas extensas para bailar y moverlo todo, sino por todo lo que envolvía, y envolvía mucho. Unos lavabos grandiosos para las féminas, (ella no conocía el de los chicos, porque nunca había pisado el lavabo de hombres, a diferencia de alguna otra que, tal vez por error, sí había hecho), con un espejo enorme de, no se sabe, más de treinta metros de largo, para que las guapas pudieran poner en su sitio todos sus pelos, tanto de la cabeza como de las cejas y, quienes tuvieran en algún otro sitio, también. Tres barras larguísimas, donde servían de todo, porque bailar y revolotear aguantando la sed en el cuerpo era de espíritus cortitos. Además, había una zona muy bien acondicionada para la comunicación social y el enredo, ya que por los alrededores la música se oía, pero no impedía saborear y discernir los chistes buenos de los malos; claro que los sofás se habían vuelto un poco antipáticos, seguramente por el cansancio de soportar los empujones de más de un vándalo poco considerado.

En aquella tarde noche de un sábado de comienzo de verano, las expectativas, como siempre, eran muchas, aunque para algunas se cumplían más que para otras. De todas formas, siempre quedaban muchas sonrisas que ofrecer, algún chiste por degustar y alguna buena nueva que cuchichear, pues la tarde no había hecho más que empezar. Eran las 21:30 horas, lo que significaba que quedaba mucho por investigar, pues hasta las 24:00 horas no se iban a casa, algunos y algunas, debido a que esa era la hora en que, aquella sala de baile y de encuentros, cerraba. Las guapas y los guapos que por DiscoDance se movían no tenían claro si desearse buenas tardes o buenas noches, ya que, cuando abría, a las nueve de la tarde y en verano, era de tarde, con su medio sol y sus confianzas, y, cuando cerraba, a las doce de la noche, era de noche, con su luna llena y sus temores.

Algunos se quejaban de que el horario era raro, pues ni era una discoteca de tarde ni lo era de noche, pero ahí estaba, funcionando a tope, con una animación estelar de guapas y guapos.

Las tres amigas estaban sentadas alrededor de una mesita donde apoyar unos vasos altos con líquido colorado. A ella aquel tipo de consumición no le chiflaba precisamente, pero era lo que ponían en forma estándar, es decir, en forma gratis para las chicas, así que, como justificaba una de sus amigas:

"A consumición regalada, no le mires si está salada".

Se decían muchas cosas las tres, cosas muy graciosas que merecían otras tantas risotadas, si bien no todo se les iba por la boca, ya que, entre risa y sonrisa, los ojos también se movían por el horizonte, especialmente los de sus dos amigas que tenían un gran sentido de la investigación espontánea

Comenzó a sonar un rock y como a sus amigas el rock las arrancaba de sus asientos, gritaron al unísono:

--¡Venga, vamos a bailar hasta que se nos caiga el tanga!

Se levantaron y salieron de estampida, como dos gacelas perseguidas por un leopardo. Ella, que no hacía eso de cruzar la pista atropellando a los iguales, se lo tomó con más calma, musitando:

--Bah, si se acaba este rock, ya podrán otro.

Eso se dijo para confortarse a sí misma, porque, a decir verdad, hoy no estaba sobrada de euforia. Se tomó un pequeño trago de aquel vaso que contenía agua con colorante adulterado y, cuando justo se iba a levantar para sumarme al rock, escuchó cerca de sí una voz desconocida, aunque nada hostil, que más bien irradiaba sosiego. Su oído escuchó:

--Buenas tardes. Disculpe mi atrevimiento.

Ella no hacía caso de moscones aprovechados que por allí se asomaban con cierta frecuencia, pero esta vez, aquella voz suave la descolocó y le activó la curiosidad femenina, así que se giró solo lo suficiente para percibir que pretendía y por qué se disculpaba aquel atrevido.

--Esta humilde Sala de Baile, en su elección semanal que organiza cada sábado, hoy la ha elegido a usted como Miss DiscoDance. --Eso fue diciendo él en forma tranquila, despacio. Y prosiguió. --Es un honor comunicarle que ha sido elegida Reina de Honor en este día. Permítanos ofrecerle una copa de cava, deseándole una noche muy divertida. Gracias por su aceptación.

Mientras iba diciendo esas palabras, él consiguió descorchar una botella de cava con cierto trabajo, vertió con alguna torpeza el líquido suficiente para mediar la copa y que las burbujas no rebosaran. Seguidamente, con movimientos comedidos, retiró un poco su pierna derecha hacia atrás, dobló otro tanto la rodilla izquierda hacia adelante y alargó su brazo derecho sujetando la copa de cava en su mano. Tras el gesto a modo de reverencia, le ofreció la copa. A ella se le estaba yendo la calma por los aires, por encima de las nubes, pues aquella invitación repentina, allí en medio y con la gente cercana mirándolos, la dejó sorprendida, hasta cerca del desmayo. Pero, no solo por eso, sino porque se había dirigido a ella en forma de sumo respeto, en forma de "usted", lo cual no era nada habitual en una pista de baile y sus alrededores.

No supo ella el por qué se fijó en los detalles de las piernas y de los brazos, de como hacía la reverencia y, sin embargo, no se fijó en su cara, pero así fue.

Él llevaba un ratito con la copa y su mano tendida hacia ella, si bien la chica únicamente miró la copa que se le ofrecía gentilmente, muy desconcertada. Dudó algún segundo más ante aquella situación insólita para ella, pues nunca le había pasado nada parecido ni había oído nunca que allí eligieran una chica cada semana para ofrecerles una copa de cava. Alguna ráfaga de viento, procedente de alguna puerta abierta, debió mover el brazo de ella. Cogió la copa con su mano derecha. El cava comenzó a tintinearse dentro de la copa, cuyo tintineo estaba chivando a los ojos presentes el grado de excitación emocional que aquello implicaba.

Mientras se produjo la transferencia de la copa de la mano de él a la de ella, entró en la retina de esta un paño de color negro que él soportaba en su antebrazo, a semejanza de los que llevan los camareros de alto copete.

Aquella situación de alucinación le pudo. No supo qué hacer con la copa de cava en su mano, hasta que reaccionó como si fuera una chica fuerte y segura, diciéndose:

"¿Qué se hace con una copa de cava en la mano? Pues, tomársela".

Con eso, acercó la copa de cava a medio palmo de su boca, donde se detuvo como desconfiando de si debía tomarse ni una gota de aquel líquido.

--¿Y si este tío ha puesto algo en el cava? Yo qué sé, alguna droga.

Casi acto seguido se dijo que eso no podía ser, porque la botella no venía abierta, pues al menos había tenido la consideración de descorcharla en su presencia. Tras aquel momento de duda, llevó la copa a sus labios y saboreó dos gotas de aquel cava.

"¡Delicioso!", pensó respecto a la primera gota.

"¡Exquisito!", consideró referente a la segunda gota.

Levantó su vista para decirle alguna cosa al camarero, como gracias o algo parecido, pero por más que movió los ojos, nada, no pudo localizarlo. Había desaparecido.

El problema era a quien buscaba, puesto que no le había visto ni su cara y, por tanto, no sabía a quién buscar, buscaba a nadie.

Se quedó sentada, con la copa en la mano, navegando.

Cuando una de sus amigas regresó a buscarla, le preguntó.

--¿Eh, monjita, por qué no vienes?

Al verla con la copa de cava en su mano volvió a preguntarle.

--¿Y esa copa, tía?

Pero fue cuando vio la expresión de sorpresa que ella aún conservaba en su cara, cuando exclamó.

--¡Chica, ¿has visto a un fantasma?!

Su amiga le había hecho tres preguntas y ella todavía no había contestado a ninguna. Se concentró en la última pregunta hasta concluir que sí, que tal vez un fantasma le había invitado a una copa de cava, porque de lo contrario, ¿dónde estaba?, ¿dónde se había metido? Un poco después le dijo a su amiga.

--Eh, bailad vosotras, que a mi ahora no me apetece mucho. Después iré.

No quería marcharse de allí por si el fantasma volvía para recoger la copa, momento en que podría agradecerle la cortesía y que se la trasladara a sus jefes. Y es que cada día no te nombran Reina de Honor de una sala de baile con la multitud de bellezas pretendientes que pululaban al acecho. Y pensando en lo anterior, se dijo.

"Hombre, el nombre de fantasma es un poco duro, por eso, mientras no sepa su nombre real, le llamaré "Fanta", que es más llevadero".

Ella seguía girando la copa de cava sin prisas, como dejando pasar el tiempo en espera de que pasara algo. Hasta que se dijo bajito, para que solo lo oyeran los cercanos.

--Y el jurado ¿dónde está? Bueno, si no hay jurado, supongo que fue el jefe de esta lanzadera espacial quien decidió que hoy era yo la elegida, la Reina.

Después de un buen rato, un tanto largo, levantó la cabeza y miró a la pista en busca de sus amigas, quienes saltaban por allá al fondo, pero de Fanta nada de nada, así que, sintiendo que no pasaba nada, se inclinó para dejar la copa en la mesa y reunirme con sus amigas para volver a la tierra.

--Hola, ¿qué tal estaba el cava? Nuevamente, aquella voz serena excitó sus tímpanos, aquella misma que le había anunciado la elección del agasajo y la invitación a la copa de cava. Sin embargo, ahora a esa voz ya la conocía un poco más, ya no le era totalmente extraña, porque sabía que era la voz de Fanta. No conocía mucho más que su voz, así que se dispuso a indagar un poco en ultratumba. Miró con algún disimulo hacia la derecha. Vio el brazo que estaba más cerca de ella, pero no vio el paño de camarero que portaba la vez anterior. En su lugar vio una mano larga, con una camisa de un azul clarito que estaba muy bien abrochada alrededor de su muñeca.

--Sí, el cava estaba exquisito. --Consiguió decir ella, sin más.

Siguió viajando con su mirada hasta alcanzar su brazo y después el resto de su medio cuerpo. Efectivamente, llevaba una camisa azul celeste, muy clarita, con un cuello muy bien puesto. Esa camisa también estaba muy bien proporcionada a su pecho, que exteriormente, así dibujado desde fuera, le pareció cañón.

¡Cañón! Eso era lo que le llamaban sus amigas a un pecho de hombre que estaba naturalmente para recrearse. No supo por qué, pero en vez de levantar la cara e irse hacia la de Fanta, que habría sido lo natural, bajó la mirada, se paseó por un pantalón azul oscuro, que, aunque no le quedaba demasiado ajustado, cualquier mujer del baile diría, y ella no era tonta, que era un auténtico deseo. Pasó por donde acaba la cintura y comienzan las piernas, donde casi no se detuvo, no fuera a pasar que el sofoco se le notara en exceso en su cara. Los zapatos eran de color negro, de carácter informal, pero adecuados a la ocasión.

No estuvo mucho tiempo en los zapatos, claro. Subió hacia su parte alta con sus ojos medio cerrados, para no levantar sospechas al pasar por el cambio de las piernas a las caderas. Por allí pudo comprobar que era bastante alto, más bien diría que muy alto. A ella siempre le decían que para ser chica era realmente alta, pues le faltaban dos centímetros para el metro con ochenta centímetros, pero es que él le rebasaba como un palmo amplio, así que en un cálculo precipitado debería andar hacia el metro con noventa y largos centímetros.

Pasó casi nada de tiempo, pero mientras todos aquellos terremotos se arremolinaron en su cabeza, la voz de él volvió a sonar sin prisas:

--Bueno, aquí hace mucho ruido, y como yo tengo bastante sordera, pues me entero de poco, así que si no le importara yo preferiría recibir sus quejas por aquel cava mediocre en otro sitio que pudiera escucharla.

Otra vez quedó ella bastante fuera de combate, pero como que es difícil dominar las emociones, se giró un poco más y le vio su cara por primera vez. Se quedó, a ver, como diría alguno, bastante recolocada. No solo por su cara, que a ella le colocó, que le recolocó por lo especialmente guapa que era, sino también porque le seguía tratando de usted y porque le estaba pidiendo que se fuera con él a otro sitio menos ruidoso.

Así, a saco.

"¿Será verdad que está sordo?" --Se preguntó ella. --¿Pretenderá llevarme a un...?

Lo de la sordera se le fue pronto de la cabeza, pero, claro, mientras él esperaba una respuesta suya, ella seguía deliberando a ver como arreglaba aquello, porque a ella no le gustaba alejarse de sus amigas y él le estaba proponiendo irse a..., cualquiera sabe, puede que a algún reservado enmoquetado de rojo o ve a saber qué. Se le arrugó la nariz, y pensó:

"Ah, claro, como es camarero de aquí, seguro que conoce puertas y sofás secretos, así que ni hablar, no soy tan niña como para caer en semejante embolado".

Ella lo miró de nuevo y..., la cara de él irradiaba luz como la del sol, no era precisamente la de un fantasma. Mientras tanto, sintió que Fanta le había estado observando por los diferentes gestos y muecas que se habían reflejado en su cara con aquellas dudas sobre si irse con él. En ese punto, ella escuchó de nuevo la voz de él que decía:

--Jo, qué ruido hace aquí.

--¿Llamas..., llama usted (rectificó), ruido a la música? --Le respondió para pincharlo.

--Maldita sordera. Me pareció haberle oído decir a usted que... primero tenía que ir al lavabo, pero que después vendría hasta aquella mesa del fondo. Esa es zona libre de delincuentes y..., creo qué de pecado. --Lo fue escuchando ella como cuando escuchas a una voz amiga.

Y así, serenamente, él se fue hacia la zona libre de delincuentes y de pecado.

"¡Anda, este Fanta estará sordo, pero que morro! ¿Cómo que yo dije de ir al lavabo y después pasar por aquella mesa?" --Exclamó ella para sí, escandalizada.

Su cabeza se quedó un rato deambulando, ¡en medio de un tornado!, en busca de una fórmula que la llevara hasta aquella mesa donde él esperaba, sin que se notara demasiado y su ego no quedara por los suelos.

No quería seguir la cuerda de ir al lavabo solo porque él lo dijera, pero tampoco se le ocurría nada más ni mejor. Se quedó un instante con la curiosidad comiéndole a trozos. Así que, sin que nadie se lo ordenase, se subió encima de un impulso con cola de caballo, hizo que la copa del cava se fuera consigo y, con total entereza, (quién dijo nervios) alcanzó la mesa donde Fanta estaba sentado.

Éste la recibió con una pequeña sonrisa que, lejos de ser burlona por su éxito, a ella le pareció más bien agradable, sencilla.

--Puf, que torpe soy, esa copa la tenía que recoger yo... --Dijo él a media voz. Y añadió. --Gracias por traerla.

Él se levantó, señaló un asiento de moqueta al lado de la pared y se lo ofreció diciendo:

--Si quiere, puede sentarse. Aquí puedo oírla mucho mejor.

--Aaah, ¿ya se le ha ido la sordera? No me gustan los mentirosos. --Dijo ella como si estuviera ofendida mientras seguía de pie.

Él se sintió un poco incómodo por aquella acusación de mentiroso. Bajó un tanto la vista como para reflexionar o como si estuviera un tanto avergonzado (ella ya dudaba que él estuviera avergonzado) y, mientras tanto, ella aprovechó para mirarle su pelo bastante corto, más cerca del moreno que del rubio; su cara muy poblada de barba muy bien afeitada: sus labios llenos de... vida y..., y cuando levantó la vista, se encontró con los ojos de él que le miraban. ¡Flash!

Fue como un relámpago en medio de la noche, tan intenso que casi quedó electrocutada. Cuando se recuperó de la descarga, se las compuso para pensar.

"Tiene los ojos limpios, preciosos, pero que no se lo crea tanto, que el próximo día no seré yo quien me levante y venga a su mesa".

Claro, todo esto se lo pensó y se lo guardó para ella, sin decir ni palabra, por eso nadie podría recordárselo.

--Bueno, puedo decirte que eso de la sordera fue mi única mentira desde que nací hasta ahora mismo. --Dijo él.

--Ja, ja, ja, que niño bueno. --Sonrió ella medio burlona. --¿Ahora ya no me tratas de usted?

--Ya no, solo utilizo el usted durante el primer año de trato. Eh, por cierto, ahora que hace meses que nos conocemos, pues ya no hay razón para que continúes de pie, ¿no? --Volvió a hablar él con una media sonrisa.

A ella también se le escapó una sonrisa mientras se sentó sin querer darse cuenta de que lo hacía. Estaba en medio del ojo del huracán. Ella nunca había salido de su mesa más que para ir a bailar, y bailar con sus amigas. Seguro que no recordaba el tiempo que hacía que no se había levantado para ir a bailar con un chico. Y hoy, y ahora, se había levantado para irse, y se había ido, nada menos que a la mesa de un chico, donde no estaban sus amigas ni nadie más conocido, y se había sentado allí, y...

Estuvieron hablando más de dos horas. La conversación era abierta, fácil, como se supone que es cuando no hay contratos ni actos judiciales de por medio. Fanta, el fantasma, que ahora a ella ya no se lo parecía, sonreía con alguna frecuencia, aunque en eso de las sonrisas ella le ganaba de largo. Se miraban a los ojos de vez en cuando, como ella no recordaba haberlo hecho antes. No eran miradas desafiantes, ni tampoco intrascendentes, eran de expectativa, de sentir y percibir cómo le miraban aquellos ojos concretos que tenían enfrente.

Ella tuvo la intuición femenina de que, alguna vez a última hora, él la había mirado como:

"Como si..., yo le gustara, y eso no me había pasado antes". Pensó ella.

Como tampoco le había pasado antes que le miraran sus labios como si estuvieran cubiertos de miel, o algo así. En medio de esas intuiciones, ella prosiguió.

--¿Tú eres más de estar sentado hablando tranquilamente o de bailar toda la noche?

--Pues, verás, es que debo descansar lo que pueda, porque cuando el baile acabe, cuando vosotras os vayáis, después empieza mi baile para fregar todo esto. --Se desperezó él, dando la sensación de que ese curro no le hacía muy feliz.

--Unm, cualquiera diría que eres un currante nato. --Apuntó ella de carrerilla, poniendo cara de incrédula.

--Bueno, no sé si merezco ese título, pero algo curro. No hace mucho que estuve varios fines de semana recogiendo fruta por unos campos de Valencia, moviéndome entre unos naranjos preciosos... --Decía él en forma algo cansada.

--¿Ah sí?, pero, a ver, trabajas de camarero invitando a cava a la chica que es elegida Reina cada sábado; trabajas de temporero recogiendo fruta en unos campos de Valencia; trabajas realizando la limpieza de esta plaza de toros, ¿Qué más? ¿Cuántos trabajos tienes? --Fue diciendo ella mientras le miraba entre divertida y sorprendida.

--Sí, sí, es que yo tengo muchas deudas y tengo que espabilarme para que no me metan en la cárcel. --Repuso él mientras se le escapaba una mueca que indicaba que mentía muy mal, que no sabía mentir.

--Ya, y ahora me vas a decir que ésta es la segunda mentira de tu vida, que ya no hay más. --Se rieron, aunque ella más. --No llevas una camisa de haber dormido debajo de un puente, ¿no crees?

--Cuando ella acababa de hablar, vio que sus amigas venían con ganas de decirle de todo por haber desaparecido de la mesa donde estaban las tres.

--Pero, tía, te hemos buscado por todas partes. ¿Cómo...? --Casi gritaba una de ellas, hasta que se cayó.

Ella se levantó con cierta elegancia para adelantarse a lo que se le venía encima, hasta que, dirigiéndose a la primera, pudo decir.

--Vale, vale, ya voy, subid que ya me reúno con vosotras.

Las dos amigas frenaron, se dieron la vuelta y se fueron mirando hacia atrás con algún disimulo, aunque más bien lo miraban a él.

Él también las siguió un poco con la mirada, intentando catalogar a aquellas dos locas. A ella no le molestó que hubiera mirado a sus amigas, ya que su mirada no parecía la de un sinvergüenza que está a todas, sino que lo hizo seguido por la curiosidad, a sabiendas de que ellas tres se conocían.

--¿Son tus amigas? --Preguntó él mientras regresaba con su vista hacia dónde ella estaba, momento en que, sin contestar la pregunta anterior, ella ya estaba disparando la siguiente.

--Y el próximo día festivo, ¿Quién será la elegida? Porque la elección no se repite, claro. --Quiso saber ella, aparentando normalidad, aunque lo que por dentro pretendía era saber si él volvería al DiscoDance el próximo festivo, ya que aquello inicial de que él trabajaba allí de camarero ya no se sostenía.

--Pues no, hasta hoy nunca han vuelto a elegir a la misma chica. --Pronunció él mirándola con pretendida cara de inocente. --Sin embargo, no sé si se repetirá esta vez, porque como en la elección son muy, muy exigentes y como que muy, muy poquitas chicas cumplen los méritos de belleza, pues..., no sé si se tendrá que repetir la elección esta vez.

Ella movió sus ojos como muy halagada, porque aquello último le había gustado un montón. Él lo había cocinado bastante bien, sin soltarlo de chaparrón, aunque a ella le había quedado claro lo que él había querido decir.

Como ella se había puesto de pie, él también se levantó. Ella pensó.

"Un fantasma no se comporta con tanta cortesía y corrección, a no ser que sea un fantasma al que han educado muy bien y, en este caso, puede que no sea tan fantasma. Es un poco mentirosillo, eso sí, pero no con ánimo de engañar, sino con mucha inventiva. Jo, hay que ver todo lo que ha hecho para que me sentara con él: hacerse pasar por camarero, inventarse lo de la Reina de Honor, invitarme a cava, embaucarme para que me fuera a sentar a su mesa y… demás fechorías, pues fueron las que me empujaron a destaparme y pasar la noche hablando con él, pues, jo, seguro que no lo hubiera hecho con una presentación normal, aunque él no parece un chico normal; bueno, quiero decir que no me parece un chico vulgar".

Por eso, intentando resarcirse, ella espetó con sorna, para sellar una despedida triunfante:

--Bueno, supongo que ahora tú te quedas para fregar la pista y todas esas cosas, ¿no?

Él la miró sorprendido, notándosele que no esperaba esa puñalada callejera, pero se rehízo y contestó con bastante disimulo y con una sonrisa, sin miedo.

--Ah, claro, claro, esta primera vez no parecería muy elegante que yo te invitara a recoger los vasos y eso, pero si vuelves por aquí el próximo martes, que es festivo, ya sería la segunda vez y,

entonces, podrías ayudarme un poco, que las cuestas en compañía se suben mejor.
Ésta última frase suya hizo que algo salpicara en la cabeza de ella.
¿Cómo qué... si vuelves el próximo martes, que es festivo...?
Se había acabado el baile. Sus amigas ya la estaban disecando, deseosas de quitarle hasta la última gota de sangre sobre aquel chico, aquel que había conseguido arrancarla de su silla y llevársela a su mesa con él, así que tenía que despedirse. Pero ¿Cómo lo hacía? ¿Le tendía la mano? No, no, demasiado formal para estar en un baile. ¿Le daba un beso en la mejilla? No, no, demasiada confianza. ¿Le decía que iba al lavabo y después se largaba? No, no, eso no iba consigo.

El Fanta, por los ojos de ella que parpadeaban más de la cuenta, se percató de sus dudas, así que, como un fantasma generoso, se lo puso fácil diciendo.

--Creo que tus amigas te esperan, y yo tengo que quedarme a limpiar, así que..., adiós, buenas noches.

--Adiós. --Respondió ella mientras se giró y se fue, teniendo la esperanza de que ahora él no se limitara a una mirada superficial, como había hecho con sus amigas, sino que se le quedara mirándole la media melena, la cintura, las caderas..., como queriendo adivinar que había por dentro de la ropa. Y no se equivocaba, porque las chicas nunca se equivocan en eso.

Cuando ella alcanzó sus amigas, se le colocaron una a cada lado, se agarraron firmemente una de cada uno de sus brazos y comenzaron a acuchillarla.

--A ver, ligona, hoy te has desmelenado... --Espetó una.

--Venga, empieza a cantar, lanzada... --clavó la otra.

--¿Queréis dejar de agobiarme, tías? --Se quejó ella como si estuviera agobiada.

Le hicieron el interrogatorio del siglo, y es que, si se pensaba bien, no era para menos, puesto que eran las otras dos amigas las que habitualmente salían hablando de sus hazañas.

Sus amigas, que en materia de chicos eran más pegajosas que la plastilina, volvieron a la carga, sobre el ligue de ella, con afirmaciones como que si "era el más guapo del baile", que, si "está para mojar y repetir" y un etcétera tras otro, hasta que volvieron las preguntas.

--A ver, tía, ¿cómo se llama? --Interrogó la segunda amiga con los ojos en las manos.

--No sé. Yo le llamo Fanta. --Contestó ella subiendo el misterio.

--A ver, a ver, ¿Fanta? ¿Y cómo te llama él a ti, con nombre entero o con diminutivo? Porque así sabré si la cercanía es entera o diminutiva. --Remachaba la primera, impaciente.
--Pero ¿qué dices? No me llama nada porque no sabe mi nombre. --Respondió ella moviendo sus manos.
--¡Tía, ¿Cómo que no...? ¿Toda la noche dándote palique y el Fanta ese ni sabe cómo te llamas? ¡Ay la hostia! --Exclamó la segunda con las manos, con los ojos, con la boca, con..., con todo abierto.
Llegaron al lugar marcado, donde cada una se iba a su casa. Se despidieron las tres con besos y abrazos.
Ella cerró tras de sí la puerta del piso donde vivía con sus padres. Miró a su padre que ya dormía en una butaca. Le dio un beso a su madre mientras empezaba a descalzarse. Su madre, dándose cuenta de que a su hija se le escapaba una sonrisa de "buen tiempo", le tiró del brazo diciendo:
--Hola, ¿qué pasa, guapa? Esa sonrisa... ¿No tienes algo que contarme?
--No, nada. --Contestó ella pretendiendo normalidad.
--¿Qué no? A ver chiquita, que soy tu madre y te conozco mejor que nadie. Empieza a cantar. --

Inquirió su madre con dulzura mientras conseguía que las dos se sentaran en el sofá.

--Bueno, --Comenzó diciendo ella con una sonrisa misteriosa en sus labios --es que hoy conocí a un chico en el baile, que... ¡es muy guapo! y que... ¡está... muy bien!

Su madre, aunque no era muy dada a decir tacos, esta vez dio un grito de satisfacción.

--¡Joder, bien!

CAP 2   MI AMIGA Y SU AMIGO

Pasó el domingo por la noche con mucha humedad, porque San Pedro había estado regando toda la noche con una regadera grande, llena de agua, por eso había regado tanto. Vaya forma de llover. También pasó el lunes sin mucha gloria, porque era día de curro y porque era lunes. Sus dos amigas, aprovechando que el sábado había sido el día grande de ella, pues fue ella la que salió a hombros de la plaza, y no las amigas como sucedía habitualmente, le clavaron chinchetas y alfileres para que ella soltara prenda, pero nada, tan solo les dijo, con una sonrisa difícilmente mejorable:

--Él es... normal, más guapo que feo, y más atrevido que una jirafa entre hormigas.

Se acabaron las horas de curro y, aunque mañana era martes, como era festivo, esta tarde, esta noche, entre las 21 y las 24 horas se irían a bailar.

Las tres se habían esmerado en su cuidado personal, en su ropa y en sus sonrisas, como siempre, si bien esta vez ella iba un poco más repasada. Se había puesto una camisa de un blanco roto, de manga corta, con media docena de puntitos muy pequeñitos de color ocre, solo para que le dieran un poco más de chispa. Esa camisa le quedaba poco ajustada, por eso disimulaba con mucho decoro lo que quedaba debajo del sujetador. Desde su cintura bastante estrecha hasta sus tobillos alargados se descolgaba una falda de color ocre profundo, con cierto aire de grandes vuelos, con unas rayitas curvadas muy finas para distraer a los mirones. Unos zapatos abiertos para verano, con pocas veleidades, ya que la falda que se adelantaba a sus movimientos les dejaba pocas posibilidades de ser protagonistas. Las uñas de las manos estaban muy bien pintadas y cuidadas, aunque no eran largas, puesto que en su trabajo no se aconsejaban las uñas largas. Ojos y labios solo un poquito sombreados, para que no le restaran protagonismo a la belleza natural. El cabello cayendo hasta los hombros, como media melena, andaba totalmente suelta. Era una melena morena, suave y natural, huyendo de prototipos prefabricados.

Entraron en DiscoDance, buscaron alguna mesita despejada, como hacían siempre, y se sentaron a su alrededor. No era la misma mesita de hacía dos días, pero estaban bastante cerca, casi se tocaban.

Una de las amigas decía:
--Toma, no vamos a irnos por ahí, para que él pase de largo y no te encuentre.
--Bueno, pero podíamos irnos a otro sitio un poco más alejado, para disimular un poco, ¿no? – Sugería, ella.
--Nada de eso. Con los tíos buenos no hay que disimular, hay que provocarlos, hay que agarrarlos entre las piernas hasta que se les note...
--Sostenía la otra amiga.

Así estuvieron un buen rato, diciéndose piropos y lindezas, hasta que una de las amigas, que era la más imaginativa, sentenció.

--Yo creo, monada, que tu conquistador es muy tímido y por eso no vendrá mientras nosotras dos estemos aquí. Venga, tía, nos vamos a mover las pantorrillas.

Y se fueron las dos amigas a la pista sur, la más grande y la más concurrida. Ella se quedó allí, sentada. Cualquier otro día se habría ido a bailar y saltar con sus amigas, pero aquel rincón, igual que le pasara hacía dos días, ejercía sobre ella una fuerza invisible que le ganaba la voluntad.

A la mesa donde ella estaba se acercó un chico diciéndole algo y, sin espera ni permiso, se sentó en una de las dos sillas vacías.

Ella lo miró un instante, por si acaso, y estando segura de que no era el misterioso Fanta, se levantó con tan mala cara que el desahuciado chico se dio media vuelta y se largó refunfuñando no se supo qué.

"Solo faltaría que Fanta me viera con otro. Entonces sí que no aparece por aquí". –Pensó, ella, de inmediato.

Después de un rato, ella empezó a tener una ligera sensación de estar haciendo algo el ridículo.

"Aquí sentada esperando que venga él, como si fuera mi prometido. ¡Anda ya, me voy a bailar!".

No hizo más que girar la cabeza para levantarse, cuando oyó al lado suyo:

--Buenas tardes. La elección de Miss DiscoDance solo puede recaer sobre una chica soltera y no comprometida. Como que estás acompañada y...

--¿Cómo qué...? Nada de eso, ni estoy comprometida ni siquiera acompañada. –Respondió, ella, entre sorprendida y malhumorada. --Ese fue un mosquito tigre que pasaba por ahí, sin más atención. A propósito, ¿me estabas espiando?

--No, no, pido disculpas si he dado esa impresión. --Aseguró él en un tono un tanto serio, para impregnar seguridad. –Yo sé poco sobre espionaje. Simplemente estaba comprobando el cumplimiento de los requisitos y... siento comunicar que al tener novio ya no se puede optar a la reelección que, en principio, estaba prevista.

Ella saltó de inmediato.

--Jo, y dale con el novio. Ese no es mi novio, ni lo será nunca. Es un moscón. Cometió el delito de sentarse sin haber sido invitado, y se largó asustado a otra parte. Además, ¿qué es eso de... "la reelección que, en principio, estaba prevista"?

Él se reía con poco disimulo.

--¿Qué te hace esa gracia? –Preguntó, ella, intrigada.

--Pues... algo he oído de un delito, Miss DiscoDance, pero aquí oigo bastante mal que... ¿podríamos ir a algún otro sitio, aunque sea a bailar?

Antes de que terminara de hablar, ella se había levantado y ya caminaba, pero no en dirección a la pista de baile, sino a la misma mesa donde estuvieran hacía dos días. Esta vez había tomado ella la iniciativa, mientras él venía de tras, lo cual ya le gustaba a ella. Mientras caminaba pensó en que él la había llamado "Miss DiscoDance". "Vaya imaginación tiene. Bueno, tampoco sabe cómo me llamo".

Se sentó y apuntó ella más sonriente:

--Las chicas no pedimos permiso para sentarnos. --Se detuvo ella para continuar en tono burlona. --Sé que esto no apoya mucho la igualdad, pero te fastidias. Oye, eso de la sordera, ¿te da buenos resultados?

--Pues, no. --Contestó él enseguida. --Más bien me deja en ridículo, pero si tú quieres que vayamos a bailar, eh, yo ya me apañaré.

--¿Seguro que oyes lo suficiente para no perder el ritmo? Por ejemplo, ¿esto que está sonando? ¿Qué tipo de música es? –Preguntó, ella, jugando al gato.

--Ah, la respuesta es fácil, es un foxtrot. Sin embargo, bailarlo bien ya es más difícil, porque yo doy muchos pisotones.

Él, que seguía de pie, se inclinó un poco, puso su mano izquierda sobre su pecho y extendió su brazo derecho a modo de invitación para que ella pasara primero.

Ella estaba sorprendida, toda vez que no era habitual encontrarse con este comportamiento de un chico en un baile donde el objetivo era la caza de la liebre.

Se fueron a la pista, ella caminando delante y él detrás. El hizo sus investigaciones de la parte trasera de ella, pero ni palabra. Comenzaron a bailar un foxtrot. Ella adoptó una posición prudente, para que entre ellos corriera el aire. En eso también eran raros, porque el resto de las parejas estaban muy enzarzadas en lo suyo. Él notó que las manos de ella estaban sobre sus hombros. Ella percibió que las manos de él estaban sobre su cintura. En un primer momento no se dijeron nada, tan solo algunas miradas de reconocimiento, pues cada cual pensaba en sus cosas.

Ella: "Pues sí que baila bien, nada de pisotones. Viste bien. Tiene un comportamiento elegante. Y que guapo es el condenado".

Él: "Vaya mini cinturita que tiene, aunque hacia abajo y hacia arriba, Señor, que curvas. Y del cuello hacia arriba, madre mía, es preciosa".

Estuvieron un rato tanteándose, mirándose como si cada cual buscara las pecas del otro.

En uno de los giros del baile, ella ve a una de sus amigas bailando con un chico. Su amiga estaba sumamente lanzada, apretándolo contra sus cosas casi como si estuvieran en la cama de su habitación.

Al siguiente giro, volvió a suceder: su amiga quedaba de espaldas a ella, mientras que el acompañante de su amiga quedaba de frente. Ella lo miró.

Volvieron a girar y fue cuando el acompañante de su amiga levantó la cabeza, para tomar aire, claro.

Ella lo miró dos instantes. El acompañante de su amiga miró hacia la zona donde ella estaba y sus miradas se cruzaron durante algún tiempo, si bien ella bajó la mirada para no ser excesivamente descarada. Pero, la curiosidad femenina le empujo a levantar la vista y volvió a mirarlo, volvieron a mirarse ambos. Ella, definitivamente desvío su mirada como mirando la decoración de la pista, aunque los dos, el acompañante de su amiga y ella, tuvieron el tiempo suficiente como para hacerse una valoración de conjunto.

El acompañante de su amiga pensó sobre ella.

"Uf, como está. Para escurrirse".

Ella también pensó sobre el acompañante de su amiga.

"Es mono..., guapo, guapo".

Después de un momento y medio, ella regresó a lo más cercano y volvió a resituar su atención en el chico con el que estaba bailando, esto es, en Fanta.

"El que baila con mi amiga es guapo, muy guapo, pero..., pero el que baila conmigo es un poco más alto, es un poco más guapo y está un poco más bueno". --Pensó ella, tal vez para tranquilizar un poco su conciencia.

Ella creyó que el chico con el que bailaba, al que ella llamaba Fanta, no se había percatado de aquellos intercambios de miradas con el otro, ya que los chicos no estaban en tantas cosas a la vez.

Cuando Miss DiscoDance se volvió hacia Fanta, él la miró a los ojos con algún detenimiento, y poniéndole cara de cierta seriedad, le preguntó sin más:

--Aquella de la derecha es tu amiga, ¿no?

Ella quedó bastante sorprendida, tanto que tardó en reaccionar. Debido a esa tardanza, Fanta volvió a intervenir.

--El hombre que está con ella parece un poquito mayor, ¿Es su prometido? Es que parece que se gustan mucho.

Ahora ella estaba todavía más sorprendida. Él prosiguió.

--Y tú debes conocerlo... bien, porque os habéis mirado varias veces...

Ella se puso roja como un tomate rojo. Su atrevimiento, su falta de consideración hacia el chico con el que estaba bailando y con el que ya tenía una cierta conexión, hizo que ella, Miss DiscoDance, lo estuviera pasando fatal en este momento, tanto que se sintió obligada a dar algún tipo de explicación, a justificarse por aquellas miradas que ella creía que habían pasado desapercibidas para Fanta. Ella no esperaba que él se percatara de su conducta, ni sabía que él era un buen observador, pues, de hecho, esa era una parte importante de su trabajo. Ella estaba muy desolada, aunque como eso ya estaba hecho, ahora solo pensaba en cómo salir con algo de dignidad de aquella situación tan poco elegante creada por el comportamiento de ella.

--Oye, eh..., lo siento. --Dijo ella también con cara muy seria, mirándole intermitentemente a los ojos. --Vas a pensar que soy una... lagarta, que baila con un chico y que se cruza miradas con otro. Yo no soy así, te lo aseguro.

--Bueno, no pasa nada, siempre que no sea por costumbre. --Expuso él sin mucha alegría.

--Yo no hago estas cosas. Ojalá me pudieras creer. Al que baila con mi amiga ni lo conozco, ni siquiera lo había visto en mi vida, te lo juro.

Sin embargo, conozco bien a mi amiga y sentía curiosidad por ver con quien bailaba, cómo era. Te aseguro que no hay nada más. --Consiguió decir ella, porque hablaba bastante apesadumbrada.

--Tranquila, no pasa nada. --Expresaba él subiendo una mano y poniéndosela en su hombro. --Tampoco me debes tantas explicaciones.

--Puede que no. --Dijo ella de nuevo tomando aire. --Pero no tuve un comportamiento precisamente ejemplar. Yo no soy así, me gustaría que no lo dudaras. Yo no bailo con dos chicos a la vez, te lo aseguro.

Él, viéndola tan agobiada, quiso concluir:

--Vale, no lo dudo. En el baile todos miran a todos. Eh, si quieres, nos vamos a la mesa y tomamos una gaseosa.

Ella agradeció mucho estas últimas palabras de él, y le hizo gracia lo de tomarse una gaseosa. Acto seguido, él la avisó de que su amiga le estaba haciendo señas con la mano. Ella se giró y vio que su amiga le hacía un hola con la palma de su mano. Ella le devolvió el gesto a su amiga, sin escapársele que el acompañante de su amiga la miraba a ella de arriba abajo, con bastante descaro, pero claro, eso ella no podía evitarlo, eso ya no era culpa suya, si bien los hechos quedan.

A Fanta tampoco le pasaron desapercibidas las miradas del acompañante de su amiga hacia Miss DiscoDance, pero, claro, con aquello no podía ir más allá de calificarlo de persona poco respetuosa y nada recomendable.

Ella y Fanta se pusieron en marcha y regresaron a su mesa, bueno, casi mejor decir a la mesa de él. Estuvieron hablando de cosas diferentes, aunque no del tiempo. Ninguno quería hacer preguntas indiscretas, eso de cómo te llamas, cuántos años tienes, etcétera, y menos ella, que con el cruce de miradas con el acompañante de su amiga ya había metido la pata mucho más de la cuenta. Fue él quien, después de algunos comentarios sobre las bebidas de verano, lo hizo venir de a colación:

--Esta mañana, porque yo soy bastante pobre y tengo que ganarme la vida para mal comer y beber, me recordó el de arriba: "Alejandro, si no espabilas solo podrás comer a días alternos, y dentro de poco, solo los fines de semana".

Ella sonrió sabiendo que aquello era una trola divertida, pero sí que se percató de que, queriendo o sin querer, le había dicho su nombre.

De repente, él intentó alguna disculpa.

--Eh, perdona, anda que soy torpe. No era mi intención presentarme de rebote, pero ya está. Mi nombre es Alejandro.

--Es un nombre bonito, un poco largo, pero bonito. --Manifestó ella intentando naturalidad.

--¿Bonito... soy yo, o es mi nombre? --Sonrió Alejandro con algo de malicia.

--No seas tan creído. Me refería a tu nombre, y tampoco es para que toquen las campanas. Apropósito. A ti, en tu casa, ¿Te llaman Alejandro?

Alejandro cambió de semblante, se le oscurecieron sus ojos y dejó de dibujar una sonrisa en su boca.

Ella pensó.

"Uf, en algo he vuelto a meter la pata".

Él jugueteó un rato con el vaso de la consumición, mirándolo mientras lo giraba con su mano, hasta que de su boca se le escapó una respuesta algo tensa.

--Bueno, alguna vez mi hermana se había inventado algún diminutivo como Aleja, e incluso, Dro, pero mis padres me llamaban Alejandro.

--Hablas en pasado. No era mi intención provocar esto. Lo siento. --Dijo ella un tanto apesadumbrada y moviendo su cabeza de un lado a otro.

Alejandro la miró como enviándole un regalo de apoyo. Simplemente, dijo.

--No, tranquila. Ellos ya no están. Es que en un baile no me gusta hablar de ellos. Por otra parte, yo tuve que dirigirme a ti como Miss DiscoDance porque yo tampoco conozco tu nombre...

--Me llamo Isabel, pero en mi casa y mis amigas me llaman Isa.

Hubo un cierto silencio entre ellos, aunque la música seguía oyéndose.

Isa pensó.

"Alejandro me gusta, pero si no le importara, yo le llamaría "Jandro".

Alejandro pensó.

"Isabel es el nombre oficial, que no me gusta mucho. Isa, está mejor, pero tampoco me entusiasma del todo, así que, si no se ofende, yo la llamaré "Bel".

--Isa no está mal, es... bonito, pero si no te importa, yo te llamaré Bel. --Saltó él de repente.

--¿Bel?, anda, creo que nunca me han llamado así. Bueno.

--¿Y tus amigas? Esas que el día anterior casi se convierten en mis enemigas. --Entró él en otra dimensión.

--No, no, Jandro, no son tus enemigas. No les hagas caso. Son buenas chicas, aunque un poco alocadas. --Y, aunque se detuvo un instante, aprovechó para seguir con las presentaciones en ausencia.

--Laila, la que es un poco más alta, se llama Laila. Es mona, pero tuvo mala suerte con los chicos, porque a los veintidós años ya estaba separada de su marido. ¡Un drama! Después, tonteó con alguno más, pero sin éxito. Ahora ya dice: "Espero tener muchas noches buenas, con chicos buenos, pero nunca más volveré a tener una navidad con un marido".

Hace un rato la vi..., es la que bailaba con aquel chico bastante acaramelada, y me llamó la curiosidad de cómo era ese chico, para ver si me parecía de fiar, por eso lo miré a él alguna vez. Unm, te falté al respeto. ¡Fue una torpeza por mi parte!

--Bueno, ya está. No pasa nada. --Quitó él hierro al asunto dedicándole una sonrisa de confianza, lo que ella agradeció un montón.

--Viva. --Inició ella la presentación en ausencia de su segunda amiga. --Viva es un poquito más bajita, pero a mi ella me parece la más guapa de mundo. Es muy salada y es bastante más razonable que Laila. Le pusieron Viva de nombre porque cuando nació se iba a morir por una enfermedad de... no recuerdo, y como no fue así, sus padres decidieron que se llamaría "Viva". Por desgracia, también está separada, porque su ex... era un capullo. Bueno, eso dice ella, aunque en las relaciones mujer - hombre es mucho más prudente que Laila. --Y acabó diciendo. --Somos compañeras de trabajo y amigas desde hace muchos años. Como puedes ver, yo también tengo que trabajar.

--Ya somos dos. --Continuó él. --Y ahora que ya conozco algo a tus amigas, oye, Bel, ¿Vienes tú a menudo a bailar por aquí?

Ella se quedó prendada con eso de que él la llamara Bel, porque ese diminutivo le gustaba más, mucho más que el de Isa. Se pensó medio instante la respuesta para no dar la impresión de que ella se estaba confeccionando una mentira, y se expresó.

--Nosotras somos bastante bailarinas, aunque creo que tú bailas mejor que yo. No venimos siempre a este DiscoDance, sino que cambiamos. No sé los días siguientes, porque tenemos que negociarlo entre las tres amigas.

--Y de vacaciones, Bel, ahora que ya falta poco ¿Te vas a Marte?

Bel sonrió con ganas, porque seguía llamándole Bel y eso le gustaba. Así que aprovechó la coyuntura favorable y se lanzó con una parrafada larga:

--Bueno, como sabes, Jandro, ésta es una ciudad importante, de más de millón y medio de transeúntes, aunque a veces pienso que sus habitantes transitan más que habitan. Es por eso por lo que las vacaciones, y cuando las obligaciones profesionales me lo permiten, mis padres y yo nos vamos a una casita de un pueblo pequeño bastante lejano de aquí, de no más de unos cincuenta habitantes, aunque a unos diez kilómetros de distancia emerge La Villa, una ciudad pequeñita que cuenta alrededor de quince mil ciudadanos, todos ellos muy orgullosos de tener un río de aguas frías y un castillo de nieves aún más frías, en invierno, claro. Y bueno, ahora te cedo la palabra para que sigas tú, que yo voy a descansar un poco. --Acabó Bel sacando un poco la lengua en señal de cansancio.

--Yo, no tengo mucho que contar. --Dijo Jandro bajando la mirada como pretendiendo quitarse importancia. --Soy feúcho, no engordo porque tengo poco para comer y, bueno, un tipo normalucho.

Ella sonreía con ganas. Lo miró nuevamente mientras pensaba:

"Anda, que modesto. Dice que es feúcho, que es un tipo normalucho y que tiene poco para comer. Pues a mí me parece el más guapo de este mundo... y de otros mundos".

Alejandro comentó algunas cosas de su vida, aunque más bien pocas. No era mentira lo que dijo, sino que eran ramas y con pocas hojas.

--Trabajo en el rollo ese de los abogados. Algo muy aburrido. Todo son papeles manchados de tinta y cosas así. A mí lo que me gusta es el tenis; a veces juego como aficionado, pero soy muy malo con la raqueta. --Seguidamente, dibujó una sonrisa, que a Bel le sugirió que le iba a contar una trola. --Bueno, no me desagrada bailar, pero vengo poco a los bailes, una o dos veces al año.

--Bel, pensó: "Ya está, aquí está la segunda trola".

Pero, se animó y ella se oyó decir.

--Dices que vienes a bailar una o dos veces al año, o sea, que ya está, ya no volverás en lo que queda de año, aunque quede más de la mitad ¿Es eso? --Y lo miró de lado haciéndole ver que sabía que esto último era un cuento.

--Mujer, es una forma de decirlo, porque seguramente este año podré venir alguna vez más. --Sonrió él con cara de inocente.

Siguieron hablando de las cosas que habla la gente, se contaron cosas, sí, y se miraron mucho a los ojos, lo cual ella no había hecho antes.

Si alguien escribiera una crónica de las tres amigas, diría algo así:

Isa, como la conocían los demás, acababa de cumplir veintitrés años, muy bien organizados, pues todas las vecinas decían que era la más guapa del pueblo y alrededores, si bien los vecinos añadían que también era la que más buena estaba.

No había tenido novio conocido, ni se le esperaba; por eso alguna chismosa del pueblo había sentenciado que con tantas exigencias era difícil encargar los polluelos, porque los polluelos había que encargarlos, claro que sí, ya que ni son cosa del Espíritu Santo ni vienen de París.

Durante los últimos veinte años de su vida compartió parte de sus secretos con sus dos amigas, Laila y Viva, de la misma edad y con pocos meses de diferencia entre las tres. Claro que las amistades no siempre son de ida y vuelta, sino que a veces se quedan en la ida y ya no vuelven.

Las tres amigas trabajaban en una guardería, con nombre fácil, La Guarde, donde lo hacían desde hacía más de cuatro años. Allí se encargaban de cuidar a niños de tres meses a tres años, cuyos padres no podían cuidar y, algunas veces, no les apetecía cuidar. Ahora bien, en dicha guardería estaban muy claras dos cosas: las exigencias a las empleadas (porque rara vez había un empleado) eran muy altas y, para compensar, los sueldos eran muy bajos.

Cuando las tres amigas empezaron a ir a bailar tenían entre diecinueve y veinte añitos. Todo eran sonrisas y pellizcos.

Laila, como ya había dicho Isa, se quedó viuda con veintiún años. Un palo, pero Laila quiso, supo y pudo sacarle jugo a la vida, especialmente a la vida de los tíos buenos, pues no le importaba tanto que fueran buenos, sino que estuvieran buenos.

Viva estaba separada desde hacía un año. De vez en cuando se le iba la pérgola, pero era muy confiable.

La que menos ligaba de las tres era Isa. Bueno, Isa no ligaba porque no quería rodearse de saltamontes desconsiderados, si bien no era por falta de pretendientes.

Isa no provocaba intencionadamente miradas sobre sí misma, ni comentarios que elevaran la producción de saliva en los saltamontes, porque era prudente con su ropa, con sus gestos y muy comedida con lo que enseñaba y como se comportaba, pero su belleza y palmito nunca eran ignorados. Así lo comentaba la directora de la guardería donde ellas trabajaban:

Una mañana, Isa había pasado por delante de dos compañeros de trabajo. Compañeras había otras, pero compañeros en aquella guardería solo había dos, al presente, y eran temporales, porque estaban haciendo dos sustituciones por maternidad de las dos puericultoras titulares.

El primero de los compañeros, después de repasarla visualmente, dijo:

--¿Qué te parece esta Isa? Está buena, ¿eh?

--Sí, está muy buena. --Contestó el segundo. Y se extendió. --No es una grandísima belleza, pero...

--¿Qué no? Pues para mí es el no va más de guapa, es guapísima. --Añadió el primero.

--Bueno, es muy guapa, es cierto, aunque creo que no ganaría el concurso de miss mundo. --Volvió a aseverar el segundo.

--No me jodas; con lo buena que está ganaría cualquier cosa. --Insistió el primero.

El segundo continuó con sus fundamentos y sentenció.

--Tu confundes cuando una mujer es muy guapa con que está muy buena. Una parte se mezcla con la otra, es verdad, pero esta Isa, siendo muy guapa, no es la más guapa del planeta.

Seguramente es la que tiene el mejor cuerpo de la tierra, la que está más buena, pero en los concursos de mises eligen a la más guapa.

Eso sí, que se le noten más los huesos y que no pese más de treinta y cinco kilos...

--Ya, pero para los tíos normales, estar buena no es ser un maniquí, ni una huesuda, sino tener curvas..., y esta Isa las tiene todas y muy bien puestas.

--Vale, cumple con el prototipo de chica que está muy buena, y es muy guapa, pero no es miss mundo...

Llegó la directora, les metió un rapapolvo por mirones y se acabó la fiesta.

En la discoteca DiscoDance, puesto que el momento de finalizar el baile había llegado, era hora de levantarse y salir por cierre.

Bel, con mucha ironía, le soltó sin muchas reflexiones a Jandro.

--¿Hoy ya no te quedas a fregar el suelo de las pistas?

--No, por eso me estoy quedando sin comida. Trabajas menos, cobras menos. --Dijo Jandro intentando ser algo creíble.

--Anda, no eres muy convincente en las mentiras. --Se le oyó a ella, y después a él.

--Oye, Bel, yo no tengo móvil, no llego a esos lujos, pero si me das tu número, yo puedo llamarte, no sé, desde un locutorio o algo así.

Ella pensó: "Ah sí, no quieres darme tú número, pues yo tampoco te voy a dar el mío. A ver quién cede antes".

Bel, demostrando una cierta rapidez, acuchilló:

--Pues, es que yo tampoco tengo móvil. El que llevo es del trabajo y, no me dejan repartir su número por ahí.

--Eh, bueno, estaba pensando que podría darte el número de un móvil que me dejó un vecino que se fue a la Patagonia. Se ve que por allí tienen otro sistema o no sé qué, por eso allí no le iba a funcionar. ¿Querrás anotar el número? --Dijo mirándola como si fuera verdad.

Ella sonrió saboreando la victoria. Mientras le acusaba de no saber mentir, abrió su móvil y se apuntó el número que él le dio de carrerilla.

"Jandro: ... ... 555".

--Ves cómo se te da muy mal mentir. Te sabes el número de memoria.

Antes de salir, Jandro fue presentado por Isa a sus dos amigas. Laila, cuyo acompañante ya no estaba, dijo que esperaba que no se llevara una mala impresión sobre ella, por lo del baile. Él le contestó que la vida es un tango corto y hay que aprovechar para bailarlo.

Se rieron todos y las amigas salieron diciendo que estaban encantadas de haberlo conocido. Bel y Jandro se despidieron también. Al principio entre algunas dudas, pero al final se dieron un beso en cada mejilla. Él se fue diciéndole que esperaba volver a verla antes de la jubilación.

Cuando acabó la noche y antes de irse cada cual, a su casa, las amigas se juntaron, como siempre, para hacer un repaso exhaustivo de lo acontecido en el baile. Esta vez fue Isa la que tomó la delantera diciendo sin reprimirse nada, como hacían cuando las tres amigas estaban solas.

--Anda, tía, te has puesto las botas, porque yo te vi cómo te lo comías y te lo bebías.

Su amiga Laila sonrió grande, complacida.

--A los tíos buenos hay que exprimirlos, para que saquen el jugo... --Respondía de nuevo Laila, que era la beneficiaria del jugo.

Las tres amigas se retorcían con la risa.

Isa le lanzó sin dejar de reírse.

--Pero, tía, ¿Es que... al tío ese le bajaste el jugo allí mismo..., en medio de la pista?

Ja, ja, ja, se oía por los alrededores.

--Bueno, le puse las mandarinas y la pajita a punto para cuando os deje a vosotras, que volveré para tomarme mi zumo con mucho gusto.

Ja, ja, ja, ja, se oía hasta dentro de sus bolsillos. Cuando las carcajadas despreocupadas fueron a menos, Isa volvió a la carga.

--A ver, a ver, águila guarrilla. Eso de ir a exprimirlo esta noche, es una broma de tu imaginación ¿no?

--Que sí, tías, que está muy bueno y me lo come mejor que los ángeles... -- Se quedó a gusto Laila.

Las tres no dejaban de reírse a carcajada limpia. Isa volvió a cogerse a la cuerda para hurgar.

--Vamos a ver, so lanzada, ¿Cuánto hace que le conoces para ya... sacarle el jugo y al mismo tiempo degustarlo?

Laila no contestó. Cambio de hombre y dijo.

--Ah, ¿Y tú qué? Que te vi muy interesada con Fanta.

--Jo, tía, no le llames Fanta, que un día se te puede escapar y no veas el problema en que me metes. Se llama Alejandro. --Defendió Isa a modo de bronca.

Allí se acabó el interrogatorio, pero había cosas que Laila se cayó. Le dio un beso a cada una y se fue medio corriendo mientras le decía a Isa.

--Sobre Alejandro, mañana te espero con todo, como un libro abierto.

Y Laila se fue. Isa y Viva también se despidieron efusivamente. Pero antes, las dos se oyeron:

--Y tú, ¿No vas a contarme nada de Alejandro? --Inquirió Viva.

--Mañana, dictaré un Real Decreto y lo publicaré en el BOE.

Y con eso, un par de sonrisas y un par de besos y hasta mañana.

Cuando Isa llegó a su casa, se cruzó unos mensajes con su amiga Viva para interesarse por lo que estaba haciendo Laila:

Isa escribió:
¿Cuánto hace que Laila conoce a ese chico?

Viva escribió:
Hace un mes y medio o así, creo.
Se llama, no estoy segura, es un nombre raro.
Tiene unos ocho o nueve años más que Laila.
Eso sí, maneja mucha, mucha pasta.

Isa escribió:
Anda, vaya que amigas tengo.
Laila está cerca de casarse y yo no sé nada.
¿Por qué me lo ocultó?

Viva escribió:

No sé bien donde lo conoció.
A mí me lo dijo hace un mes, y porque se le escapó. No sé por qué a ti no te lo contó.
Mejor no le digas nada.
Si Laila quiere, ya te lo dirá ella.

Isa escribió:
Besos.

Aplicación cerrada, se podía leer en el móvil.
En cuanto acabó de escribir con el móvil, Isa se fue al lavabo. Allí, recordó a su chico, Jandro, pero, sin saber por qué, también se acordó de aquel chico que bailaba con Laila, y pensó: "Menudo bombón, que guapo es".
Salió del lavabo y se fue al salón. Su madre la estaba esperando para ametrallarla con preguntas. Claro, era su madre, por eso estaba interesada en saber con quién salía su hija y todo lo demás, sobre todo cuando su hija no venía a casa diciendo que había conocido a un chico que era guapísimo y que estaba buenísimo.
Su padre, un poco más calmado en esos ruedos que su madre, le decía a su esposa.
--Mujer, no agobies tanto a la niña.
La madre contestaba.

--Sí, fíjate, acaba de cumplir veintitrés años y nunca tuvo novio. ¿Tú crees que esta niña nuestra es normal? Porque guapa lo es, y manca no es. Después de un par de besos, ya le preguntó sin piedad.

--¿Qué? ¿Lo has visto?
La hija de ambos se les acercó, y apuntó.
--Mamá, ¿Tú no eres así? ¿Qué te pasa?
El padre miró a su hija y después a su mujer. Aquello le divertía.
--Bueno, ¿qué? --Se oyó de nuevo a la madre.
--Sí, lo vi, ¡jo!, qué pesada es mi madre. – Acabó diciendo la hija, aunque sin tener claro si se refería a su chico, Alejandro, o al chico de Laila.
--Bueno, le viste, ¿Y qué? Eh, ¿Dónde trabaja y todo eso? --Se adentró la madre.
--Pero, Mamá, a ver ¿Qué te pasa? ¿Tú pretendes que al segundo día le pregunte cuánto gana cada mes?

CAP 3   PLANES OCULTOS

Al día siguiente, Isa y Laila desayunaron juntas en un bar cerca de La Guarde. Era un bar de barrio, pero estaba muy cerquita de su trabajo, lo cual les permitía ganar tiempo, ya que media horilla no da para mucho.

Viva no podía almorzar con ellas esta semana porque tenían que rotar para no dejar el servicio abandonado.

Laila saltó sobre Isa para que le contara la tarde noche con Alejandro.

Isa, se negó, ya que primero quería oír de la boca de Laila algún secreto con aquel tío con el que había bailado y que había hecho otras cosas.

--¿Quién era el "croissant" que ayer te comiste en el baile y que después te fuiste a beberlo a su casa? --Apretó Isa llena de curiosidad y deseo.

Laila quitó hierro a las lentejas, como si no tuviera mucho interés en hablar de su acompañante, pero Isa insistió.

--Yo lo vi solo un instante. Es guapo, ¿no? --¿Cómo lo sabes si solo lo viste un instante? --Preguntaba Laila con interés.

--Chica, porque las tías podemos ver si un hombre es guapo, aunque solo miremos un instante. --Aseguró Isa sin necesidad de repetirlo.

--Es muy guapo, y eso que solo le viste la cara, porque de cintura hacia abajo está guapísimo. --Dijo socarronamente Laila.

--¿Qué quieres decir, que tú se lo has visto todo? --Replicó Isa con cierto aire de carcoma.

Laila se dio cuenta que tenía que frenar, porque en La Orga le cortarían las venas si ella hablaba más de la cuenta. Solo dijo.

--Yo quiero vivir mi vida como gata panza arriba. Y, ¿Sabes? Mi chico también te miró varias veces, y hasta me preguntó por ti.

--¿Qué te preguntó por mí? --Se hizo la sorprendida Isa.

--Sí, chica, sí. Me confesó que estar una noche contigo sería la hostia... Casi me sentí celosa. --Le hizo saber Laila.

Isa reía alto y ancho, si bien Laila observó que los ojos de Isa reflejaron un brillo distinto cuando sus oídos oyeron lo dicho por ella. Sin embargo, como Isa no se atreviera a decir nada, Laila volvió a oírse.

--¿Y por qué dices que solo lo viste un instante? Eso dijiste, ¿no?

--Toma, fue un instante porque yo bailaba con Alejandro, por eso no podía pasarme diez minutos mirando a tu amigo, y aun así tuve problemas con mi chico. --Resumió Isa.

--¿Problemas con Alejandro? ¿Por qué? --Preguntó Laila sin espera.

--Jo, tía, me sentí muy mal, porque seguro que a Alejandro le parecí una buscona, que baila con uno y se cruza miradas con otro.

Laila reía con apetito, porque ella misma sí qué hacía exactamente eso. Sin embargo, dijo de nuevo.

--Pero ¿Cómo que cruzaste miradas? ¿Con quién? --Le preguntó Laila con los ojos.

--A ver, yo estaba bailando con Alejandro y te vi a ti que te estabas merendando un tío, bastante altote, y bastante buenote..., me pareció. –Aseveró Isa pretendiendo ser inocente. --Con el giro del baile, tú me diste la espalda y tu amigo se quedó de frente a mí.

Yo lo miré, pero con la gente no pude verle muy bien, así que cuando giramos otra vez, él levantó la cabeza y me miró, mientras yo lo estaba mirando. Nos cruzamos la mirada, pero fue por curiosidad, por ver a quien te estabas comiendo a besos. Nada más, de verdad.

Laila se quedó un rato en suspenso. Los ojos de Laila le habrían dicho a Isa muchas más cosas y mucho más fiables de lo que dijo su lengua, pero los humanos nos creemos más a los oídos que a los ojos, y por eso Isa se quedó muy lejos de percibir lo real, la verdad.

Laila volvía a reírse. Ella se reía mucho por naturaleza y, además, si lo que ella sabía y decía era muy distinto de lo que Isa oía y creía, las ganas de reír eran incontenibles.

--Aunque yo creo que tu "amigo", o lo que sea, volvió a mirarme alguna otra vez. --Apuntó Isa, poniendo cara de expectativas, sin pretenderlo. --Yo ya no lo hice más, primero porque él estaba contigo y segundo porque Alejandro, que no sé cómo, se dio cuenta, y casi me muero de la vergüenza. Pensaría que soy una lagarta. Tuve que pedirle disculpas.

Laila se tronchaba de risa. Pero como ella estaba más interesada en tratar cosas de Alejandro que de su chico, le dijo a Isa.

--Pero, a ver, tú con Alejandro, ¿qué tal?

--Jo, es... es... un sol a medianoche. Habla muy bien y con tiempo, sabe que decir en cada momento y es muy prudente, no como yo, que a veces me lanzo y me atropello. --Añadió Isa con los ojos llenos de alegría.

--¿Ya está? ¿Qué es prudente es todo lo que vas a decirme? --Clamó Laila.

--Bueno, está como un queso de bueno, pero... yo tardaré mucho en probarlo, no como tú, que ya te lo has comido de postre.

Ellas dos tuvieron que terminar con el desayuno y con las preguntas, pues la media hora ya se había ido al otro lado.

Una semana más tarde, mientras Isa salía y cerraba La Guarde, se cruzó con un hombre que la miro de arriba a abajo con demasiado descaro, pero como ese tipo de miradas se las encontraba ella con cierta frecuencia, no le hizo caso. Bueno, no le hizo caso, pero seguidamente se preguntó a sí misma.

"A este, ¿dónde lo he visto?

Ese era uno de los aspectos intrigantes de muchas féminas, que sin haber mirado a un hombre eran capaces de haberlo visto y hasta de reconocerlo.

Y porque la curiosidad o las fibras femeninas también tienen su poder, cuando Isa ya se iba caminando, se giró, solo medio se giró, pero lo suficiente para apreciar que aquel chico que a ella se la había repasado con su vista, se daba un beso con Laila, y el recuerdo saltó de inmediato al centro de su cerebro:

"Ostras, es aquel chico del baile, aquel guapo, que estaba con Laila".

Isa, como todas las féminas, cuando ya han encontrado sentido a una pregunta, enseguida van a por la siguiente respuesta.

"Anda, si hasta la viene a esperar al trabajo, ¿Y porque Laila nunca me habla de él?

Isa le comentó a Alejandro que Laila se veía con un chico.

--Y parece que me lo esconda. A veces, a Laila no la entiendo.

Sin embargo, Isa tampoco le dijo a Alejandro que ese mismo chico se la había mirado como para comérsela enterita, y si bien era cierto que el físico de Isa despertaba muchas miradas y, consecuentemente, ella no podía estar en todas ellas, no era menos cierto que aquellas no habían sido unas miradas de alguien que se cruza, sino que eran buscadas.

Algunos días más tarde, ese chico, amigo de Laila, desapareció. Lo condenaron, en primera instancia, a casi diez años de cárcel por tráfico de drogas. Sin embargo, no se acordó la ejecución provisional y como se presentó el correspondiente recurso contra la sentencia, continuó en libertad provisional hasta la resolución del recurso.

Laila jamás le contó nada a Isa ni ésta sabía nada al respecto. Viva, por su parte, no sabía que Laila tuviera relaciones profundas con el chico al que habían condenado, aunque algo intuía, pero tampoco sabía nada de la condena por drogas. Claro, es que sobre una condena por tráfico de drogas no vas pegando carteles por la calle, aunque a sus amigas podría habérselo comentado.

Ese chico, con el que Laila tenía una relación oscura, que había sido condenado judicialmente, en su vida social era Víctor. Es verdad que su nombre compuesto era Víctor Nicolás, y aunque en su vida secreta y negocios tapados había utilizado el nombre de Nico, generalmente atendía al nombre de Víctor.

Por aquellos días, Jandro y Bel ya salían ellos solos, sin que las amigas de ella fueran de paquete. Sin embargo, el hecho de que Isa tuviera una relación ya un tanto consolidada con Jandro, ello no suponía ningún impedimento para Laila ni para Víctor a la hora de preparar planes de lujuria.

A la tarde siguiente, Víctor le propuso a Laila que le facilitara un encuentro con su amiga Isa, aunque Laila se negó por estar Víctor en libertad provisional y sin saber lo que pasaría con su situación carcelaria.

Pero, las preguntas que podrían lanzarse al aire eran muchas y varias. ¿Cuál era la relación de Laila con Víctor? ¿Era Víctor su jefe? Alguien podría pensar que ese jefe se creía con derecho a que Laila le facilitara chicas para la cama. ¿Era Laila novia de

Víctor? Pero, entonces ¿Laila, la propia novia, le facilitaba otras chicas de cama a su novio?

No había una respuesta fácil, o al menos no era fácil para personas de cerebro sereno y coherente, puesto que la coherencia entre lo que proyectamos, esto es, lo que pretendemos que los demás vean de nosotros, y lo que en la obscuridad somos, esa coherencia es una virtud muy escasa entre los humanos.

Y para muestra, sirvan estos dos aspectos de sus vidas.

Tanto Laila como Víctor llevaban, al menos, una doble vida, aunque se podría decir, triple y siguientes. Laila, estaba metida en La Orga, distribuyendo todo tipo de drogas, y para que el ciudadano creyera que era una santa, trabajaba en La Guarde, cuidando niños. Jo, qué duro, la delincuencia tapada por la inocencia.

Víctor estaba integrado en las altas esferas de esa misma organización que internamente conocían como La Orga, y, como tapadera, regentaba el bar El Cielo y la discoteca El Cielo Total, que, además los utilizaba como mar donde pescar y disfrutar de buenas capturas sexuales.

Era correcto que Laila estaba liado con Víctor, tanto en la cama como en los negocios. No obstante, a Víctor no le chiflaba Laila en la cama, se la negociaba más por el negocio que por su cuerpo.

Ambos se encontraban en un piso que él tenía. Era un piso alternativo, véase, un picadero. Laila sabía que Víctor se había llevado a muchas mujeres al mismo piso, pero a ella ya le iba la fiesta y en eso no pensaba, puesto que, a ella, Víctor le daba mucho en la cama y, sobre todo, lo mucho que Laila recibía de La Orga, en sumas importantes de dinero, en bienes lujosos de diferentes tipos y valor, en las fiestas exquisitas con tíos exquisitos, cuyas fiestas le proporcionaban unas oportunidades de disfrute con esos chicos exquisitos que ella tampoco rechazaba.

Laila, que era compañera de trabajo de Isa y de Viva, y las tres se consideraban amigas, jamás le había contado nada a sus amigas de su doble vida, pues si bien trasnochaba con frecuencia, en su trabajo de la guardería siempre cumplió mínimamente.

Con todo eso, la relación de cama entre Laila y Víctor se enfrió en gran medida, porque ella se buscaba otros apaños y él ya no corría detrás de Laila, de forma que las fiestas ya se las montaban por separado.

Así que, como cada cual ya se comía otras frutas más frescas, pero que seguían teniendo relación profesional, un anochecer Laila le ofreció a Víctor, quien era un vicioso, igual que ella, que tenía una amiga que era un bombón exquisito, ¡ya verás!

te vas a poner como un toro. Tú la has visto poco, pero en cuanto la veas bien te pondrás hecho una fiera. Sin embargo, para eso tendrás que esperar al momento oportuno, sin pasos falsos, puesto que tiene novio y no podemos jugárnosla. Ya te avisaré cuando puedas verla.

En el terreno económico, Víctor había montado un bar, de nombre, El Cielo, al frente del cual había puesto a una señora muy profesional, a la que él respetaba por obligación, no por devoción, es decir, la respetaba porque era ella la que se imponía respeto. En todo caso, el bar funcionaba muy bien, lo cual le permitía lavar una parte pequeña del dinero de la droga.

No se trataba de que Víctor necesitara el dinero del bar El Cielo, que eran migajas, si no que desde fuera se veía mucho movimiento y eso justificaba poder limpiar buenas sumas de dinero de la droga. Ahora bien, la joya de la corona para Víctor era su discoteca, la cual estaba debajo del indicado bar. El nombre de la discoteca era El Cielo Total. Estaba muy de moda y se concentraba un ambientazo, ya que en su diseño no se habían escatimado medios, pues no había problemas de dinero. Los enganchados a la cocaína y a la heroína pagaban siempre, o por razones o por cojones, pero pagaban. Esta discoteca era una mina de diamantes, puesto que por sí sola proporcionaba buenos beneficios, pero, además, y ahí estaban los diamantes, permitía blanquear altas sumas de dinero.

Por otra parte, Víctor le hacía poco caso al bar El cielo, por donde difícilmente se le veía. Sin embargo, hacía visitas diarias a la discoteca El Cielo Total, donde tenía su despacho, que era la guarida perfecta para vigilar a sus presas amorosas. Desde su despacho, celosamente cerrado, seleccionaba a sus víctimas, chicas monas que, sin pareja, o con pareja, ese no era problema, se rendían a sus encantos físicos y también a sus alardes monetarios, que todo ayudaba.

Además, como gerente de los dos locales, Víctor tenía la cuartada perfecta, puesto que se presentaba a sí mismo como el director de ambos locales. Estos locales eran suyos, y si bien habían sido pagados con dinero de la droga, él ejercía como el dueño, pues tanto en el bar, como en la discoteca lo conocían como tal y le servían como al amo.

Ésta era la cara oficial, la que se proyectaban al exterior. Ahora bien, esa cara representaba migajas comparado con la cara enmascarada, la interior, donde se movía La Orga.

¿Y qué era La Orga? Era el diminutivo como se conocía en lugares cerrados a La Organización. La que movía droga arriba y abajo.

Víctor tenía un jefe en La Orga. Lo conocían como Tito. Era un auténtico sádico, que tenía atemorizada a media organización, y a Víctor también, pero intelectualmente era un prodigio. Cuando Víctor cumplió los cuarenta octubres, a Tito le faltaban 2 días para cumplir los sesenta, pero era un auténtico vicioso de chicas, siempre de chicas no más de treinta y cinco años. Decía, el capullo, que a las mujeres cuando pasan de los treinta y cinco años les sucede lo qué a los melones, que maduran y se pasan, por eso él ahora necesitaba una textura más dura, porque solo así se le ponía dura.

A pesar de la condena a diez años de prisión que pendía sobre la cabeza de Víctor, la pasta no suponía ningún problema para él, pues Víctor era fiel a La Orga y La Orga le correspondía a esa fidelidad con lo que necesitara.

Una mañana, Laila permitió a Víctor que se pasara por La Guarde, aunque medio disfrazado. Nadie sospechó ni preguntó nada. Isa tampoco. Todo estaba pensado.

--Tú entras a la guardería, como si fueras un padre que va a buscar a su hijo. Te das una vuelta por la planta primera y verás al fondo a Isa, que siempre anda por allí. --Así le planeaba Laila el encuentro visual de Víctor con Isa, sin que ésta tuviera conocimiento de nada, para que Víctor se

cruzara con Isa y se convenciera de que hasta ahora no había estado con ninguna otra mujer como ella.
--Allí nada, ni se te ocurra, ni por un instante.
--Prescribía Laila. --Compórtate con respeto, espero que por una vez lo tengas y lo uses. Tú solo la miras, ni una palabra, y con miradas discretas, que te conozco. Le haces una radiografía de cuerpo entero y luego me dices el resultado. Si estuvieras interesado, que lo estarás, y ese interés te lo voy a cobrar muy caro, puedo organizar algo, una celebración de alguna cosa para que la conozcas. Pero, te advierto, tiene novio del que creo que ya está bastante colgada, y, además, es muy celosa de su intimidad, muy cauta de cómo viste y de cómo se comporta. Así que, no la cagues.

Y el plan se puso en marcha bajo las directrices de Laila. Una mañana, Víctor se fue a La Guarde, con la supervisión a distancia de ella, recreó su mirada hasta el máximo para no despertar recelos en Isa, y salió con un firme propósito entre sus pantalones. Nadie sospechó ni preguntó nada. Isa tampoco.

Por la noche, sobre las once y media, Laila estaba en el bunker de La Orga, con Víctor. Él se quedó más que embobado por Isa. Le dijo a Laila que su amiga era guapísima y que estaba buenísima, pero si tiene novio yo no podré meterme

allí entre los dos, sin más, por eso me la tienes que traer y presentármela.
 --Eh, quieto, torito, ¿Qué pretendes? --Sentaba claridad Laila. --¿Qué la llame ahora mismo, se venga aquí y te abra las piernas, sin más? Hay que esperar algún tiempo, hasta que tu situación de prisión provisional se aclare. Cuando llegue el momento, ya hablaremos.
 --¿Y tú que me vas a cobrar por facilitarme ese bombón? --Quiso saber Víctor, puesto que sabía que de gratis nada.
 --Ya lo sabes, que llevo tiempo detrás de ello.
 --Llegó el momento de la compensación de Laila. --De un lado, que influencies a Tito para que me promocione a dirigir la Zona Cinco. Vosotros os hacéis favores y eso puedes conseguirlo. Ya no pido la Zona Dos, ni siquiera la Tres, pido la Cinco. De otro lado, quiero un fin de semana enterito contigo, de viernes por la tarde a lunes por la mañana, los dos solitos en El Palacete del Pinar, que vamos a guerrear a pierna suelta, y si te siguen quedando fuerzas, a pierna atada.
 --Bueno, Eustoquia. Ya veremos. Si tú cumples, yo lo intentaré. --Se relamía Víctor.
 Siguieron hablando sobre Isa, que era en lo que él estaba interesado.
 --Sé que, Isa, a sus veinticuatro años, es virgen. --Laila, dijo con cierta naturalidad.

--¿Qué dices? --Explotó Víctor con los ojos en blanco. --¿Con veinticuatro años todavía es virgen? Joder, siempre pensé que ya no quedaban tías enteras, sin estrenar.

--Sí, te aseguro que sí. --Hablaba segura Laila. --Te digo que es virgen porque, bueno, eso lo dijo ella y yo estoy convencida que así es, puesto que seguramente ni lo ha hecho con su novio. Además, su valor es mucho mayor porque no es, ni nunca será, una golfa, por eso es un caramelo. Eso sí, trátala con respeto, utiliza tu ingenio y hombría para conquistarla. A ti que más de una te cataloga como un "playboy" irresistible, dale tiempo, no pretendas que se eche en tus brazos a los tres minutos. Además, nada de brusquedades, porque si me entero de que le haces daño soy capaz de caparte.

--Uuuf. --Se burló Víctor con mucha chulería.

Laila, hizo un descanso y continuó.

--Ella siempre presume de que ningún hombre le ha tocado ni un centímetro de su piel, y que solo se la tocará aquel que sea su marido y una vez que lo sea, así que espero que te la manejes y cameles como un hombre de verdad. Ya me pagarás el regalo que te estoy haciendo, porque pienso cobrártelo.

Pero, claro, los planes no siempre se cumplen. El recurso presentado por la defensa de

Víctor no prosperó y la sentencia de instancia condenatoria a diez años de cárcel por tráfico de drogas obtuvo firmeza, lo que implicó que a Víctor lo ingresaron en prisión para el cumplimiento de un mínimo de seis a siete años y, con ello, se acabaron los planes de lujuria de Víctor en esta etapa.

CAP 4   LA TARJETA

Jandro y Bel llevaban viéndose cerca de cuatro meses desde que se conocieran. Él ya había conseguido que ella se separara de sus amigas inseparables y se fuera con él por aquí y por allá. Bel había intentado alguna vez hacer venir a cuento, disimuladamente, claro, cuál era el mundo profesional de Jandro, cuál era su trabajo de verdad, porque al principio le había dicho algo sobre el mundo de los abogados, pero ella necesitaba saber más cosas.

Una tarde de sábado iban en el coche de Jandro. El paró en un chaflán, ya que tres números calle arriba había un cajero de banco, y como necesitaba unos billetes en efectivo, era el momento para hacerlo.

Sacó su cartera de un bolsillo y de la misma extrajo una tarjeta de crédito para utilizar en el cajero. Cuando obtuvo la tarjeta entre sus dedos, la

cartera se le cayó al suelo del coche y fue a quedarse entre los pies de Bel.
Él no quiso, en forma brusca, meter sus manos entre las piernas y zapatos de Bel, por eso le dijo.
--Cógeme la cartera, por favor, y espérame, que ahora vengo del cajero. Está aquí mismo.
Él se fue a sacar dinero del cajero mientras ella recogía la cartera de Jandro. La contempló un instante entre sus manos, y pensó.
--Está cartera ya está un poco vieja. Algún día le regalaré yo una.
La curiosidad humana y las ganas de saber qué hacía Jandro durante el día fueron tantas y tan irresistibles que no se aguantó. Abrió la cartera y vio enseguida una tarjeta de identificación profesional con una foto de él, un escudo con la bandera de fondo, y tres líneas de texto:

Alejandro del Álamo y Arjona
Magistrado
Audiencia Provincial de...

Bel leía con tanto interés la tarjeta que no se enteró que Jandro ya estaba entrando en el coche.
A ella le cogió tal ataque de vergüenza y de encogimiento que dos lagrimones gordos bajaron por delante de su nariz. Se quedó bloqueada. Medio

escondió su cara detrás de su mano, y después de un rato consiguió decir en forma inteligible.

--Lo siento. Lo siento en el alma. Dios, nunca había hecho nada igual. No... no sé cómo pude...

Jandro siempre le había dado largas cuando ella le preguntaba algo de su trabajo, que si era en eso de los abogados, que si al final era un pobre funcionario, y cosas por el estilo. De hecho, él nunca había pretendido dárselas de importante con Bel, pues prefería que ella valorase su persona en vez de su posición social, en vez de explotar el prestigio de un Magistrado de un Tribunal importante.

Por otro lado, Jandro también reconocía que debía entender a Bel, y aunque el acto de fisgoneo por parte de ella fuera poco elegante y bastante criticable, la otra verdad era que Bel tenía derecho a estar ansiosa por conocer a que se dedicaba el chico con el que salía regularmente desde hacía algún tiempo.

Incluso, en algún modo la justificaba, porque ella, sobre la forma en que él se ganaba la vida, solo sabía cuatro cosas superficiales, mientras que ella se lo había contado prácticamente todo. Es más, hasta puede que en algo eso le gustara, puesto que eso demostraba que ella tenía interés en él, demostraba que él le importaba.

Ella se frotaba los ojos con sus dedos de la mano, y se esforzaba por convencerle.

--Perdóname, te juro que no volverá a pasar. Debes creer que soy una impresentable, y haciendo esto lo soy, pero yo... yo cogí la cartera de abajo y, y me pudo... jo, no sabía si estaba saliendo con... si tú eras un delincuente y, y metí la pata.

--Bueno, no te aplaudiré por ello, pero la gente hace cosas mucho peores. Tranquila, no te voy a denunciar. --Dijo él sonriendo. --Yo, no, no soy un delincuente, aunque trabajo con tantos que a veces temo que algo se me pegue.

Y continuó Jandro haciéndole un mimo en la mejilla de ella, tras lo cual los dedos de sus manos comenzaron un contacto suave.

--Eh --Decía Jandro, sin prisa alguna. --No era mi intención esconderte nada, es que no me gusta alardear ni echarme flores, pero ahora que ya lo sabes, pues, sí, soy Juez, lo cual tiene alguna ventaja y ciertos problemas.

Bel ya había mejorado de su sofoco. Las palabras tranquilas de Jandro, su sonrisa y las caricias en sus dedos habían producido en ella un gran efecto de calma y sosiego, así que se atrevió a preguntarle.

--Ahí en esa tarjeta dice, Magistrado, pero ahora acabas de decir que eres, Juez. ¿Qué diferencia hay?

--Pues, verás, esto no se cumple siempre, ya que a veces no resulta así, pero podría decir que generalmente el Juez sirve en un Juzgado, mientras que el Magistrado lo hace en un Tribunal.

--¿Eso significa que un Magistrado es más importante que un Juez? --Se le oyó a Bel.

--No, no, significa que recibe más palos. --Se rio él mientras añadía. --Yo, como Magistrado, soy un incordio, ya que impongo multas, meto a personas a la cárcel y otras cosas así de feas, mientras que tú cuidas y haces felices a bebés que se quedan sin sus padres desde el amanecer hasta el anochecer. En todo caso, tú sí que eres importante, tú labor con los niños, como si fueses su propia madre, es mucho más importante que la de cualquier Magistrado.

A Bel le impresionó lo escuchado, así que, la mar de feliz rodeó con sus manos la cara de Jandro y le regaló un beso tan dulce como la miel. Ella que hacía pocos minutos tenía su corazón lleno de pesar por su mala conducta, ahora, las palabras de Jandro habían llenado ese corazón de alegría y un poco más de amor.

Cuando Jandro terminó de relamerse por el beso, le dijo que, en un rincón de una revista de derecho, sus compañeros habían publicado varias mentiras sobre él. Ella insistió en que quería leer esas mentiras, de forma que consiguió que él le diera la dirección electrónica donde ella pudo leer:

"Los compañeros del Magistrado "del Álamo y Arjona" sabemos que Alejandro es un Juez de carrera atípico, con una memoria y capacidad de razonamiento prodigiosa, y muy joven para haber escalado ya hasta la Audiencia Provincial de su zona, si bien todos estamos seguros de que en su día llegará a alcanzar una magistratura del Tribunal Supremo de este país".

Bel afirmó sin regateos.

--Pues, siendo una profesión tan digna, no veo porque has tardado tanto en decírmelo. Me habrías ahorrado pasar la mayor vergüenza de mi vida por abrir tu cartera.

Jandro quiso sincerarse con Bel respecto de su situación profesional, pues llegó a la conclusión que, si fuese al revés y él no supiera nada de ella en ese terreno, posiblemente habría hecho lo mismo.

Él se quedó a menudo corto en sus explicaciones, aunque le fue comentando que, en cuanto a ingresos económicos, pues se apañaba, y aunque era cierto que estaba muy por debajo de los altos ejecutivos, también lo era que estaba mejor que la media de personas de su edad en este país.

Por otra parte, si se tenía en cuenta que se debían a disponibilidad total en sus guardias y otros aspectos, la conclusión era que, después de haberse roto los pelos durante diez años, ser juez no era ningún chollo.

A pesar de su juventud, pues todos los compañeros tenían más años que él, desde hacía pocos meses tenía un sueldo estable de magistrado, que seguramente era envidiado por muchos conciudadanos de veintiséis años como él.

Hace unos pocos días le habían propuesto hacerse cargo, para el siguiente año lectivo, de la formación en la Escuela de Jueces Jóvenes, lo que implicaría una cierta mejora económica.

Aun así, para darle a entender a Bel su opinión sobre ella y, al mismo tiempo, desviar la atención de sí mismo, seguidamente le dijo a Bel poniéndose muy serio y mirándola sin pestañear:

--Bel, te conformas con poco, pues con tu belleza y con todo lo que llevas contigo podrías aspirar a una cartera miles de veces mejor que la mía, hasta podrías alcanzar la cartera de un príncipe petrolero, pues yo soy un pobre funcionario medio descalzo.

Bel estaba encantada con las palabras de Jandro; sonreía, y apretando cariñosamente el cuello de Jandro dijo muy suavemente.

--¿Un príncipe petrolero? Los príncipes del petróleo son todos muy feos, con más cartera que tú, seguramente, en eso te pueden ganar, pero en todo lo demás no te alcanzan ni al tacón de tus zapatos.

Jandro, tirando de picardía, objetó a lo dicho por Bel:

--Bueno, tienes tu mucho optimismo. Mis zapatos son bastante normalitos, mis rodillas tienen pocos encantos y... eso de por ahí abajo donde acaba el abdomen y empiezan las piernas, pues, es pequeñita, pequeñita.

Ella sonrió poniendo cara de burlona.

--¡Anda, pobrecito, la tiene pequeñita!

CAP 5　　LA FINAL DE TENIS

Pasaron dos semanas y llegó la final del campeonato de tenis. Jandro jugaba a tenis cuando podía. Siempre como aficionado. Según él, en el torneo había de todo, pero la mayoría eran mejores jugadores que él.

El viernes, Jandro le ofreció a Bel.

--Oye, Bel, ¿Querrías venir al Club de Tenis Agua Mayor, a verme jugar este sábado por la tarde?

--Si me invitas y me llevas contigo, porque yo no sé dónde está, claro que voy. --Le confesó ella para que no hubiera dudas de que le gustaría.

--Vale. Pues mañana te recojo a las dieciséis horas y nos vamos. El club está en un pueblecito a unos treinta kilómetros de aquí.

Allí estuvo a la hora, porque Jandro siempre cumplía sus compromisos. Bel, también cumplía sus promesas. Y al club de tenis se fueron.

La pista tenía una grada lateral con un pequeño palco justo al lado de la pista, en cuyo palco preferente, Jandro dejó acomodada a Bell, mientras él se fue a cambiar de ropa a los servicios.

En aquel club querían darle mucha bomba a la final del torneo, por eso lo habían organizado para que pareciera la final de un torneo de Grand Slam, aunque realmente no pasaba de un torneo de aficionados donde se disputaba ser el mejor de dos clubes de tenis.

Como los dos clubes eran grandes y al torneo de tenis lo habían publicitado en forma amplia, la grada estaba llena, lo cual le daba un aire de campeonato importante.

Salieron los dos jugadores a la pista y dejaron sus bolsas con una o dos raquetas y algo más sobre los dos bancos, aquellos que tenían habilitados en el lateral del campo.

Jandro miró a Bel y ésta le devolvió una sonrisa llena de orgullo.

Por megafonía anunciaron a los dos jugadores finalistas.

--A la izquierda de ustedes, el representante del Club de Tenis Agua Menor, Javier A. Casagrande. A su derecha, el representante de nuestro Club, Alejandro del Álamo.

Se oyeron aplausos y algún grito. Bel solo aplaudió cuando nombraron a su chico, pues tampoco ella estaba muy familiarizada con estos eventos. Los jugadores calentaron el tiempo estipulado y, llegado el momento, comenzó el partido.

El primer set lo ganó Alejandro del Álamo por un ajustado 7 a 5. Durante el pequeño descanso que separa un set del siguiente, el público podía contemplar más de cerca a los dos jugadores sentados en sus respectivos bancos al lado mismo de la grada, lo que provocaba cierta algarabía del sexo femenino.

En dos asientos contiguos al que ocupaba Bel, se sentaban, y también se levantaban con mucho jolgorio, dos chiquitas bastante chiquitas, pues no le sobraría mucho de los dieciséis añitos. Decían muchas cosas de los dos jugadores que estaban en la pista. Del contrincante de Alejandro no decían mucho, y en este caso, tampoco a Bel le importaría lo que dijeran, pero con Jandro se pasaban varias comarcas. Una de las chiquitas dijo en voz alta, reclamando atención.

--Guapo, una noche contigo y ya podría morirme.

A mitad del segundo set, Alejandro culminó una jugada magistral que le dio el punto, pero tras un resbalón, él dio dos revolcones por el suelo sobre pista de tierra.

No se rompió ningún hueso, aunque con lo sudada que llevaba la camiseta, ésta acabó ampliamente rebozada con la tierra de la pista. Aguantó y cuando acabó el juego era el momento de cambiarse la camiseta rebozada.

Alejandro se fue a su banco. Sacó de su bolsa una camiseta limpia. Después se sacó la camiseta embadurnada de tierra. Hubo un pequeño espacio de tiempo, sin intención de provocar nada, en que Alejandro quedó desnudo de cintura hacia arriba, enseñando al público presente sus pectorales y demás músculos, lo cual produjo una cierta verbena entre las féminas menores, las medianas y también las pocas mayores que había.

Las dos chiquitas de al lado de Bel se desmadraron con el estriptis de medio cuerpo de Alejandro. No era nada obsceno, ni excepcional, ya que en pistas de tierra era habitual que se cambiaran la camiseta durante el partido. Una de las chiquitas lanzó al aire.

--Tío bueno, te estoy esperando para que me hagas un hijo ahora mismo.

Alejandro se enteró, pero no se dio por enterado.

La chiquita, como si se sintiera despechada, remachó.

--Si no subes tú, bajo yo ahora y te violo.

Bel, que, aunque Jandro no era su marido ni su prometido, ni siquiera oficialmente era su novio, se sintió tan mal que le propinó un codazo en la boca a la chiquita de lengua larga que totalmente se la tragó hasta el estómago. A la otra, cuando hizo ademán de levantarse, le palmeó la boca con su mano, sin necesidad de más. Se armó un buen revuelo alrededor de las tres féminas. Alejandro se giró y miró hacia arriba, porque por allí estaba Bel, pero no pudo entender que estaba pasando. Bel le miró y le sonrió. Jandro volvió a la pista de tenis, a lo suyo.

Las dos chiquitas se fueron de la grada, las dos con los ojos encendidos, pero con la boca cerrada.

Acabó el partido y ganó Alejandro del Álamo. Vinieron los agasajos. Primero le entregaron al ganador un ramo de rosas, precioso. Jandro pensó:
"Seguro que le gusta el ramo. Allá voy".

Tiró de ganas y se subió a la grada donde estaba Bel sentada. Cuando ella se dio cuenta que venía a regalarle el ramo de rosas, con el público pendiente de los dos, el corazón de ella se le salía del pecho.

Jandro le entregó el ramo y le dijo al oído:
"Las rosas te tienen envidia".

A ella le agarró un ataque de alegría y de otras cosas.

Los tímpanos de Bel y de Jandro se congratularon por la cerrada ovación que la entrega del ramo a la chica despertó en la grada. Jandro regresó a la pista. Bel todavía seguía sonámbula.

Continuó la ceremonia final del torneo y, como cierre, la entrega del trofeo. La entrega del trofeo al ganador, porque tan solo había uno. Se oyeron aplausos y silbidos.

Jandro levantó la copa y se la mostró al respetable. Una vez terminaron los actos oficiales, Jandro subió al lado de Bel, dejo la copa de plata a su lado y le pidió.

--Guárdamela, ¿Quieres?, hasta que vuelva de ducharme.

Y acto seguido, sin que ella tuviera tiempo de reaccionar por la emoción, continuó.

--Y si esta copa queda contenta de como la guardas, igual quiere quedarse contigo para siempre.

A Bel se le subió un golpe de sangre hasta sus labios. Ello le provocó un cierre de ojos y ceguera momentánea, pero cuando iba a darle diez besazos seguidos, Jandro ya se iba hacia la ducha.

Ella pensó de inmediato:

"Jopar, parece que los hombres siempre lo estropean en lo mejor".

Cuando Jandro regresó duchado y cambiado, ya poco más quedaba por allí que los empleados del Club.

Se cogieron de la mano, subieron al coche y se fueron no lejos de allí, porque el club ya cerraba. Jandro aparcó en un sitio tranquilo y se quedaron los dos mirando al ramo de flores y al trofeo.

Él le preguntó a ella por el revuelo con aquellas dos chiquitas en la grada. Ella se sintió un poco incómoda, hasta que dijo.

--Nada, gritaban mucho.

Él siguió mirándola, esperando una respuesta más creíble.

Ella dejó que sus ojos se recrearan en las rosas que tenía delante. Le faltó empuje para reconocerle que había sido un ataque de celos, y para no decírselo con esas palabras, se lo dijo de otra forma.

--Es que eran dos niñatas sin respeto. ¡Que subieras para hacerles un hijo..., a las dos!, y así otras lindezas mayores.

Jandro se reía.

--Y tuviste que cerrarles la boca, sin remedio. --Dijo él con una sonrisa amplia.

--Se merecían mucho más. --Aseguró ella un tanto malhumorada.

Acto seguido, él le preguntó mirándola a los ojos, con los ojos de ambos a un palmo de distancia.

--¿De verdad que le arreaste a las dos niñatas? Me pareció que hubo revuelo por allí arriba. Ella se mantuvo firme.

--Se lo tenían merecido, y más.

Jandro cogió la mano de Bel y acercó sus labios a los de ella, a tal distancia que asomó un poquito su lengua y con la misma rozó los labios de su chica que estaban un poco separados.

Se besaron durante media hora. Al final, ella pensó, solo pensó:

"Esto tenías que haber hecho cuando aquellas dos brujas te querían comer; tenías que haber subido, haberme dado una docena de besos como ahora y... para que se chincharan".

--Oye, las rosas y el trofeo me acaban de decir que están más contentas contigo, que tú las vas a tratar con más... esmero, así que quieren quedarse contigo. Si tú quieres te las dejo por uno o dos años... --Le fue diciendo Jandro a Bel.

Bel miró a Jandro con ojos dulces. Mientras lo hacía, pensó:

"Una chica sabría que lo estoy mirando con ojos de enamorada, pero los chicos nada, no se enteran ¿Y si se lo digo? No, tía, que va a pensar de ti".

Poco después, Jandro le propuso a Bel dar un paseo por el pueblo, toda vez que era temprano para regresar al ruido de la ciudad.

Como a ella le pareciera bien el paseo, se fueron por una especie de sendero cubierto de árboles grandiosos, los cuales proporcionaban una sombra muy agradable. Alcanzaron la parte trasera de una casa que contenía un jardín muy bien cuidado, del cual sobresalían varios rosales cargados de unas rosas espectaculares, orgullosas de contener un brillo sumamente fascinante.

Una señora de unos cincuenta y algunos años más, con un delantal amarillo de cuadros, regaba los rosales con sumo esmero.

Cuando la pareja caminaba a la altura del jardín y cerca de la valla, Jandro se fijó dos veces en las rosas exuberantes que se veían desde donde ellos paseaban. Se llenó de esperanza y le dijo a Bel.

--Espera. Me llevaré un chasco, pero lo intentaré.

En dos pasos se situó al lado de la valla.

--Buenas tardes, joven jardinera. --Deseó Jandro entre sonriente y serio.

--Buenas. ¿Qué se te ha perdido? --Cuajó la jardinera totalmente seria, como si las rosas fueran para un funeral.

Bel quiso decirle a Jandro: "Vámonos, que te va a pegar". Pero no se atrevió a meterse en medio.

--Sería capaz de regar cien años los rosales si, a cambio, pudiera regalarle una rosa de esas a

mi chica. --Dijo él pretendiendo hablar con voz convencida.
Tanto tiempo regando los rosales debió impactarle a la jardinera que levantó la vista y lo miró. Pero, Jandro insistió.
--¡A que es preciosa mi chica! Al menos tanto como la rosa más hermosa de su jardín. --Aseguraba él mirando a Bel.
La jardinera miró a Bel y después a Jandro. Las expectativas de éste mejoraron porque a la Jardinera se le escapó la primera sonrisa del año.
La buena señora, que no era tan fiera, soltó la regadera y cogió unas tijeras de podar. Se fue a uno de los rosales y después de mirarlo por completo, dijo.
--Ésta. --Y cortó su tallo a unos treinta centímetros de la rosa.
Después se fue al rosal de al lado y, tras un examen exhaustivo, repitió.
--Ésta. --Y también cortó su tallo a una altura parecida.
Tras ello, le quitó un poco los pinchos para que no fueses desagradables al cogerlas, unió las dos rosas con una cintita roja que andaba por allí, y se acercó a Jandro. Miró otra vez a Bel, y concluyó.
--Sí, es muy guapa, mucho, pero mis rosas no se quedan atrás.
Después lo miró a él diciendo.

--Las dos rosas son para ella. Tú confórmate con los dos besos que ella te dará.

Acto seguido le entregó el ramito con las dos rosas, tan bonitas como sacadas de otro mundo.

Mientras le entregaba el ramito a él, la jardinera miró a Bel y, ahora sí, con una sonrisa de complicidad, puso una mano entre su cara y la cara de Jandro, como si su voz la dirigiera solo hacia Bel, aconsejándole.

--Cuídalo. Ya no quedan caballeros como él.

Bel asintió con su cabeza. Iba a decirle que las rosas eran preciosas, pero prefirió no reabrir el debate de si lo era más ella o las rosas.

La jardinera volvió a su riego y la pareja, tras darle las gracias y gracias, se fueron a un banco de madera situado tras un montículo de amapolas, donde ganarían la ansiada intimidad y Jandro sus dos merecidos besos.

Un tanto después, estaban regresando al piso donde ella vivía.

Antes de despedirse, Bel le habló a Jandro con mimo, oyéndose que él había ganado el trofeo con bravura, que había ganado el ramo de rosas con valentía y, las dos rosas, las de la señora jardinera, que las había ganado con alma de hombre.

CAP 6   LA PRIMERA SIESTA

El verano, en todo su esplendor, ya se había instalado en aquel pueblo de unos cincuenta conciudadanos. Cuando llegaban las fiestas de la Virgen de la Luz, cada año se añadían muchas familias de otros lares para vivir las fiestas con total intensidad, con su baile de tarde y su verbena de noche, siempre en la plaza, con sus grandes fuegos artificiales, con sus más grandes comilonas y con otras muchas más ilustraciones.

Isa, que en su casa no era Bel, sino Isa, había llegado con sus padres poco después de mediodía. El propósito era disfrutar de las fiestas de la Virgen de la Luz durante toda una semana.

Ordenaron lo suficiente la casita heredada de los padres de su madre, sin necesidad de limpiar lámparas de mil cristales, que no había, puesto que se trataba de una casa cuca en su interior y sencilla por fuera, como todas las de la zona.

    El pueblo, aunque se llamaba Otero, estaba situado en un llano justo al lado de una carretera nacional, la cual conducía a un pueblo de unos quince mil habitantes llamado La Villa. La entrada al pueblo de Otero se hacía por la calle principal que había sido cementada unos años atrás, mientras que la casa de Bel se ubicaba en esa calle principal y apenas a unos cien metros de la carretera.

    Mientras Bel estuvo entretenida colocando y arreglando su habitación, así como ayudando con el resto de la casa, el tiempo se le fue como a cualquier otra chica de su edad, pero cuando las cosas quedaron limpias y en su sitio, una vez terminó de ducharse y el sol ya se había escondido, llegó la hora de dejar volar la imaginación, y entonces apareció con más fuerza el recuerdo de Jandro. Ella pensó:

    "Virgen de la Luz, lo que daría para que estuviera aquí, lo comería a besos. ¿Cómo voy a aguantar todo este tiempo sin verlo?"

    Cogió su móvil, se fue a la calle, ya que la cobertura dentro de casa era bastante deficiente, e intentó llamar a Jandro.

    "¿Qué pasa? ¿Por qué no puedo llamar? Ahí va, mi móvil se ha apagado. Está a cero de batería. Uf".

Se fue a su habitación, cogió el cargador e intentó conectarlo, pero se dio cuenta que aquel cargador era de un móvil anterior que servía para los móviles de sus padres, pero no para el suyo que era nuevo y utilizaba un conector distinto.

--Vaya desastre. Papi, no puedo cargar mi móvil, que está muerto. Déjame el tuyo, que tengo que llamar a Jandro. Jo, quedé que lo llamaría al llegar y... --Decía Isa atropelladamente.

--Quedaste que lo llamarías al llegar, ¿Y te olvidaste? Anda que le quieres mucho. --Le reprochaba su madre con una media sonrisa pícara.

--Mamá, búrlate de mí, encima... --Isa salió a la calle con el móvil de su padre para llamar a Jandro.

Lo intentó una docena de veces, pero Jandro no contestaba.

Su madre que la veía desde la ventana de su casa, la pinchó de nuevo.

--Claro, ¿Qué esperabas? Te olvidaste de él y ahora debe estar enfadado como un caballo abandonado, por eso no te contesta.

--¿Quieres dejar de darme ánimos? --Se quejó Isa.

De repente, Isa entendió lo que pasaba:

"Claro, Jandro no tiene registrado el número de móvil de mi padre y por eso no lo coge, ya que no contesta a números desconocidos, a números que no tenga registrados en la agenda de su móvil. Aaah, y ahora como hablamos, porque seguro que él me ha llamado a mi móvil que está fuera de servicio".

Intentó si alguna vecina tuviera un cargador compatible, pero nada. Hasta el día siguiente que bajara a comprar uno a La Villa, a diez kilómetros, y si encontraba, no había más remedio que soportar la penitencia de no poder hacer una videollamada y ver a Jandro.

"Uf. ¡Qué burra soy! Mañana a las nueve de la mañana estaré comprando un cargador del móvil en La Villa. Mi madre tiene razón. Jandro debe estar súper enfadado conmigo porque pensará que he pasado de él, y, y encima, Jandro pensará que estoy en la verbena con otro y que lo he olvidado. ¡Joder, me muero!".

Pasó la noche casi en vela. Lo que debería ser una noche de fiesta, con una verbena alegre, con sus padres, pero alegre, fue una noche en pena. Isa estaba desarmada. ¿Cómo iba a explicarle a Jandro que ella no le llamara ni tampoco contestara a las llamadas que él seguro le había efectuado?

A las nueve de la mañana de ese nuevo día, Isa estaba con su padre comprando un cargador del móvil en La Villa. Menos mal que los padres están para eso. A las diez estaban de regreso en su pueblo. Puso a cargar su móvil, ahora sí, pero tuvo que esperar hasta que el instrumento tuviera un nivel mínimo de carga en su batería.

Justo cuando iba a coger el móvil para llamar a Jandro, el móvil sonó y anunció que éste estaba llamando. Isa desconectó el cargador y salió corriendo hasta la calle donde ganar cobertura y poder contestar:

--Hola, Jandro, ¿estás enfadado conmigo? --Se tiró Bel de cabeza.

--Hola, Bel, sí lo estoy. Hoy tendrás que hacerme muchas cosas bonitas para que se me pase.

--¿Sí?, pues desde aquí, no sé, como no te las haga con el pensamiento... Eh, Jandro, no pude llamarte con mi móvil porque me equivoqué de cargador y mi móvil se quedó sin batería. Lo siento. --Contestó Bel, casi implorando.

--Bueno, ¿estás bien? Te llamé varias veces, pero no me contestaste. Pensé que estarías ocupada bailando con otro.

--Anda, no me digas eso, jo, no me ofendas, ¿Crees que te haría eso? Yo también te llamé muchas veces y no me contestaste. --Se sacudió Bel.

--¿De verdad? Pues no tengo llamadas tuyas...

--Anda, lo siento. Es que te llamé con el móvil de mi padre, porque el mío no funcionaba. --Respondía Bel con pesar.

Jandro estuvo un pequeño tiempo en silencio. Después se le oyó que decía:

--¿El número de móvil de tu padre acaba en 39?

--Sí, ese. --Confirmó ella enseguida.

--Oye, Bel, esa blusa color beige te sienta muy bien. --Afirmó Jandro cambiando de tema, más convencido y con una voz ya más cálida.

--¿Esta blusa? Ya hace que la tengo. Esta mañana me fui a comprar un cargador. Mi padre, pobre, me llevó antes de las nueve de la mañana. --Respondió ella mirando a la blusa, pero sin más.

--Y ese tejano lavado también te queda muy bien. --Volvió él a lo mismo.

Ella miró su pantalón y, en ese tiempo, recibió un rayo de sol en su cabeza, aspiró grande y preguntó sin saber que pasaba.

--Oye, Jandro, a ver, no estamos en una videollamada, no me estás viendo ¿Cómo... cómo sabes que ropa llevo?

--Mira hacia la carretera. --Le pidió él con aires de triunfador.

Ella levantó y giró su cabeza, miró hacia la carretera y, y, el corazón casi se le sale del pecho.

Allí enfrente, apoyado en el coche y a no más de veinte metros, se encontró con Jandro sonriente. Ella dio un grito y arrancó a correr hacia él como una gacela desbocada. Le dio un abrazo más apretado que nunca. Acabó el abrazo, le miró un segundo intensamente a los ojos y comenzó el beso más beso de su vida.

La madre de Bel, que los vio desde la ventana, pensó.

"Virgen de la Luz, acompaña a mi hija, que está por ese chico hasta las trancas.

La hija estaba más feliz que la Virgen de la Luz. Como estaban allí muy a la vista, y no lo decía por su madre, que ésta no le preocupaba, sino porque estaban en un pueblo, su pueblo, tiró de un brazo de Jandro con algo de disimulo y se lo llevó a un lado para apartarse algo de miradas chafarderas.

Volvió a besar a Jandro como si se tratara de una esposa enamorada, cuyo marido regresa de la guerra.

--Has venido a verme, Dios mío, has venido. --Susurraba ella entre besos.

--Eh, Bel ¿Podemos ir a dar una vuelta, por ahí? –Adujo él en medio de los besos.

--¿Hasta cuándo vas a estar aquí? --Le preguntó Bel con sus ojos muy cerca de los de Jandro.

--No mucho. Hasta eso del anochecer. --Respondió él.

Bel, pensando rápido, le pidió a Jandro que le esperara, que ella se iba a tomar una ducha rápida, que se cambiaba y que se irían al pueblo grande de abajo, a La Villa. Que comerían por allí y volverían hacia el anochecer para hacer unos bailes en la plaza antes de que se fuera.

Ella se fue a su casa, no sin antes darle otro dulce beso. Cuando ella ya iba a salir de casa tan arreglada, su padre, que no sabía de qué iba aquello, exclamó que el baile empezaría por la tarde, pero su madre, que sí lo sabía, le dijo que después se lo explicaría, así que, echándole una ayuda a su hija, se la oyó decir.

--Vale, comerás con Alejandro. No te lo acabes todo hoy, déjate aquello de lo que después te arrepentirías.

Su padre pestañeó, pero no se opuso.

--Que sí, Mamita, me dejaré lo mejor para el día de la boda. --Reaccionó la hija.

Mientras tanto, Jandro también estaba acostumbrado a pensar rápido, y pensó.

"¿Dónde nos meteremos después de comer, durante una siesta abrasadora como la que hará hoy por aquí?".

Cogió su móvil, entró en internet y buscó hoteles en La Villa. En el único hotel con rango de tal, llamado La Flor de la Villa, reservó una habitación para esta noche. Seguramente, al no quedarse por la noche, le saldría cara para solo una siesta, pero...

Jandro tuvo que esperar dos eternidades, porque ella hoy se iba a vestir como una princesa, pues no iba a salir de cualquier manera.

La vio subir hacia él. Pensó.

"Como la princesa más hermosa".

Como ella viera que él la miraba como se mira a una chica sobrenatural, sonrió dulce, dulce, y le dijo tan dulce.

--Entre la ida y la vuelta, vas a hacer cerca de dos mil kilómetros de carretera el mismo día. No iba a ponerme un mono de trabajo, ¿no?

--Uhm, no, pero una princesa sigue siendo una princesa, aunque se ponga un mono y no se vista de seda. --Le salió a él con voz baja.

Otro beso de regalo.

Subieron al coche y Jandro comenzó a conducir mientras sostenía.

--Aquí mandas tú, bueno, siempre mandas, pero hoy más, ¿Hacia dónde vamos?

--¿Me estás llamando mandona? --Le pellizcó en un brazo. --Gira a la derecha y siguiendo la carretera llegaremos a La Villa en pocos minutos.

Durante el poco tiempo de recorrido hasta La Villa, les entró una pájara que les mantuvo callados, como si estuvieran digiriendo las emociones vividas.

Bel pensaba:

"Virgen, ahora sí que sé lo que es estar enamorada. ¿Y él? Una paliza de kilómetros para verme unas pocas horas. Jo, tendré que darle algo, más besos, o algo más, porque me toca y me derrito, pero si no empiezo a soltarme igual se va con otra, y me muero".

Jandro pensaba:

"Dios, es preciosa. Daría la vuelta al mudo por verla diez minutos. Pero, joder, no sé si no estás haciendo el panoli, porque llevamos viéndonos medio año y, y la has visto desnuda y poco más. Espero que hoy se note el esfuerzo realizado".

Aparcaron el vehículo y se fueron cogidos de la mano pueblo arriba. Vieron en una tienda un saco de habas impresionantes, que él quedó entusiasmado. Pasaron por una floristería y, Jandro le compró a ella un ramito con seis rosas espectaculares. Bel estaba contentísima, antes y después del beso apasionado que casi se marean los dos.

Se sentaron en un banco de madera ya cerca del castillo, porque los enamorados suelen sentarse en bancos de madera.

--¿Y por qué seis rosas? --Le preguntó cariñosamente a Jandro, y aunque ella lo sabía, quería oírselo decir a él.

--Porque mañana hará seis meses que nos conocimos y, además...

Ella no le permitió continuar con el "además", pues le selló sus labios con otro beso de los que no se olvidan.

Cuando volvieron a respirar, ella preguntó de nuevo.

--¿Y, además?

--Y, además, porque yo querría tener seis hijos contigo. --Arrasó él triunfal.

Esto sí que no se lo esperaba ella. Le rodeó su cintura con los dos brazos, aplastó su cara contra la barbilla de él y buscó las letras para decirle a media voz.

--¿No es un poco pronto para que ya nos pongamos a procrear seis hijos?

--Bueno, pero tendremos que empezar a ensayar, ¿no? --Contestó el muy seguro.

A Bel se le revolucionó la sangre, pero siguió acurrucada entre la cintura y la barbilla de Jandro, sin decir nada, si bien ella sí que pensó en cosas.

Visitaron el castillo muy señorial, vieron el río que refrescaba el pueblo y se fueron a comer a un pequeño restaurante elegido por él. Era más bien una tasca, pero estuvo muy bien.

Antes de pagar, Jandro le dio un poco de vueltas para acabar diciéndole al oído, para ella sola.

--Oye, Bel, una pregunta indiscreta: ¿Ya terminaste con el período?

Bel habría podido contestar acto seguido, pero se hizo más la sorprendida de lo que estaba y le contestó ladeando su cara.

--Sí, desde antes de ayer ya estoy limpia como una patena, pero, Jandro, ¿Por qué me preguntas eso?

--Es... que... me gusta que mi chica esté bien y no sé si las chicas estáis bien con la menstruación.

Ella sonreía sin parar por las ocurrencias de él, si bien en el fondo ella comenzó a intuir algo que, llegado el momento, ya no iba a querer rechazar, algo que iba a recordar todos los días.

Cuando salieron a la calle después de comer, el sol estaba tan ofendido y rabioso con los humanos que no había quien lo aguantara.

Él le dijo a Bel que, al no saber cómo iba a ir aquí, había reservado una habitación por esta noche en el hotel La Flor de la Villa. Y continuó.

--Yo tengo que ir a hacer el "check in", y el sol este es para escapar. Propongo que vayamos al hotel con aire fresco, nos cepillamos los dientes, me doy una ducha y charlamos lo que queramos.

Cuando nos parezca bien, vamos a la fiesta de tu pueblo. ¿Qué te parece?
--Vale, no tengo muchas más opciones. --Se justificó ella, si bien no hizo falta que Jandro la empujara, lo cual, por otra parte, él no habría hecho.

Entraron en el hotel La Flor de la Vida. Jandro confirmó la habitación por una noche, pidió dos estuches de higiene dental y pagó la habitación y los estuches. Subieron en ascensor hasta la planta segunda y entraron en la habitación.

Jandro le hablaba a Bel con mimo, pues no quería que se sintiera incómoda.

--Ah, mira, el lavabo es de dos servicios, así que podemos cepillarnos los dientes al mismo tiempo. --Animó él.

Así lo hicieron.

Bel estaba un poco... inquieta.

Él puso en marcha su móvil y seleccionó una melodía tipo foxtrot, que comenzó a oírse en la habitación.

Jandro le dio la mano y la invitó a que lo siguiera para bailar en forma suave, sin saltos, sin gritos, como debía ser después de comer. Él se quitó sus zapatos; después, se agachó y le dijo que si podía quitarle los suyos. Ella confirmó con la cabeza, y después la descalzó a ella.

Empezaron a bailar un poco separados, pero las fuerzas de la naturaleza siempre consiguen que la materia se acerque y se genere energía.

Los trapos comenzaron a caer al suelo, de uno en uno. Primero los de fuera, después los de dentro. Entre tanto, se regalaban beso tras beso. A él se le acumuló la sangre entre sus piernas. Bel notó el miembro de Jandro por encima de su ombligo. Bajo la vista, lo miró y se le abrieron todos los poros de su cuerpo:

"Por Dios, que grande, y que gorda", pensó.

Él le susurro a Bel al oído:

--Bailar descalzo con la reina más hermosa del baile es lo más bonito que me ha pasado nunca.

Cuando ya los besos y las caricias habían hecho su efecto, Bel, abrazada y con su piel altamente sensible, sintió la necesidad de que él lo supiera.

--Jandro. --Se le escuchó a ella con voz entrecortada. --Yo nunca... hice el amor. Tienes que darme tu palabra de que..., lo que quieras, besos, caricias, pero sin..., sin...

--Sin penetración. --Completó él.

Ella movió la cabeza verticalmente confirmando lo dicho, y pidiéndole.

--Por Dios, no me falles.

--Palabra. No soy un bandolero. --Aseguró Jandro.

Ella confiaba que su Jandro no era un bandolero que te la juega antes de darte la vuelta.

Por eso, con la seguridad que da saber que tu chico no te fallará, fue ella quien comenzó con un beso y siguió con otro, demostrándole que no todo lo tendría que hacer él. Y como no conviene ir contracorriente, tras un cierto tiempo de besos y caricias, sus cuerpos acabaron tendidos en la cama, aunque en sentido contrario, él con su cabeza entre las piernas de ella, removiendo las mieles de la vida, y ella con su cabeza alrededor de las piernas de él, conspirando para que su miembro sucumbiera a las llamadas de sus labios.

Es maravilloso cuando todo es amor, pasión, placer.

Cuando el embalse ya se había llenado del todo, él sucumbió al desgaste de los labios de ella, hasta que la presa abrió compuertas y los chorros salieron a presión hasta su total libertad. Ella estaba al borde del derrumbe. Por eso, entre las ganas de Jandro de quedar bien, que ayudó lo suyo, y los chorros como aquellos nunca vistos ni sentidos por ella, provocaron en Bel una subida de tensión tan agonizante que desde su interior le inundó un desgarro de placer que acabó entre sus piernas con total desespero.

Poco a poco los jadeos fueron a menos y la calma fue regresando a sus dominios. Jandro le preguntó simplemente, con mimo:
--¿Estás bien?
--Sí, estoy muy, muy bien. --Respondió ella mirándolo con cara de chica encantada, con voz casi inaudible.

Continuaron tendidos sobre la cama, él boca arriba y ella boca abajo, encima de él, abrazados, si bien una vez que la tormenta ya había cesado, decidieron marcharse. Jandro se levantó, para que ella no se sintiera del todo incómoda, recogió la braguita de ella y el calzoncillo suyo y se dispuso a terminar el trabajo.

Primero, la miró a ella en todo aquello que no puedes ver en otros momentos. La vio como a una Diosa. Después le subió sus braguitas piernas arriba hasta su sitio, sin antes fijarse con poco disimulo sobre lo que tenía cerca de sus manos, hasta que pensó:
"Dios, qué buena está".

Seguidamente, subió sus propios calzoncillos hasta su sitio. Ella, que con la vista lo había seguido con poco disimulo, vio que su miembro ya se estaba preparando para la siesta, aunque todavía poderoso, y pensó.
"Dios, que bueno está".

Regresaron al pueblo de Bel. Aparcaron cerca de la plaza donde se oía la orquesta que garantizaba el baile.

Bel le preguntó con su cara iluminada.

--¿Has pagado una noche de hotel para... hacer una siesta conmigo?

--Sí, y aunque fueran solo dos minutos de siesta contigo, también la pagaría.

Abrazos y besos siguieron a sonrisas enamoradas.

Ella, con su corazón en la mano, le confesó con miradas inequívocas.

--Jandro, yo nunca había hecho nada de nada con nadie, con ningún chico, por eso lo de hoy no lo olvidaré jamás, será nuestra estrella que nos servirá de guía para que ningún otro hombre, ni ninguna otra mujer, se meta entre nosotros dos.

Tras un beso grande de conformidad, Jandro se lo pidió.

--Bel, eh, después de lo que acabas de decirme, yo querría ser tu novio, ¿Quieres tú ser mi novia?

Nuevo beso larguísimo de confirmación.

--Y ahora que ya te conozco un poco más, un poco más por dentro de la ropa, ¿Puedo decirte cariño y esas cosas?

Ella le sonrió igual que una novia enamorada, le besó grande, y le contestó con el corazón.

--Claro que sí, cariño.
Se fueron a bailar bajo la mirada de vecinas, vecinos y demás festeros.
Ella estaba radiante, porque estrenaba novio. Estaba más contenta que la luna llena. Nunca los vecinos la habían visto así, bailando con un chico guapísimo, como habría gritado más de una exaltada del pueblo. Sus padres estaban totalmente expectantes, pues no sabían que su hija y su novio vendrían al baile.
De repente, Bel le miró cariacontecida, como si hubiera pasado algo gordo.
--Cariño, tienes que irte. --Reaccionó ella.
--¿Por qué? --Solo acertó a responder él sorprendido de pies a cabeza.
Bel le cogió de la mano, tiró de él mientras le decía.
--Te lo explicaré mientras llegamos al coche.
Jandro se dejó llevar, pero no pudo sino pensar en que era lo qué pasaba de repente. ¿Habrá visto a algún novio anterior o con el que todavía sale ahora? Ayer noche no contestó a mis llamadas, ¿Estaría en la verbena con ese otro? Y ahora quiere que me vaya para tener la noche libre y quedarse con ese novio...
Mientras él cocinaba esos pensamientos, ella le vio cara de preocupado, así que ya fuera de la mirada de los curiosos del baile, le rodeó el cuello

con los brazos, le dio un beso con toda su ternura y le aseguró.

--Cariño mío, no te estoy echando, por Dios...

--¿No? Pues eso parece. Ayer no me contestaste al móvil y ahora que me vaya, no sé si es qué quieres volver esta noche a la verbena con ese otro...

Ella dijo con cara de asombro, consternada, tras decirle que abriera el coche y se sentara.

--Jandro, ¿En serio crees que te estoy diciendo que te vayas tú para irme a la verbena con otro? ¿De verdad me crees tan... putanga?

Jandro, entre lo creíble y lo increíble, no dijo nada. Ella siguió.

--A ver, mi amor. Esa carreterina, ese camino de cabras por donde tienes que regresar es un mátalo todo. No quiero que te vayas de noche, que tú no la conoces, pero yo sé que es un matadero. Por Dios. Ahora me voy a mi casa, me aseguraré de que tengo batería en mi móvil y me haces una videollamada, así podrás ver que estoy en mi casa, nada de verbena, y mucho menos con ningún otro, pero ¿Qué otro? Uf, Jandro... créeme..., si no me crees, enfermaré.

--Vale, vale, perdona. --Pedía disculpas él apesadumbrado.

--Cuando llegues al valle, bajando encontrarás a la izquierda el Restaurante Elvira. Allí delante, en la esplanada, me haces una videollamada y sabré que has llegado bien... -- Volvió a pedir ella.

Se despidieron con un beso grande, pero un poco diezmado por aquel malentendido. Él se fue rodando con su conche carretera arriba, tras dejarla a ella en la puerta de su casa.

Bel se fue directa a su habitación y se tendió en su cama con su móvil a su lado. No tenía nada más que hacer, que esperar y pensar:

"Jopar, con lo maravilloso que fue mi primer orgasmo. Jamás lo olvidaré. Yo ya lo había intentado por mi cuenta, pero no lo había conseguido hasta hoy con él; y con lo contenta que me puse esta mañana cuando vino a verme desde casi mil kilómetros; y con lo feliz que estuve ese rato bailando, y, y al final lo estropeé. Y hasta Jandro se fue con dudas, que si la verbena, que si el otro, pero ¡qué otro, ni otros!, tonta, tendrías que habérselo explicado mejor, jolín. De todas formas, prefiero que se haya ido algo enfadado a que tenga un accidente. Dios, me moriría".

Mientras tanto, Jandro circulaba con su coche por una carreterina de carros, que no de coches. Estaba anocheciendo, de forma que ni se veía con la luz del día, ni con las luces del coche.

Pensaba que con lo súper bien que lo había pasado durante la siesta, mierda, como pude decirle que "si ella se iba a la verbena con otro". "Joder tío, vaya un ataque de celos te ha cogido cuando llegaste a pensar que te despachaba para irse a bailar con otro".

Pensando en cómo estaría ahora Bel, una furgoneta subía tras negociar una curva y casi se empotran ambos automóviles. Tuvo que dar marcha atrás hasta encontrar un hueco, dejar seguir a la furgoneta y continuar con la cabeza en las curvas.

En una curva de respetar, una rueda delantera pisó arenilla, patinó y casi se va al precipicio.

"Joder, por aquí no se puede venir de día, cuanto más de noche". --Se ofendió él.

Con mucha pena y poca gloria alcanzó el Restaurante Elvira. Aparcó en su explanada, delante del mismo, y contactó mediante videollamada con Bel. Sin apenas espera de tiempo, ambos se vieron en sus móviles. Ella sin esperar nada, preguntó.

--Jandro, ¿has llegado bien?

--Sí, preciosa. Acabo de llegar al Elvira este. Mira. --Y le enseñó con la cámara del móvil el rótulo del restaurante indicado. Ella hizo lo mismo.

--Mira, esta es mi habitación. Y mira, tu trofeo de tenis. --Determinó ella donde estaba para que él no tuviera dudas.

Él se sintió un tanto avergonzado, hasta que ella le dijo con dulzura.

--Llámame cuando llegues a tu casa, a la hora que sea. Eh, cariño, yo solo quiero que no te pase nada, para que yo pueda seguir relamiéndome con mi primer orgasmo de la siesta de hoy.

Bel pensó que lo que acababa de decir expresaba su mejor despedida, así que no esperó a que él la viera como le salía la vergüenza por la cara. Acto seguido, colgó su móvil.

Jandro solo vio en su dispositivo: Fin de la videollamada.

CAP 7   LA NARIZ

Sonó el móvil de Bel. Por la hora en que estaban, ella sabía que era su anhelado Jandro. Contestó a la videollamada y esperó a que su móvil le mostrara la imagen del esperado.

--Hola, guapo. ¿Ha ido bien el día? --Saludo ella alegremente, con sus ojos brillantes.

--Hola, preciosa. Eh, fue muy duro. --Dijo él poniendo cara de tristeza.

--¿Por qué? ¿Tan mal te ha ido? --Preguntó ella cambiándole el color de su cara y la alegría de sus ojos.

--Un día entero sin ti, es un infierno. --Se le oyó a él poniendo cara de mayor tristeza.

--Eres un... un... un tonto. ¿Por qué me das estos sustos? --Se quejó ella sin quejarse, porqué en el fondo, sin necesidad de ir muy al fondo, a ella le había gustado grande lo que Jandro le había dicho de "un día sin ti".

--Bel, eh, mañana sábado...

--¿Vamos a la playa? --Añadió ella rápidamente.

--No, yo no puedo ir.

--Ah, vaya, entonces, mañana sábado ¿Qué? --Rebajó Bel el grado de euforia inicial.

--Bueno, el caso es que yo iré a un lugar, ¿Cómo decírtelo? Particular. --Le iba contando él, pero sin mucha alegría, y esta vez era sentida.

--¿Y tienes pensado ir tú solo? --Preguntó ella sin sonrisas.

--Allí no puede venir nadie. --Le contestó él intentando mirarle a los ojos, aunque fuera a través de una videollamada.

--Uhm, ¿Y tú sí puedes? –Mostró ella su disconformidad.

--Veras, Bel. Es un lugar bastante solitario, con mucha vegetación y con mucha paz. Aparte de mí, nadie más que tú puede venir. Yo, eh, querría que vinieras conmigo. Vas a estar bien, te aseguro que nadie te va a hacer ningún daño, pero me gustaría que se lo dijeras a tus padres. Te mando la ubicación, hablas con ellos y más tarde te llamo...

--No, no, mándame la ubicación y en un nada ya estoy contigo. No cuelgues.

Se hizo un silencio de móvil, solo medio roto por los golpecitos al pulsar un teclado virtual del mismo.

Mientras transcurría alrededor de un minuto, Jandro escuchaba de fondo la conversación de Bel con sus padres.

"Bel, decía: Jandro quiere que vaya con él a un sitio muy cerca del Lago de Sua. Yo tengo muchas ganas de ir con él. Dice que es un sitio solitario, pero si Jandro dice que estaré bien, es que estaré bien, ¿qué os parece?

Padre de Bel, decía: Hija, tienes mucha confianza en él. Yo la tengo en ti. Vale, y tú madre, ¿Qué dice?

Madre de Bel, decía: Isa, te veo con tantas ganas que, de acuerdo, pero dile a Alejandro que se porte bien contigo, que sino entre los tres lo ahogamos".

Se oyó la sonrisa de su hija súper contenta por lo oído y por el visto bueno recibido. Isa era mayor de edad y no necesitaba permiso legalmente, pero Bel quería contar con ellos.

--Jandro. --Prosiguió Bel ya mirando la cámara de su móvil, demostrando satisfacción hasta con las manos. --Sí, voy contigo. Dime la hora y... ¿Qué llevo, que me pongo, aquello qué es?

--Solo tienes que ponerte ropa cómoda, para ir al campo. Desnuda no quiero que vayas...

--Anda, ¿me crees capaz? --Se coló ella como si estuviera ofendida.

Jandro, acabó los detalles, la hora en que la recogería, que no tenía que llevar nada más y etcétera.

Ella miró la cara de Jandro, puso cara de sufrir un poco y le dijo a media voz, como para que solo lo oyera él.

--Jandro, sé que lo pasaremos muy bien, pero es que ayer me bajó la menstruación, así que mañana no podremos hacer nada, ¿Lo sabes?

--Jo, odio la menstruación. Podía bajarte una vez cada tres años ¿No?

Bel se rio como con el mejor chiste.

Jandro puso fin a la videollamada con un: "Hasta mañana, bonita".

Bel, cuando ya él estaba iniciando el cierre de la videollamada, le aseguró:

--Y tranquilo, que no iré desnuda.

Media hora más tarde, la madre de Isa le preguntó a esta:

--Pero, Isa, ese sitio ¿Qué es?

--No lo sé, Mami. Jandro me tiene en ascuas, lo voy a matar.

--Hija, ¿No se te ocurrirá matarlo? --Repuso la madre con los ojos abiertos.

--¿Matarlo? Pero, Mamita, me moriría si le hiciera el mínimo daño. --Aseguró la hija.

Al día siguiente partieron a la hora, porque Jandro siempre cumplía. Viajaron más de dos horas. Pararon en un pueblecito con mucha gente, en una zona con restaurante y otros servicios. Él recogió algo para comer más tarde, que había encargado telefónicamente, tomaron alguna cosa e iniciaron la subida por una carretera de montaña.

Después de un tramo de silencio, Jandro intervino.

--Me ha gustado mucho la conversación que anoche tuviste con tus padres antes de confirmarme que vendrías conmigo. Estáis muy bien...

--¿Has oído lo que hablé con mis padres? --Preguntó ella bastante sorprendida.

--Sí, os oí, el móvil estaba conectado y yo te estaba esperando, ¿recuerdas?

--Ah, sí, sí, menos mal que no te llamé feo. --Puntualizó Bel arrugando la frente.

Él le lanzó una mirada intencionada y le arañó.

--Bueno, decir la verdad es una virtud.

--Ni verdad, ni ocho cuartos. Es imposible que yo te llame feo. Ni loca lo haría. --Contestó ella con mucha firmeza.

Pasaron unas cuantas curvas. Como esperando el mejor momento, ella le cogió del brazo y le pidió.

--Anda, guapo, ¿No vas a adelantarme algo del sitio ese? Tanto misterio me está matando. --Se hizo oír ella abriendo los ojos.

--Pues, como no puedo permitir que te mate nadie ni nada, te diré que es una cabaña, una casita que seguro ahora ya está en mal estado. Se llama, nosotros la llamábamos, La Nariz. --Decía Jandro sin mucha alegría.

--¿La Nariz? ¿A quién se le ocurrió semejante nombre? --Soltó ella seguido de una buena carcajada.

Jandro tardó un poco en hablar, como si estuviera más bien atendiendo recuerdos. Al final despertó y continuó, con voz baja, casi resiguiendo las palabras.

--A nosotros cuatro.

Cuando ella iba a preguntar de nuevo por esos cuatro, el coche terminó de dar la vuelta a un pequeño cerro, y, como cuando se produce el amanecer, Bel abrió los ojos, la boca y los pulmones. Allí estaba. La Nariz.

No hacía falta presentarla, pues la montañita que sustentaba una casa antigua tenía exactamente la forma de una nariz, de ahí el nombre.

Dejaron la carretera mala y cogieron un camino peor. Llegaron a una verja metálica con un candado, que Jandro consiguió abrir después de cierto esfuerzo. Entraron a una parcela que otrora había sido un jardín, pero que ahora era un trozo más de bosque.

La casa, que ahora tenía más bien el aspecto de una cabaña abandonada, estaba enclavada en un lugar privilegiado.
--Mucho más que eso. En la Tierra no hay nada como esto, y seguro que en Marte tampoco. --Exclamaba Bel con los brazos abiertos y girando a su alrededor.

A un kilómetro al fondo de la casa se podía disfrutar de un lago, el Lago Sua, que te dejaba enamorado a primera vista.

Bel, la espontaneidad en persona, comenzó su batería de preguntas:

--¿Y tú por qué nunca me hablaste de esto, por qué tú tienes llave del candado, por qué no...?

--Ven, siéntate conmigo en este banco. --Invitó Jandro.

Se sentaron en un banco de piedra, labrado directamente sobre la parte alta de una roca, desde donde se podía disfrutar del regalo natural del lago y, además, de una altísima cascada que quedaba a la izquierda del lago y de ellos.

--Es... es lo mejor que he visto. No he visto nada en la tierra como esto... --Hablaban así los ojos de Bel.

Tras un rato de silencio que sirvió para que su alma se llenara de aquella paz celestial, ella volvió a preguntar por "los cuatro", los cuatro que habían

decidido llamar "La Nariz" a aquel lugar donde estaban.
Jandro se puso serio, lo cual se le notó mucho. Perdió la vista por algún lugar, como buscando algo muy perdido. Esto empezó a preocupar a Bel.

--¿Qué te pasa, Jandro? --Preguntó Bel con mimo.

Jandro no dijo nada, pero la cogió de la mano y le pidió que se fuera con él para ver cómo estaba la casita, la cabaña. El sacó del bolsillo una llave grande, de casa. Abrió tras varios intentos una puerta de madera que chirrió por tres, y entraron.

Ella se quedó pasmada. Dentro había los cachivaches normales de cualquier casa de campo, incluida alguna telaraña, lo que no había en todos los sitios era todo un conjunto de instrumentos musicales situados en medio de la sala grande: Una batería, un piano, una guitarra eléctrica y una guitarra española.

Jandro cogió la guitarra española que tenía una buena ración de polvo. Le pasó precipitadamente una gamuza que por allí había al efecto, sacó una plumilla de un sobre de papel de estraza, que era su plumilla predilecta y, con poco convencimiento, intentó reajustar un poco las cuerdas de su guitarra, aunque tampoco se detuvo mucho tiempo. Justo a la entrada de la cabaña había una mesa con dos bancos de madera, medio carcomidos los tres, pero la madera de antes era más noble, así que aguantaban. Jandro hizo un gesto a Isa para que saliera y se sentara en un banco. Él se sentó en el otro, en frente.

Comenzó a tocar, está vez él solo, con su guitarra, la canción de "The Beatles" titulada "Yesterday", al tiempo que iba cantando su letra con la voz más de medio cortada. Acabaron los tres casi llorando: La guitarra, Bel y Jandro.

Bel estaba emocionada. Por su garganta apenas circulaba el aire, no podía decir ni palabra. Jandro dejó la guitarra y la plumilla encima de la mesa y, a menos de media voz, comenzó a contarle a Bel su historia de hacía una década.

--Mis padres compraron esta parcela hace unos diez años. Nunca rentó nada, pero es un regalo al espíritu. Aquí veníamos la mayoría de los fines de semana. Mi madre tocaba el piano. Mi padre la batería. Mi hermana la guitarra eléctrica y yo, yo intentaba tocar la guitarra española.

Bel era todo oídos. Jandro prosiguió contándole que mientras él se había quedado ensayando con la guitarra, porque era el más torpe de los cuatro, sus padres y su hermana bajaron con el coche al pueblo a comprar algunas cosas. Un miserable envistió su coche en mitad del puente contra el que conducía su padre, y los tres cayeron al barranco dentro del coche.

--Mi madre y mi padre no tenían que haber muerto, nunca, pero, que me perdonen si los ofendo, tenían sesenta años. ¿Y mi pobre hermana? Era solo una niña, tenía 15 años. No había empezado ni a vivir ¡Joder, que mierda! -- Clamaba Jandro con rabia, como si hubiera sido ayer.

Bel se levantó de su banco, dio la vuelta a la mesa y se sentó al lado de Jandro. Le miró con infinita ternura, lo abrazó todo lo que dieron de sí sus brazos e intentó animarlo.

--Lo siento, en el alma. Ojalá pudiera ayudarte. --Murmuró Bel con el corazón. Después le dio un beso tan grande como si fuera el último.

Jandro se fue recuperando, entre otros motivos por el beso de Bel. Empezaron a sentir hambre, porque las necesidades no se olvidan. Limpiaron algo la mesa y los dos bancos, pusieron un mantel de papel y Jandro abrió una botella de vino tinto. Ella cortó la empanada en unos trozos y un tomate. Comieron como dos enamorados, ella siempre con una sonrisa tras otra en sus labios. Estaba feliz.

Después de comer, él se quedó recostado sobre el tronco de un castaño centenario, mientras ella quedó recostada sobre Jandro y con las manos entrelazadas.

Con la calma que da la siesta y que nadie te espere, Jandro fue diciendo que cada año, cayera el día de semana que cayera, él venía a tocar "Yesterday", a recordar a sus padres y a su hermana y... a pasar el día con ellos.

--Desde que mis padres compraron esto, nunca nadie más que nosotros cuatro pisó este lugar. Te lo aseguro. Desde que murieron, nunca, ni hombres ni amigos, ni mujeres ni amigas, nunca, a nadie permití que me acompañara en esta cabaña. Tú eres la primera, y espero que seas la única. Tú eres... especial, por eso estoy muy contento de que hayas aceptado mi invitación.

Bel con los ojos llenos de emoción y con su corazón lleno de amor por Jandro, se giró, rodeó su cuello con sus manos, le miró con dulzura dos segundos y, sin necesidad de permiso, le dio el mejor beso jamás dado por ella hasta el presente, durante dos minutos.

Se quedaron abrazados y en silencio, como se abrazan los enamorados.

Media hora más tarde, Jandro le pidió a Bel que se fuera con él hasta la mesa. Se sentaron, él cogió la plumilla, la introdujo en el sobre de papel de estraza y se la ofreció a ella.

--Bel, sé que esta plumilla no tiene diamantes, pero me gustaría que te la quedaras. Dentro de cincuenta años espero que me la prestes para tocar algo y después te la devuelvo. Ten, para ti.

--Dios, no sabes cuanto que me gusta, mucho más que si tuviera cien diamantes. --Exclamó ella con más emoción que si hubiera recibido todo el oro de la tierra.

Y la ocasión era la propicia para otro beso enorme, en ganas y en duración.

Ambos habrían querido hacerse de todo, de todo lo que se hace con amor, pero hoy no era el momento de esas mieles, porque hoy la vida interior de la fémina no aconsejaba visitas inoportunas.

"Espero que pronto." Pensó ella.

Transcurrieron otros quince minutos. Jandro le pidió que le acompañara a ver "La tripa del ligón".

--¿La tripa del ligón? ¿Qué es eso? Lo de "tripa" no me suena bien, pero eso de... "ligón" me suena peor. --Quiso saber Bel un tanto sorprendida.

--Sí, el nombre es un poco... así, pero te gustará. --Apostó él.

--¿Qué es lo que me gustará, el ligón o su tripa? --Le preguntó ella mirándolo con ojos de malvada. Al instante, dulcificó su semblante y confesó. –Bueno, vale, porque me lo pides tú, y porque voy contigo, sino jamás iría con nadie más a un sitio con ese nombre.

--Sí, lo sé, yo conscientemente nunca te llevaría a ningún sitio malo. --Se oyó a él que decía con sentimiento.

Bel le dio un beso cariñoso en la mejilla. Él sabía el significado del beso en la mejilla porque ella se lo había dicho alguna vez. Aun así, pretendió que volviera a decírselo:

--Me gusta más el beso que las gracias. --Le dijo él mirándola con algo de picardía.

Ella se dio por aludida y quiso puntualizar.

--Yo no beso la mejilla de nadie. Les doy educadamente las gracias de palabra a personas con poca cercanía, como un vecino de escalera o un compañero de trabajo. Solo y únicamente a alguna persona especial, como mis padres, como..., no les doy las gracias, les doy un beso en la mejilla. Dar gracias de palabra se hace por compromiso, el beso no.

--Y lo del beso en la mejilla, dices que se lo das a personas especiales como a tus padres y, ¿Cómo...? --Resiguió Jandro con segundas.

--Como tú, tonto. --Y le dio otro beso también en la mejilla. --Además, tiene que ser alguien especial. --Y esta vez le dio un beso en los labios. --Y ahora ¿me llevas a las tripas esas o tengo que convencerte a besos?

Comenzaron a bajar por lo que algún tiempo atrás habría sido un sendero. Cruzaron dos cuevas que agujereaban dos cerros estrechos y, detrás del último, zas, salieron a una especie de balcón mágico que dejó a Bel alucinada:

--¡Oh! --Los ojos de ella se movían como una noria activada.

Una cascada de agua blanca formaba una cortina de nubes que, mezclado con el sonido incesante de las gotas despeñándose, lo invadía todo.

Entre la pared vertical de la montaña y el torrente de agua deslizándose libremente quedaba poco más de un metro de distancia para ellos, por lo cual se sintieron engullidos garganta abajo por el torrente de agua.

Bel se agarró a Jandro como si quisiera meterse en su interior.

El espigón de una roca, que horizontalmente sobresalía un medio metro, hacía que la caída del agua adquiriese una forma semicircular, de modo que vista desde detrás costaba poco ver la barriga de un hombre, la barriga del ligón.

Jandro, bastante gritando para vencer el sonido ambiente de la cascada, chilló:

--¿Confías en mí?

--Claro que sí. --Manifestó ella con confianza.

Entre la pared de la montaña y la caída del agua había una valla de madera que pretendía proteger del precipicio, cuya seguridad no ofrecía muchas garantías.

Jandro cogió con fuerza a Bel por su cintura y la emergió hasta que su ombligo un poco se apoyó en la valla de madera, quedando su medio cuerpo superior inclinado hasta un punto que desafiaba seriamente el precipicio.

Fue en ese punto, cuando ella percibió los miles de rayos de sol perforando los miles de gotas de agua, cuando miles de colores del arcoíris dibujaban la forma de un miembro masculino imponente, la forma del miembro del ligón, que tanto enamoraba a cualquier mujer que osara asomarse a ese punto del precipicio.

Ella grito con la emoción envuelta en llamas:

--¡Hala, Hala!

Solo en ese punto de atrevimiento, solo allí las luces del sol atravesando los chorros de agua estimulaban la imaginación, cual imagen en tres dimensiones, hasta ver el majestuoso miembro masculino conocido por algunas pocas privilegiadas como "La tripa del ligón".

Bel no cesaba en su alucinación.

Jandro la bajó a la tierra e hizo que regresaran a la cabaña. Cuando Bel todavía no se había recuperado del todo de su trance, escuchó que él decía:

--A mí y a mi padre no nos parecía gran cosa, pero mi madre y mi hermana aseguraban que era espectacular. ¿A ti también te lo parece?

--Me parece más que espectacular. La próxima vez vendré sola, para deleitarme. --Y ella se rio por lo todo lo alto, hasta que regresó a la normalidad para confesarse. --No, ahora en serio. Es tan seguro que no vendré sola como que yo me llevaría muy bien con tu madre y con tu hermana.

Jandro echó un vistazo a su alrededor y determinó.

--Bueno, deberíamos recoger un poco y marcharnos, porque si llegamos tarde tus padres me odiarán mientras vivan.

Bel volvió a sonreír con agrado al ver la responsabilidad de Jandro, y eso la llevó a pensar:

"Que bendito. No tiene ni un defecto".

Así terminó el día en La Nariz. Durante el viaje de vuelta, él le fue contando a ella otros detalles, incluso menores, de sus vivencias con sus padres y su hermana.

Bel se pasó la mayor parte de ese tiempo en silencio, escuchando a Jandro, tan solo quebrado por alguna cuestión puntual que ella había querido hacer. Ella tenía interés en lo que él le decía porque se refería a cosas del pasado de Jandro, de su niñez, de su juventud primaria.

Por otra parte, ella había aprendido de él cuán importante es escuchar, mucho más que hablar, ya que en escuchar también consistía parte del trabajo de él, y por ello Jandro valoraba tanto a las personas que tienen más interés en escuchar que en hablar.

Unos quince minutos antes de la hora prometida de regreso a casa de sus padres, Bel, una vez Jandro aparcó el coche allí al lado, llamó mediante el móvil a su madre para hacerle saber:

--Mami, estoy aquí abajo con Jandro. Estaremos unos minutos. Después subo.

Como que el viaje y el día ya habían acabado, Bel descansaba su cabeza sobre el hombro de Jandro. Lo miraba constantemente, como si temiera que mañana no pudiera mirarlo, y dado que lo había escuchado todo, ahora sentía necesidad de hablar para decirle:

--Me ha gustado un montón, muchos montones, que me hayas llevado a La Nariz. Lo he pasado mejor que nunca, salvo por lo de tus padres y de tu hermana. Lo siento, tuvo que ser muy duro para ti. --Hubo un rato de silencio, como expresando respeto.

--Eh, después de eso, las vistas desde la cabaña son una pasada, y la cascada una maravilla. --Prosiguió ella.

--¿Lo dices por lo del palote del Ligón? --Quiso saber él riéndose con maldad.

--Anda, atrevido, no me digas eso, que yo sé de uno que su palote todavía es más grande. --Dijo ella al tiempo que bajaba la vista hasta los pantalones de él. Cuando volvió a mirarle a los ojos, se encontró con los labios de Jandro a dos centímetros de los suyos, así que sucumbió al deseo y se pasaron tres vidas viviendo en el cielo. Por fin, ella continuó con sus confesiones.

--Y especialmente me gustó la plumilla de la guitarra. La guardaré en la pared frontal de mi habitación hasta los cien años. Ahora bien, lo que más de todo me ha gustado es eso de que yo soy la única chica de este mundo que ha pisado La Nariz. Ese... fue el mejor regalo de mi vida.

Volvieron a disfrutar otros besos, incluido el de despedida, y se desearon felices sueños.

CAP 8   AMOR ETERNO

Cinco semanas después de las fiestas celebradas por la Virgen de la Luz, comenzaba una semana donde se celebraban las fiestas patronales en honor de San Baco. Aquel era un pueblo con muchas celebraciones, con mucha Luz, por la Virgen de la Luz, que era sinónimo de alegría y claridad, y con mucho empuje, por el patrono San Baco, término asociado al vino y a la fertilidad.

A Isa le gustaban las fiestas del pueblo y su jolgorio. En otro momento habría disfrutado con la fiesta de San Baco, es decir, con las fiestas del vino, como se las conocía puertas adentro del pueblo, pero este año, con Jandro viviendo en su cabeza, habría preferido quedarse en la ciudad, pues allí podría verlo cada día. Pero, claro, hay árboles que, como la fiesta de San Baco, están muy enraizados y son muy difíciles de tumbar, así que ella se encontraba en el pueblo, sin él, y el trabajando en la ciudad, sin ella.

    Jandro le había dicho que esta tarde estaría muy liado con un expediente muy feo, por un supuesto delito de malos tratos por violencia de género, y que no podría seguramente llamarla hasta eso de las diez de la noche en adelante.

    A las veinte horas, Jandro le hizo una videollamada a Bel. Ésta, en cuanto identificó que la comunicación era de Jandro, lo dejó todo y se fue con el móvil y su cara sonriente a su habitación. En cuanto se cerró la puerta, Bel contestó.

    --Hola, mi amor, me alegro de que te hayas anticipado en la videollamada. ¿Ha ido todo bien?

    --Hola, cariño. Bueno, todavía me faltan cosas, pero este asunto bastante sucio ya lo tengo prácticamente acabado. --Aseguró Jandro. --Oye, escúchame esto, por fa. Eh, supón que yo tuviera una semana de vacaciones. Es una hipótesis, pero suponlo. Y que yo me fuera a La Villa con esta semana de vacaciones. Solo suponlo. ¿Crees que tus padres me odiarían por quitarles a su hija durante la semana de las fiestas?

    A Bel se le abrieron los ojos, la mitad por sí solos, la otra mitad por lo que ella empujó.

    --A ver, cariño. Mis padres jamás te odiarán. Pero ¿qué es eso de las hipótesis y de las suposiciones?

Jandro no tuvo en cuenta lo que ella dijo, solo volvió a preguntar.

--Y a ti, ¿te gustaría que, hipotéticamente, fuera ahí esta semana de vacaciones?

--¿Qué? ¿Qué si me gustaría? --Medio gritó ella con todo su cuerpo abierto. --Que pasaras tu semana de vacaciones aquí conmigo sería mi mejor regalo de... de todos los tiempos. Pero, a ver, ¿es hipotético o es real?

--Pues... --inició él, y se paró.

--Pues, ¿qué? --Resiguió ella.

--Pues... --Siguió él y se detuvo nuevamente.

--Jo, mi amor, no me tengas así, que se me va a parar el corazón.

--Pues, sí, iré. --Concluyó él, por fin.

--Yoju, yupi. --Saltó Bel a punto de tirar abajo la casa. Cuando se calmó un mínimo, profundizó.

--Y ¿Cuándo vendrás y cuánto estarás aquí? --Inquirió Bel todavía en las nubes.

--Pues espero llegar mañana a eso de las once horas. Y si tú no me echas de tu pueblo, estaré ahí hasta el domingo por la mañana. --Confirmó Jandro.

Bel volvió a saltar mientras le hablaba al micrófono de su móvil.

--Uf, como me gustaría que estuvieras aquí ahora para apretarte todo.

--¿Todo? ¿Y por aquí abajo también? --Se interesó él enfocando la cámara de su móvil hacia la parte baja de su barriga.

--Cariño, no seas tan impaciente, que las señoritas solo apretamos eso cuando nadie nos ve. No ahora, que las ondas del móvil son muy chivatas.

Se dijeron muchas cosas, unas previstas y otras espontáneas. Bel le prometió que no dormiría toda la noche para hacerle un plan de vacaciones que no olvidaría.

Se despidieron por videollamada como se despide una pareja de cigüeñas planeando sus primeros vuelos en busca del mejor nido.

Durante la cena, cortita para Isa, ésta les reveló a sus padres que en estas fiestas ella comería con Jandro, por ahí. Su madre, que tenía mucha complicidad con ella, le guiñó un ojo y le sermoneó.

--Hija, recuerda que nuestras chicas hemos dejado siempre lo mejor, lo que da la vida, para el que ya es nuestro marido.

Sus padres se fueron a la primera verbena se San Baco. Ella no quiso ir. Les dijo que tenía que hacer un gran plan para llevar a Jandro a ver cosas. Cuando sus padres regresaron, Isa todavía seguía tendida sobre su cama, con la cara hacia abajo y los pies hacia arriba, dando los últimos retoques al plan lleno de ilusiones.

Ella se levantó tres horas antes de la hora que llegaría Jandro. Ordenó su habitación, se duchó y se arregló ella como si todo tuviera que estar perfecto y, pocos minutos antes de las once, subió a la carretera a esperar a su enamorado.

Justo al llegar a la carretera y mirar en dirección hacia el sentido que vendría Jandro, pensó:

"Dios, aquí sola en la carretera no puedo estar, a ver si para y se baja un camionero pensado que lo hago por dinero y... uf, me muero. Esperaré a Jandro en la puerta de casa".

Regresó rápido a casa, y antes de alcanzar la puerta, oyó el coche de él que le hizo un toque de claxon.

Ella volvió, se subió al coche, se entregaron el mejor beso de los esperados y el automóvil comenzó a rodar hacia La Villa.

--Jandro, mi plan era ir en sentido contrario, y por aquí vamos a La Villa. ¿Has pensado algo?

--Bueno, a mí me gusta ese pueblo magnífico de La Villa, ¿A ti no? --Preguntó, sin responder él.

--Sí, no está mal, pero yo hoy tenía previsto que fuéramos a otro sitio...

--Vale, Cariño, a ese sitio iremos mañana. --Decía él hablando despacio. --Es que hoy... hoy quería estar por aquí. Allí en el margen del río hay mucho césped, prácticamente no hay gente y así puedo oír mejor tu voz.

--Anda, no sabía que hoy volvieras a estar sordo como aquel día que te conocí. --Se le iba oyendo a ella a trozos, entre sonrisa y sonrisa.

--Hoy quiero un plan tranquilo. Tomamos un garrafón de vino, como decís los de por aquí; comemos algo ligero, porque es verano; vamos a descansar un poco al hotel, que allí se está muy fresquito y así puedo estar más cerca de ti; y, por la tarde quiero dar un paseo y sentarme en el césped para sentir el poder de la hierba.

Bel sonrió de nuevo. En un momento de curvas en la carretera, miró a la montaña y pensó:

"No es mal plan, pero recuerdo la anterior visita al hotel La Flor, donde, con poquitas cosas, todavía me estoy relamiendo. Y ahora Jandro dice que con el aire fresquito se puede arrimar más a mí. Uf, ya se me está acumulando la sangre entre las piernas".

Jandro observó que Bel pensaba en alguna cosa, aunque él no sabía en qué y tampoco se atrevió a preguntárselo. Por eso, se dijo a sí mismo:

"Si en el hotel todo sale bien, y podemos hacer cosas dulces, que yo vea que puedo ampliar en el futuro, más tarde al lado del río hablaré de ese futuro con mi niña".

--Cariño, al hotel podríamos ir el próximo año y hoy ir a la playa. --Apuntó ella disimulando su deseo grande de repetir la última siesta en el hotel.

--No, no, que en la playa hay mucha gente playera. Si hoy tú sigues mi plan, el resto de las vacaciones decides tú. ¿Ok? --Propuso él dándole formalidad a la propuesta. Y continuó para demostrar su convencimiento con la misma. --Es que para mí es importante, y, y espero que para ti también lo sea.

Bel tardó en reaccionar porque estuvo dándole vueltas a lo oído.

"¿Es importante para él? ¿Y espera que para mí también?

Sin embargo, asintió diciendo:

--Vale, vale, hoy es tu día.

Al llegar a La Villa dejaron el coche por allí, puesto que no estaban en una gran ciudad, y se fueron a callejear por pequeñas travesías a la sombra. Criticaron algunos rincones y alabaron otros. Tomaron algo fresco y comieron en un comedor sencillo, pero con unos grandes ventanales hacia el rio que iluminaban el espíritu.

Se fueron al hotel Flor de la Villa, donde el aire acondicionado iba justito y no mantenía un ambiente especialmente agradable, de forma que la ropa más bien sobraba.

--Preciosa, ¿quieres cepillarte los dientes? Esta vez traje dos servicios higiénicos nuevos. --Ofreció él con afecto.

--Ah, claro que sí, eres un sol. Yo no pensé en esto. --Le miró ella con ternura.

Comenzaron a cepillarse sus dientes al mismo tiempo. Él la miraba. Ella lo miraba y con los ojos sonreía. Como que para utilizar el cepillo dental tan solo era necesario utilizar una mano, la otra quedaba libre para recibir órdenes.

La mano de Jandro la pellizco suavemente en la cintura.

Ella sonrió.

La mano de Bel le devolvió el pellizco.

Él sonrió también.

Los dedos de la mano de él se pasearon por el pliegue de una nalga de ella.

Ella sonrió grande.

Ella hizo lo mismo que él, pero apretando un poco más.

Él sonrió más grande.

Entre un movimiento y el otro se mezclaban miradas de complicidad y deseo.

Terminó el cepillado de dientes.

Él se puso frente a ella y le dijo.

--A ver qué fresquitos tienes tus dientes. --Jandro comenzó a rozar los labios de ella con un dedo, después con su lengua, al tiempo que los labios de ella se iban separando.

Las caricias de contenido labial, lingual y manual ocuparon su tiempo, si bien para ellos todo era poco, pues estaban en su mundo.

Cuando la temperatura corporal ya se había incrementado unos cuantos grados, ella le dijo en voz baja.

--Cariño, yo tengo que darme una ducha, que desde las primeras horas de la mañana...
--Yo también, que yo, además, llevo conduciendo parte de la noche. --Confirmó él, acto seguido.
--Vale, yo me ducho ahora y después... --Estaba diciendo ella.
--Bueno, podíamos ducharnos juntos, que así se ahorra agua, se aprovecha mejor el gel, el medioambiente mejora... --Argumentaba Jandro su idea.

Bel se sintió algo incómoda, pues eso de ducharse acompañada era nuevo para ella. Jandro reaccionó asegurándole, con bastante calma, que él nunca le haría daño, que ella no hacía nada malo duchándose con él, que seguro después de la ducha se sentirían mejor, y otras cuantas verdades delicadas que ella agradeció por lo bonitas que eran, por lo sinceras que habían sido dichas y por lo mucho que mejoraban los sentimientos de ella.

--Podemos compartir... varias cosas. Yo te ayudo a ti a sacar una prenda y después me sacas tú a mi otra. Yo te enjabono a ti y tú me enjabonas a mí. Eh, yo intentaré no ser un bruto, me contendré, de verdad. --Propuso él dándole besos muy suaves en su labio inferior.

Ella más relajada y confiada asintió con un movimiento vertical de su cabeza, lo cual era una confirmación más sentida, más sincera que con cualesquiera palabras.

Él desabrochó, uno a uno, los botones de la camisa de ella, cuya camisa acabó en el suelo. Ella le desabotonó la de él, sin prisas, y la dejó caer de su mano. Los dos se miraban a los ojos. Él sacó su falda y ella sus pantalones. Él desencajó el corchete de su sujetador y éste cayó cerca de los pies. El contempló los pechos de Bel que subían y bajaban al ritmo de su respiración, y quiso estrujarlos, pero se contuvo. Se agachó hasta la altura de la braguita de ella y, allí, primero se quitó el mismo sus propios zapatos y calcetines, después la descalzó a ella y, para ver la luna llena en todo su esplendor, fue bajando la braguita de Bel piernas abajo hasta que se quedó debajo de sus pies. Ascendió la vista y se recreó un casi mucho en su nido. La abrazó por las nalgas y le dio un beso como para rebañarlo todo y, en contra de su deseo, se incorporó y se puso de pie. Bel estaba flotando, con sus ojos cerrados. Él le cogió su mano y la invitó a que le bajara su calzoncillo. Ella se arrodilló y tiro despacio hacia abajo del calzoncillo, al tiempo que escuchó a su amor decir con prisas que esperara, hasta que él con su mano separó la tela enganchada en el palote y, por fin, el trapo que estorbaba se cayó al suelo.

--¡Dios, esta vez es más grande! ¡Todo esto no me cabe! --Susurró ella entre dos ataques, uno de espontaneidad y otro de sinceridad, entre asustada e ilusionada.

--Sí, ya sé que es pequeña, pero no tengo más. --Afirmó él en forma sencilla.

--¿Pe-que-ña? --Se sorprendió ella abriendo grande, muy grande sus ojos.

Se fueron a la ducha, con sus manos cogiéndose a lo que podían, pero casi siempre a algo por debajo de la cintura. Él abrió el grifo y sintieron como el líquido desde la ducha descendía por sus cuerpos. Se besaron bebiendo agua. Cada gota de agua hervía al entrar en contacto con la piel de cualquiera de ellos. Cuando el agua se acabó, ella comenzó el turno del gel. Enjabonó la espalda de Jandro y el resto de su parte posterior, dedicándole a repasar su culote un poco más de tiempo. Después continuó por el cuello de él, su pecho, brazos y piernas, dejando el palote duro para el saboreo final. En esta parte ella se extendió lo suyo, se lo apretó con las dos manos y le dio dos o tres besos sentidos, hasta que a él se le escapó algo de los sentidos.

--Ahora te toca a ti. --Le hizo saber ella levantándose, intentando naturalidad.

Él fue recorriendo cada centímetro de la piel de Bel con su mano embadurnada en gel. Se detuvo con parsimonia en sus pechos, como si quisiera desgastarlos. Se retuvo mucho más entre las piernas de ella, donde sí le produjo un cierto desgaste, tanto qué después de un exhaustivo tratamiento interior y exterior, concluido después con un largo masaje sobre la flor de la vida, Bel comenzó a temblar y a gemir grande, hasta que se encogió de piernas y casi se desmalló del espasmo.

Un tanto después, Jandro notó que ella estaba como... si estuviera algo avergonzada. Le dijo con poquita voz.

--Me gusta muchísimo que ya no estés tensa. Que me demuestres que disfrutas. Uf, sin trapos eres la más preciosa de la tierra

Ella no dijo nada, pero se apretó a él en señal de agradecimiento y felicidad.

Siguieron besos y abrazos. Los ojos de ella estaban en otro mundo.

El abrió el grifo del agua para que el jabón resbalara hasta por debajo de los pies, con una toalla de tres metros secó un poco los dos cuerpos y, con cara de San Benito, se llevó a Bel en sus brazos hasta dejarla tendida encima de la cama. Se tendió a su lado, y Bel que seguía con sus ojos cerrados, dio media vuelta y se abrazó a él con todas sus fuerzas.

Así estuvieron un tiempo en silencio, ya que a nadie le importaba cuánto.

Ella, que no estaba dormida, le dijo al oído, palabra a palabra, con una ternura infinita, para que su Jandro no pudiera enfadarse.

--Amor, desde antiguo, las chicas de mi familia hemos dejado siempre lo mejor, lo que da la vida, para quien ya es nuestro marido. --Se detuvo un minuto y continuó. --Ahora podemos hacer otras cosas, besos, caricias, y cosas así, donde tú quieras, pero, mi amor, tienes que prometerme que..., lo que quieras, pero sin..., sin...
--Sin meterla. --Ayudó él en forma lisa. Ella asintió con la cabeza, abrió sus ojos y lo miró con el corazón hecho mirada.
--Palabra. Confía en mí. --Aseveró Jandro con los ojos color pastel.

Bel confiaba en él hasta la médula, por eso mostró mucho más relajada una vez él terminó su promesa.

Jandro comenzó a recorrer, con un solo dedo, sumamente despacio, la piel de Bel, desde la media pierna hasta la cintura, pasando por los cerros ondulados de la tierra.

Vinieron otras delicias, hasta que, dejándola tendida boca arriba en la cama, llevó sus labios y lengua hacia el interior de las piernas de ella.

Después de muchas subidas y bajadas, y de estar muy enterrado en el bosque de ella, Jandro percibió que los calambres ya se habían iniciado en el interior de Bel, donde todo eran rayos y relámpagos, hasta que, tras los jadeos de ella y su llamada a la Virgen de la Luz, la invasión volcánica derritió todos sus músculos que temblaron hasta quedar hundidos en medio de un humedal de bechamel templada.

Poco a poco, se inició el regreso de la calma que sigue a toda tormenta de verano.

Bel ya no estaba tensa como al principio de llegar a la habitación. Primero, porque tras dos aperitivos, el apetito ya se había ido saciando y, segundo, porque la confianza y el amor habían ido en aumento, de lo cual se había encargado Jandro, su Jandro.

Estuvieron otra vez viviendo un merecido silencio.

Ella movió su brazo hacia abajo pretendiendo una postura más cómoda. En su movimiento se topó con algo distinto, con algo que ella no tenía hábito de tocar, que solo había tocado la vez anterior en aquel mismo hotel con Jandro y esta misma mañana dentro de la ducha, si bien supo instantáneamente de que se trataba. Levanto lo suficiente su cabeza para poder contemplarlo. El palote de su amor era impresionante y estaba rojo, lleno de vida.

Bajó su mano y acaricio la cabeza del palote.

Pensó:

"Es fascinante ¿Cómo pude estar tantos meses sin este palote?"

Cuando Bel supo lo que seguidamente volvería a pasar, porque ella no iba a dejarlo a él tirado en la cama, buscó sus labios y comenzó a besarlo con todas sus ganas, anunciándole con aquello que esta vez le tocaba rugir a él.

Y así fue. Se movían los labios, se movían las manos y los dos corazones latían con desespero.

Jandro, que con los revolcones se había quedado debajo, le pidió que se sentara sobre esa zona, esa zona entre sus piernas y sus caderas. A Bel, el hecho de tener el miembro de su amado encajado a lo largo de su vaguada le puso para perderse, y aunque no lo tenía dentro, era lo más parecido a sentir la alegría de la vida.

Tras un buen rato sin descanso, de ir y venir, ellos habrían deseado que aquel movimiento de roce externo entre sus dos partes íntimas no tuviera fin, pero como nada dura para siempre, él comenzó a gemir en forma muy audible, porque ya sintió que el volcán de su cuerpo entraba en erupción y los chorros de lava comenzaron a extenderse con fuerza por su vientre y pecho.

Para ella, aquello fue un explosivo lleno de empuje, y como ya estaba en las últimas, los chorros de él provocaron tal subidón en ella que un desgarro de placer recorrió todo su cuerpo hasta que se refugió entre sus piernas, quedando agotada, sin aliento, vencida.

Tras otros quince minutos para saborear las mieles del silencio, Jandro le musitó que aquellas sacudidas habían sido como un reguero de agua limpia a últimos de verano. Ella sonrió encantada, mucho más que encantada. Después ella, que no iba a conformarse con menos, declaró con gran sinceridad, con la que da haberse quedado sin fuerzas y acurrucada a la diestra de su amado.

--Buf, ha sido... triunfal. Tres veces. Con una ya habría sido más que impresionante, pero, esta tarde, ¡tres veces!

De repente, él tiró suavemente de ella por el brazo para que se sentara en la cama. Volvió a mirarla a los ojos. Esto no era ninguna novedad, sin embargo, la mirada de él esta vez era diferente, con más intensidad y mirándola directamente a su pupila, como si quisiera meterse dentro de ella.

--¿Qué? --Solo pudo decir ella mirándolo con anhelo.

--La siesta de hoy me ha gustado, eh, muchísimo. Pero quiero ir al rio, a sentarnos en el césped donde, a ser posible, no haya chafarderismo. ¿Vendrás conmigo? --Le dijo él con prisa.

--Cariño, por supuesto que iré. ¿Pero...?
Él se levantó, recogió su ropa del suelo y después recogió la de ella, la cual se le ofreció. No quiso que ella la recogiera estando desnuda para que no hubiera ninguna posibilidad de que se sintiera incómoda.

Se fueron de la mano caminando hasta el río. El encontró un sitio con césped donde no había nadie.

Ella caminaba por el aire, pues había vivido la mejor siesta de su vida, la mejor con años luz de diferencia de cualquier otra, y ahora no entendía que pasaba.

Él tiró despacio de su mano para que le siguiera y también se sentara. Cruzaron sus piernas y entrelazaron los dedos de sus manos.

Bel no sabía si empezar a alegrase o a preocuparse.

Jandro fue bajando la vista despacio, desde los ojos hasta las rodillas de ella, mirándola con atención, intentando que ella no se sintiera violenta, hasta que, volviendo a sus pupilas, hizo que ella le oyera.

--No hay ninguna chica que me guste ni el uno por ciento, ni siquiera el uno por ciento, de lo que tú me gustas.

Ella se quedó encantada, esperando a que él le dijera algo más, pero como que seguía callado, mirándola, ella se inclinó y le dio un beso, no de cualquier día, sino de los de domingo.

--Mi amor, quiero decirte muchas cosas. – Prosiguió Jandro a menos de media voz, para que solo lo escuchara ella. –Algunas de ellas, tal vez no tengan mucha importancia, pero pretendo que cuando acabe, espero que no te quede ninguna duda sobre mí. Ya sé que tú me escuchas, pero te pido que hoy me escuches especialmente, hasta el final.

Bel no lo iba a interrumpir, pero pensó entre medias:

"Dios, que pasa, que misterio".

Jandro le hizo una especie de biografía, una radiografía sobre su vida hasta antes de conocerle. Entre otras cosas, otra vez le volvió a contar que sí, que había conocido a otras chicas, aunque con ninguna había durado más de un par de malos meses. Que una de ellas no estaba mal, pero que era tan creída que estar con ella era tan estúpido como estar con una figura de porcelana fina. También le contó cosas de su trabajo, entre otras, que no todo era tan ideal como la gente se pensaba, porque había mucho descerebrado por la vida y se había dado algún caso de problemas por venganzas; quería que ella lo supiera.

Después le dijo.

--Un día fui a bailar a la discoteca DiscoDance, y te vi. Me pregunté si hasta aquél baile también venían ángeles del cielo, porque no había visto a ninguna chica en la tierra tan preciosa, tan radiante y tan..., que estuviera tan buena como tú.

Ella quiso inclinarse y comerlo a besos, pero aguantó sin interrumpirlo. El continuó con su relato, contando más cosas con absoluta serenidad. Algún tiempo más tarde, le confesó.

--Hace unos meses, cuando te dejé en tu casa y yo me fui a la mía, al llegar quise darme la vuelta, volver a tu casa, que bajaras y decirte que me había enamorado locamente de ti, que te quería hasta los huesos, pero yo soy muy burro, y poco comunicativo, y me jodí, y no fui.

Ella, ahora sí que, sin aguantar más, le rodeó su cuello y le dio cinco besos con ojos emocionados.

Él prosiguió hablando algo atropelladamente, aunque intentaba pararse lo necesario.

--También hubo cosas que me hicieron pensar mucho. Yo jamás hubiera salido con una golfa, seguro que no, pero llevábamos viéndonos más de medio año y, joder, tú seguías saliendo

conmigo, pero yo casi no sabía ni cómo eran tus pezones. Yo no quería presionarte, porque eso no puedo, eso no va conmigo, pero... por si a ti no te gustaba o yo qué sé, empecé a dudar de si tenías algún defecto físico que te lo pudiera impedir.
--Pequeña pausa. --Hasta pensé que no lo hacías conmigo porque te reservabas para otro, y cuando yo te dejaba en casa después tú te ibas con ese otro, uf, lo pasé muy mal. Todo eso me preocupó tanto que hasta pensé en alejarme de ti.
--No cariño mío, por Dios, ni pienses eso. No tengo defectos, que yo sepa. Lo que sí sé, seguro, es que no me voy con ningún otro, ¡ni muerta! ¿Tú me crees capaz de hacerte eso? --Reaccionó ella, aunque no quería interrumpirlo.
--Perdona, lo de irte con otro ha sido una canallada por mi parte. Lo siento. Y lo de tener defecto físico, pues, aunque me falta el interior de la fuente, con lo de hoy ya sé que no tienes ningún defecto físico; y sé que las mujeres de tu familia tenéis y que tú tienes la virtud de respetar al cien por cien al hombre que se convierta en tu marido, y eso me gusta.
Volvieron dos besos.
Él le dijo otras verdades: lo preciosa que era; lo dulce que era; lo que la deseaba. Hasta que volvió a mirarla a sus pupilas y le susurro:

--Te amo tanto que es imposible que haya en este planeta otro hombre que quiera tanto a su chica como yo te quiero a ti.

Ella volvió a lanzarse sobre él para darle nuevos besos, súper emocionada, pero sin mediar palabra, ya vendría su turno.

Cuando el sol estaba a medio esconderse, Jandro miró nuevamente al interior de las pupilas de Bel y le dijo todo lo más claro que en aquel momento le fue posible:

--Bel... ¿Quieres... casarte... conmigo?

Ella se quedó medio instante sin aire. Después se echó sobre él, lo abrazó hasta ahogarlo y le dio el beso más dulce jamás dado por una mujer.

En cuanto retiró sus labios, dijo como loca.

--Sí, claro que quiero.

Y volvió un beso eterno.

--Sí, quiero, claro que quiero, mi vida, no hay nada en este mundo, nada, que quiera tanto como casarme contigo. Por mi Virgen, cariño, ¿Por qué has tardado tanto en pedírmelo?

Ella le cerro los labios a él, con otro beso, cuando Jandro iba a decir algo. Ella con el corazón fuera de sitio, le confesó con toda la dulzura de que era capaz.

--Yo también te quiero, amor mío, y te querré toda mi vida. Ningún otro hombre habrá en mi alma. Únicamente tú recibirás mis besos. Mi amor por ti es y será eterno.

Poco después, Jandro le preguntó con los ojos llenos de ilusión.

--Bueno, ahora que ya eres mi prometida, ¿Tú querrás llevar mi anillo de prometida?

--Toma, claro que quiero, y que tú lleves el mío, pero no sé ahora... --Dudó ella por la hora.

--Yo sé que no lejos de aquí hay una joyería que tiene cosas bastante decentes. Si nos damos prisa, igual llegamos a tiempo. --Propuso él con decisión.

Arrancaron como si fuera lo más importante de sus vidas. Llegaron a la Joyería, la cual se mantenía abierta por una clienta algo pesada que atendían. Buscaron las alianzas de prometidos. Jandro le comentó que a él le parecían bien las de aquel estuche, aunque la última era su preferida.

--¿Qué te parece?

--Buf, es preciosa, la que más, pero es que vale un montón y yo no tengo ahora ese dinero para comprártela. --Se quejó ella con pesar.

Jandro le dijo al joyero que se las llevarían si las podían probar y les iban bien. El joyero hizo ademán de colocarle a ella su anillo para probarlo, pero ella retiró el dedo y le dijo a Jandro que se lo pusiera él. A ella le quedaba perfecto. Después se lo probó él tras habérselo puesto ella en el dedo.

Jandro pagó las dos alianzas con tarjeta, la recibieron en un mismo estuche muy mono y se fueron cogidos de la mano hasta el coche, al que subieron.

Bel, sin pérdida de tiempo, abrió la cajita de las alianzas, la dejó abierta y le propuso que se las pusiesen al mismo tiempo, él la suya y ella la de él.

--Si las alianzas de prometidos se colocan al mismo tiempo, solo se podrán sacar de los dedos al mismo tiempo, nunca por separado. --Aseveró Bel.

Y claro, así fue, al presente.

Mientras se miraban, se colocaron las dos alianzas, preciosas. Bel extendió la mano, miró las dos alianzas y se fundieron en un beso que hubiera durado toda la noche.

--Cariño, mañana te la pago, que yo quiero pagarte la tuya. --Aseguró ella.

--Yo no le daría tanto valor al pago, sino a la propia alianza. Supongo que prefieres llevarla puesta, aunque no me la hayas pagado, que no dejarla en el bolsillo por falta de pago, ¿no? --Dijo él tranquilo.

--Claro que prefiero llevarla puesta. Además, cuidaré que nadie te quite mi alianza de tu dedo y me aseguraré de que nadie me quita la tuya del mío. --Pronunció Bel mirando a su prometido con ojos de emocionada. Pero, claro, las promesas son promesas.

--Bueno, ahora no, pero pronto tendremos que hablar de esas cosas del dinero, aunque si va a ser la misma cuenta, es igual quien la page, creo yo. –Razonaba él.

--Sí, vale, pero, entonces, ¿Qué deseas en lugar del dinero? --Respondió ella con una sonrisa expectante.

--Seis hijos. --Señaló él, con ganas, a lo grande.

--Uf, no me tientes con eso, guapo, que ahora ya eres mi prometido y puede pasar cualquier cosa. --Repasó ella con dulzura y una sonrisa de oreja a oreja.

Se había hecho de noche. Bel todavía seguía bastante en las nubes. Su prometido le indicó.

--Tú querías ir a la verbena en tu pueblo. ¿Sigue apeteciéndote ir?

--Por supuesto que sí, pero... hay un pequeño problema. --Añadió ella.

--¿Cuál? Yo no lo veo. --Atajó él.

--Pues, verás. Mis padres seguro que van a esa verbena, y como yo iré con esta alianza de prometida, se reflejará con las luces de los focos, y te aseguro que yo encantada de enseñársela a todo el mundo, pero, claro, a mí me gustaría que mis padres supieran que nos casamos antes que los demás, y no allí en mitad de la verbena. Jandro reconoció que su prometida tenía toda la razón y que pensaba con cabeza, lo que él no había hecho.

--Pues te propongo lo siguiente: Llamas a tus padres y les dices que en media hora estaremos en casa. Así los conozco formalmente y les comunicas o comunicamos nuestra promesa. Cenamos algo, que estando en fiestas algo tendrán, y después por la noche nos vamos a la verbena a que todo el pueblo lo sepa. ¿Qué tal?

--Eres un sol de medianoche. --Le dio un beso de prometida y llamó a sus padres.

--Mamita, dice Jandro que si tienes algo para cenar. --Hablaba por móvil con su madre.

--A ver, hija, no te entiendo, ¿Es que tanto apetito traes hoy? --Se le oyó a su madre.

--No Mami, es que iremos los dos, Jandro y yo, pero vigila lo que dices que tú..., que Jandro te está oyendo.

--¿Qué? --Se oyó a su madre como sofocada.

--Sí, Mamita, díselo a Papi, que estaremos ahí en media hora. Un beso. --Y colgó.

Bel, demostrando una confianza a prueba de bomba con su prometido, le dijo.

--Uf, casi meto la pata. Le iba a decir a mi madre "vigila lo que dices que tu yerno te está oyendo".

Se rieron, se dieron otro beso y tras pocos minutos, alcanzaron la casa del pueblo de Bel. Entró primero ella, por petición de Jandro, con él detrás. Ella les dio un beso a sus padres, toda sonriente y, tras ello, hizo las presentaciones allí mismo, en el recibidor, siempre cuidando de no enseñar la alianza de prometida. Los padres recibieron con mucha amabilidad a Jandro y le pidieron que pasaran al salón. Bel no pudo esperar más. Antes de sentarse, cogió la mano de Jandro y la extendió, colocando a su lado la suya. Las dos alianzas brillaban como dos estrellas de Júpiter.

--Mami y Papi. Jandro y yo nos hemos prometido. Nos casamos. --Fulminó Bel.

La madre de Bel se lanzó a abrazar a su hija, sin pensar en más, porque sabía lo que su hija quería a Jandro.

Mientras tanto, el padre, un poco menos impulsivo, aprovechó para saludar a Jandro y darle la bienvenida a la familia. Después felicitó a su hija. Y al final, su madre le dio un abrazo a Jandro, le dijo que aquella era su casa y le pidió disculpas, pues debería haber atendido primero al prometido.

Charlaron animadamente mientras ella, de tanto en tanto, miraba su alianza de prometida. Su madre la vio varias veces, hasta que le dijo.

--Isa, esa alianza es muy bonita. Ya veo que te la miras y te la remiras.

--Mami, si la alianza me gusta un montón. También veo que a Jandro le choca el nombre de Isa. Iros acostumbrando a oír el de Bel, porque para él yo soy Bel.

Los tres se rieron por lo enérgico que lo dijo. Cenaron con cierta contención, a pesar de estar en fiestas. Isa se ducho, pero teniendo exquisito cuidado en que ni el agua ni el gel tocaran su vientre y zona baja de pechos. Cuando llegó la hora, que llegó pronto, se fueron cogidos de la mano a la verbena.

Bailaron un rock y algo más del estilo. Ella estaba en la luna, contentísima. Después vinieron unas piezas de baile lento, que ella aprovechó para que todo el mundo viera que estaba prometida, puesto que lucía su alianza aireando su mano cogida del cuello de su prometido. Mientras bailaba arrimadita y feliz, ella quiso demostrarle a Jandro que su grado de confianza y sinceridad para con él había ganado muchos kilómetros, puesto que le confesó sin reparos:

--Sabes, cariño, antes de venir a la verbena me duché entera, pero a mi vientre no le tocó ni el jabón ni el agua. Y sabes, ¿Por qué?
--Ah, esta es fácil. Pues, porque se acabaron el agua y el jabón, ¿No? –Contesto Jandro con prontitud y seguridad.

Bel, también con seguridad, por cuánto la respuesta ya la tenía pensada, concluyó:
--Pues, no, fue porque he querido conservar un poco más sobre mi piel, tu "savia de la vida", lo más íntimo de ti.

CAP 9   ANTES Y DESPUÉS DE LA BODA

*** El nido ***

Era sábado por la tarde. Bel había ido con su madre, y también con su amiga Viva, que se había apuntado, a realizar una prospección de su vestido de novia. El vestido de novia, como siempre, estaba totalmente prohibido al novio, por eso él se había quedado en su piso intentando informarse sobre la futura vivienda de los novios.

Jandro y Bel eran conocedores de los problemas y disgustos que solían sufrirse cuando se compraba y vivía en un piso integrado en una comunidad de propietarios. Es por ello, que los dos habían hablado en alguna ocasión de si pudieran encontrar alguna casita, aunque solo fuera mediana, estarían en el cielo. Claro, no podía ser muy pequeña, porque Bel le sacaba a relucir que con los seis hijos que él le había prometido, pues como se las arreglaban.

Se informó sobre dos casas, de las cuales desistió tras hacerse una mínima valoración de su situación y precios.

Continuó la búsqueda. Jandro localizó una zona de casas muy bien situadas y con buenos servicios cercanos. En esa zona se anunciaba la venta de casas nuevas, de cuatro habitaciones amplias y dos baños, además de un tercer baño integrado en la habitación de matrimonio, pero solo quedaba una a la venta, la mejor, pero también la de mayor coste.

"Anda, esta podría estar muy bien. ¿Y el precio? A ver, uf, no sé si llegaremos. Tendría que mirarlo muy bien con Bel. En todo caso, tendremos que verla por si a ella no le gustara". --Pensaba Jandro mientras se informaba.

Ya metido en materia económica, comenzó a hacer un estudio de cuánto dinero dispondrían para afrontar una hipoteca y todo lo demás. Contó su sueldo mensual, que no ascendía a millones, pero era regular y seguro. Añadió el complemento por la formación de Jueces Jóvenes, que también suponía una cierta ayuda. Sumó el sueldo de Bel, mucho más reducido, pero que también sumaba. Y ya tratándose de dinero líquido, podía contar con el dinero que quedo de sus padres después de liquidar todos los gastos de entierro y otros varios.

"¿Qué más?" Se dijo. "Este piso. Qué pena, me da mucha pena vender este piso, pero tendremos que venderlo. Si la valoración pericial que figura en el banco no es mala, podríamos sacar para rebajar un buen tramo de la hipoteca. Y, por último, si vendemos el local comercial que compré en la calle 28, y lo añadimos al total, pues nos podría quedar un importe de hipoteca ciertamente asumible".

Él siguió pensando que para comprar esa casa tendría que desprenderse de cosas que no habría querido hacer, pero no veía otra forma. Y concluyó:

"Bel se merece mucho más que todo eso".

Al anochecer regresó Bel con su madre. En cuanto se despidieron de ésta, Bel le contó a su prometido todos los pormenores vividos durante la tarde, las tiendas en que habían estado viendo vestidos de novia, cuantos habían visto y un largo etcétera, pero, claro, todo menos lo relativo a su vestido de novia, ya que siempre se cuidó mucho de no soltar prenda sobre los detalles del vestido.

--Cariño, es la ventaja de ser novia. --Calificó ella.

Él, sabiendo que a su novia debía escucharla, porque no tendría otra, le contó lo que había visto por internet sobre la casa que a él le gustaba. Al final, concertó con ella ir a verla, después con la inmobiliaria que irían y, al día siguiente allá se fueron. Cuando regresaron al coche, ella estaba prendada de la casa, hablaba así.

--Uf, es maravillosa, pero cuesta un montón de dinero. Nosotros no vamos a poder...

--Cariño, es verdad, cuesta mucho, pero yo hice un pequeño estudio de posibilidades y tal vez la podríamos alcanzar. --Repuso él.

--¿Cómo?, mi amor. --Objetó ella.

--Pues con lo que ganamos los dos, más el dinero de que disponemos, más la venta de este piso y la del local comercial, nos podría quedar una hipoteca asumible. --Le dijo él poniendo cara ilusionada.

Bel se levantó y se fue a por un vaso de agua. Cuando tomó un poco y se sentó de nuevo, su prometido le preguntó:

--Amor, ¿No te gusta la casa? Buscamos otra.

--Jandro. --Le hablaba ella con muchísimo amor. --Esa casa me gusta muchísimo, contigo allí estaría en el paraíso, pero para poder pagarla, tú hablas de que tú vas a poner este piso tuyo, el local tuyo, tu dinero y tus dos sueldos, y yo no pongo casi

nada. Tú aportas, yo qué sé, el ochenta y cinco por ciento y yo el quince. Eso no es igualdad.
--No me importa la igualdad en esto, me importa tu amor. --Iba diciendo Jandro con serenidad mientras le cogía sus manos. --Si un día te fueras con otro, mi problema no sería perder este piso, ni el local, ni el dinero, eso no me importaría, mi problema, lo que me mataría, sería perderte a ti.

Bel se levantó, se apretó contra el cuerpo de su prometido con un abrazo inmenso, fundió sus labios con los de su amor en un beso interminable y, cuando ya le faltaba el aire, sacó con intención su corazón y lo puso en la palma de su mano, diciéndole con todo el amor de la tierra.

--¿Otro hombre? Pongo por testigo a mi Virgen, a mi Virgen de la Luz, que jamás, jamás, jamás permitiré que otro hombre me toque ni un milímetro de mi piel.

Siguió otro beso que esta vez no terminó nunca.

Y como la casa era tan ideal se hizo irrenunciable, pues claro, así que vendieron lo que él tenía, obtuvieron la concesión de una hipoteca corta en el tiempo, seis años, y compraron esa casa inscribiéndola al cincuenta por ciento de propiedad para cada uno.

*** La despedida de solteros ***

Una semana antes de la fecha prevista para la boda, un compañero de trabajo, respetable por su alto rango en la escala judicial, fue a su despacho y le anunció.

--Oye, del Álamo. A las catorce horas cerramos la charcutería, que hoy, en tu honor, nos vamos a refrigerar de lo lindo.

Alejandro estuvo un rato rebuscando a ver si encontraba la razón de la refrigeración en su honor. Pensó en la boda, claro, pero no encontró la relación con que hoy se hiciera un refrigerio sin contar con el visto bueno del interesado, que era él mismo.

--¿Qué se celebra hoy? --Quiso saber el Señor del Álamo.

--Hombre, no te hagas el remolón. Hoy es tu despedida de soltero. Desde las cuatro de esta tarde hasta las cuatro de la mañana te debes a nosotros, y a ellas dos, que verás cómo te vas a

poner. --Soltó el respetable y, tras ello, salió de su despacho y se fue canturreando.
--¿Quiénes son esas dos a las que "me debo"? --Medio tuvo que gritar Alejandro para que su compañero le oyera.
--Son tu felicidad, tu felicidad para toda esta noche. --Y la puerta se cerró.
--Pero... --Iba a decir Alejandro.
Jandro llamó al móvil de Bel para preguntarle si sabía algo de una fiesta de despedida con "dos tías para él". Él no iba a ir. No obstante, como el móvil estaba ocupado, se lo escribió en un mensaje y esperó.
Entre tanto, Isa en su trabajo cantaba una canción de pajaritos con un grupito de niños de dos años y medio.
Pilar, la directora del Centro, se le acercó acompañada de Laila y de Viva. Isa pensó:
"Buf, que peligro tienen estas tres juntas".
La directora le comunicó:
--Isa, como sabes, hoy es viernes, pero lo que no sabes es que hemos negociado con los padres y hemos conseguido que La Guarde hoy se cierre a las tres y media de esta tarde. Así que a las cuatro nos iremos de fiesta.
--¿De fiesta? ¿Qué fiesta? --Entró Isa en modo sorpresa.

--Tú solo tienes que disfrutar, que la despedida de soltera está para eso. Disfrutar con nosotras y, sobre todo, con ellos. --Dio por hecho Laila.

--Pero ¿Cómo que, despedida de soltera, con vosotras y con ellos? ¿Quiénes son "ellos"? --Empezó a quejarse Isa.

--Mujer, los dos que te vas a disfrutar esta noche, los dos son para ti y solo para ti, es tu despedida. --Remachó Laila, y se fueron.

Bel llamó a Jandro para preguntarle si sabía algo de una fiesta de despedida de sotera con "dos tíos para ella". Ella no iba a ir. Sin embargo, dado que el móvil de él estaba ocupado, se lo dijo mediante un mensaje.

En cuanto Jandro leyó el contenido del mensaje de Bel, le contestó en forma automática:

"Bel, escápate, ahora mismo, ya se apañarán sin ti. Te recojo en quince minutos en la puerta de tu trabajo".

Jandro llegó cuatro minutos antes de lo que habían quedado. Ella también, por eso los dos se encontraron justo a tiempo en la puerta. Ella entró en el coche. Se dieron un beso y las ruedas del coche comenzaron a rodar.

--Pero ¿Es que estaban de acuerdo? Porque los tuyos y las mías lo organizaron igual, para el mismo día y con las mismas lindezas de dos tías

para ti y dos tíos para mí. ¿Se puede saber que les pasa? --Se quejaba ella sin parar.
--Qué sé yo. --Dijo él. --A mí no me apetecía nada, porque mis colegas son muy animales, muy enemigos cuando están fuera del trabajo. Yo no quiero ir a una despedida donde tendría que aguantar como dos desvergonzadas me pasean sus bragas por delante de mis narices.
--Ya verás. --Decía Bel moviendo su cabeza de lado a lado. --A las de mi trabajo no les hablo en lo que queda de año. Que brujas, pretender que aguante el olor cochambroso de un slip, de dos, sujetando un bulto que... ni lo sueñen.
Se fueron a su casa y se rieron un montón.
--Vaya una jugada que les hicimos. Que nos esperen y que se chinchen, por listos. Uf, menos mal que me has rescatado. --Apuntaba ella aliviada.
--Oye, Cariño. --Continuó ella. --No entendí eso de la charcutería, ¿De qué va eso?
--Pues, mira. --Jandro se reía con ese nombre. --En las charcuterías hay muchas cosas, como queso, por ejemplo, pero sobre todo hay muchos chorizos. En los juzgados y tribunales también hay muchas cosas, como ordenadores, pero sobre todo están los malos, es decir, los chorizos, por eso alguien dijo que, entre tanto chorizo, alguna vez se había sentido como si trabajara en una charcutería.

--Ja, ja, ja. --Se oía a los dos.

*** La cumbre ***

Así había bautizado ella, sin proponérselo, a su boda. Su boda sería "la cumbre" de sus deseos, de su anhelo espiritual, era lo que más satisfacía su alma. La estaba preparando con más tiempo, dedicación e ilusiones que cualquier otra situación material de este mundo.

La noche anterior a la boda, Jandro le preguntó con el amor del que ya se ve entrando en la catedral:

--Amor, mañana, ¿Me vas a hacer esperar mucho?

--Pues, unas cinco horitas. Ay, guapo, la novia que vale mucho tarda mucho.

--O sea, que, la hora de entrada a la iglesia es a las doce de mediodía, más otras cinco horas que tú tardarás, lo cual significa que yo puedo ir a la

iglesia poco antes de las cinco de la tarde. Está bien.
--Apuntó Jandro con ironía.
--Oye, pero que dices, nos casamos a las doce de mediodía. No pretenderás que te esté esperando en el altar hasta las cinco de la tarde. --Se quejó ella con dos sonrisas.
--Bueno, te llevas el vestido de novia en una percha y cuando yo llegue te lo pones.
--Ah, ¿sí?, ¿le estás diciendo a tu prometida, la que va a ser tu mujer en pocas horas, que se vaya desnuda a la Iglesia?
--Ah no, de ir desnuda nada de nada, ya te esperaré, incluso si llegas al día siguiente. --Aseveró Jandro.
--Vale, entonces iré vestida.
Hubo pacto sellado con dos besos.

Al día siguiente, Jandro cumplió su promesa y a pocos minutos de las doce entró en la Iglesia, donde esperó, elegantemente vestido de novio y sonrisa en mano, a que llegara su prometida.

Ella también llegó a la puerta de la iglesia, media hora después, vestida con su traje lindísimo, sin cargas, con una cola espectacular y un velo sobrenatural. Sonó el himno nupcial. La novia entró cogida del brazo de su padre. La sonrisa de felicidad irradiada por Bel no cabía en la iglesia. Avanzaron padre y novia. Su padre iba, sin más, porque la novia era el centro, el sur y el norte de todas las miradas, de ellas y de ellos. Cada paso que ella daba era correspondido con un movimiento celestial de las alas de los ángeles. No caminaba, flotaba. La novia no podía ver ni oír, su emoción era tal que se desplazaba por el cielo.

Alcanzaron los pies del altar hasta encontrarse con su amor, con su prometido, con quien iba a ser su marido en veinte minutos. El padre y el novio se saludaron convencionalmente. Los prometidos, a modo de beso, se acercaron sus mejillas, porque el velo de la novia no permitía ningún contacto prenupcial. Acto seguido, el prometido le dijo sin dejar de mirarla a los ojos, a través del velo.

--Estás muchísimo más que preciosa, mi amor.

La novia, con alegría desbordada, y con las pulsaciones subidas hasta el techo, no pudo decirle nada. No se sabía dónde ella estaba. Sus ojos iban y venían, llenos de emoción y esperanza.

El prometido pensó:

" ¿Y si al final sigue emocionada y no puede decir el "sí, quiero?"

Mientras el sacerdote componía sus cosas, el futuro marido la miró dos veces.

Seguidamente, volvió a pensar:

" ¿Y si se bloquea y no puede decir en voz alta que sí, que quiere casarse conmigo?"

Se inició la ceremonia oficial y se alcanzó el punto culminante. El representante del cielo en aquella iglesia le preguntó al novio:

--Alejandro, ¿Quieres por esposa a la aquí presente, Isabel, y prometes amarla, cuidarla y serle fiel hasta que la muerte os separe?

--Sí, quiero y prometo. --Confirmó el novio con bastante entereza.

--Isabel, ¿Quieres por esposo al aquí presente, Alejandro, y prometes amarlo, cuidarlo y serle fiel hasta que la muerte os separe?

-- ... ...
Silencio.

-- ... ...
El párroco tiró de calma y esperó.

-- ... ...
Jandro cogió la mano de Bel y la miró a los ojos. Tal vez esto hizo que ella regresara de su estado de catalepsia y dijera, casi gritando:

--Sí, quiero.

Los pulmones de todos los presentes expulsaron el aire contenido. La madre de Bel tuvo que sentarse, momentáneamente.

No se oyeron aplausos, porque no comenzó el primero, que si no habrían aplaudido todos detrás.

Pasado el minúsculo incidente, todo continuó su curso. Se dieron el beso de marido y mujer, firmaron el acta matrimonial y salieron a la calle, donde se lanzaron toneladas de pétalos y se desbordó la alegría.

Transcurrió la ceremonia de la boda en todo su esplendor. Las fotos; el banquete; el baile, con el vals que bailaron los dos como maestros. Por la noche, el baile continuó hasta que los novios desfallecieron, y como al día siguiente había viaje de novios largo, se despidieron de los invitados y se fueron a su casa, los dos, por fin solos.

Dejaron el coche en su aparcamiento, en el sótano de su casa. Él le abrió la puerta del coche, como un caballero, que lo era, pero no se limitó a esperar que ella saliera del auto, sino que la cogió en brazos, se dieron un beso de dos amores y la subió escaleras arriba hasta la habitación destinada al matrimonio. Tardaron un poco en llegar al destino, porque si besas a tu amada con pasión no te atreves a subir los peldaños muy de prisa, puesto que los ojos más bien andan cerrados.

Jandro sabía que su chica, su prometida, su esposa nunca había hecho el amor en forma completa, ello debido a que las chicas de su familia de generaciones anteriores, incluida ella, siempre habían guardado este privilegio para su marido en su noche de bodas.

Eso hizo que Jandro dejara las prisas en la escalera y la colmara con muestras de cariño y ternura infinitas, esperando al momento en que ella se lo pidiera con las rodillas hacia el cielo o como ella deseara. Los dos consumieron muchos besos y mucha saliva. Bel se encontraba en el paraíso y lo compartía, compartía sus deseos y sus anhelos. Y llegó el momento del viaje a las profundidades del océano. Fue un viaje despacio, avanzando pequeños tramos, retrocediendo un poco y avanzando un poco más, con un vaivén como el de las olas oceánicas, poniendo él todas sus virtudes para que aquella primera vez no se convirtiera para ella en ningún desastre imperdonable. Jandro quería mantenerse en modo conservación, intentando que todos sus músculos se mantuvieran a baja temperatura, alejados de los impulsos incontrolados.

Bel, que más de una vez se había dicho que la llave de Jandro era más grande y ancha de lo que podía admitir su cerradura, sintió que no, que las cosas del placer se adaptan ellas solas a sus medidas existentes, de forma que se fue dando cuenta que el cielo tiene puertas flexibles para que la vida sea adorable. Hasta tal punto que, en el fragor de la batalla, en el momento cercano al terremoto, cuando los temblores sísmicos ya se sentían por ambos combatientes, se oyó que ella le pedía a su amado que se fuera más adentro, hasta que, conformándose con lo que había, puesto que ya no había más, las contracciones les vencieron y los arroyos se desbordaron y los inundaron.

Después del descanso de los guerreros y ya cerca de la madrugada, él le dijo que había sido maravilloso. Ella le dijo que había sido varias veces maravilloso.

A las ocho de la mañana, sonó el maldito despertador. Que maldito. No tenía vergüenza despertar a aquellos dos benditos que dormían como bebés en el vientre de sus mamás.

Bel, sin creerse que tuviera que levantarse, le enseñó sus labios a su marido en petición de algunos mimos que la ayudaran a ponerse en pie.

Habían pasado poco más de dos horas desde el último desplome orgásmico de su noche de bodas, por eso, Bel pensó que tal vez sería mejor no pasarse con las exigencias, así que le dijo tiernamente a su amor desde el baño:

--Cariño, ¿Qué te parece si yo me ducho ahora mientras tú haces café con la maquinita? Después, si quieres, te duchas tú.

Como ella esperaba que su hombre dijera que, de acuerdo, se había desnudado e iba a bajarse su braguita, delgadita, con muy poco peso, blanca como su alma.

--Es que tengo que ayudarte a bajarte tu braguita, no voy a dejarte sola con tanto peso en mi primera noche de casado. --Dijo el marido mientras él comenzaba a descender despacio la braguita de ella piernas abajo.

Entraron juntos a la ducha, otra vez, porque así lo había decidido la madre naturaleza. La temperatura de sus cuerpos subió y subió debido a la presencia, olor, y calor del miembro esperado, hasta que, tras los movimientos agotadores y jadeos desbocados, los sofocos disminuyeron y la calma volvió a reinar por los alrededores. Ahora sí, acabaron de ducharse, se enjabonaron con suavidad y, entre el gel que lubrifica y las caricias que mortifican, no tuvieron tiempo ni necesidad de regresar a la cama, pues esta vez, a pesar de la hora temprana, el suelo duro era un colchón maravilloso para que volvieran a brillar las estrellas y los cometas iluminaran, una vez más, las zonas interiores de los dos con el placer que se siente cuando el reguero se desborda sin remedio.

Después de haberse regalado lo mejor y más preciado que tenían, se vistieron, se cogieron de la mano y, de vez en cuando, hasta se cogieron de las dos, para irse a despedir de los padres de ella y marcharse al aeropuerto con destino a su luna de miel.

*** Viaje de novios ***

Bel buscó y encontró un conjunto de lencería de seda que le había gustado mucho y que había comprado dos días antes de la boda. El sujetador llevaba en el pecho izquierdo un pequeñito motivo de color azul, con forma de corazón, motivo de color azul que también aparecía en la parte baja de su braguita. Con el color azul quería simbolizar la fidelidad y la lealtad a su amado. Metió esa lencería en la maleta y él la cerró.

Llegó la hora de partida.

Así, con las prisas de última hora, los padres de Bel los dejaron en el aeropuerto, embarcaron y volando se fueron al otro lado del mundo.

Durante la primera noche de su luna de miel en el hotel, cuando los apetitos sexuales ya estaban plenamente satisfechos, Bel, acariciando con su mano el bello del pecho de su marido, recordó el incidente del altar con el "sí quiero".

--Oye, mi amor, cuando hace dos días en la iglesia, el cura que nos casó me preguntó si quería casarme contigo..., yo me quedé sin fuerzas para hablar, mi alma, mi corazón y mi cabeza decían que sí, pero mi lengua estaba atada. Estaba tan emocionada que me quedé como sedada.

--Sí, ya te vi, te vi tan conmovida que lo pensé, pensé si no te quedarías bloqueada y dijeras que no...

--Mi vida, espero que estés totalmente convencido y seguro que casarme contigo era y fue mi mayor ilusión, mi mayor necesidad. Aquello fue un... lapso emocional, pero yo te amo hasta con la última célula de mi cuerpo. --Se expresaba ella mirándolo a los ojos sin pestañear.

--Lo sé. --Pronunció él.

--Yo lo que más quiero es que tú, mi amor, tengas seguro que a mí no me entró ni la más mínima duda, que no fue un problema de deseo, fue un problema de... de falta de control de la emoción...

--Vale, vale, cariño. Yo te creo. Tú dijiste que sí, pues ya está. --Resolvió Jandro dándole un beso de marido enamorado.

Durante los días que recorrieron el otro lado del mundo visitaron muchas estrellas brillantes, cometas estelares, rascacielos impresionantes, bosques frondosos y así lo mejor de la tierra.

Pero, sobre todo, su marido, su Jandro, aquel día anterior a aquel en qué su luna de miel terminaría, que tendrían que subirse a un avión y volver a la tierra de origen, ese día su amor lo había reservado para vivirlo sin tener que ir de un lado para otro. Para que ella estuviera con él y él estuviera con ella.

Habían estado solos y juntos, muy juntitos todo ese viaje, pero este día iban a estar más juntos y más solos.

Cada noche, después de un día de patear lugares y de recorrer eventos, los cuales alegraban mucho el intelecto, al llegar al hotel se premiaban con una ducha conjunta, para disfrutar el primer tiempo del partido. Esa era una ducha reparadora y, sobre todo, incendiaria, puesto que, con la visita de las yemas de los dedos y de los labios, la temperatura de las vísceras se aceleraba de lo lindo, hasta lo inaguantable, hasta que se alcanzaba el goce con desparrame. Una vez transitado por el descanso pacífico de la cena, y sin contrato alguno que les obligara, el deseo empujaba tanto que re reiniciaba el segundo tiempo, donde las caricias por fuera y por dentro despertaban los mayores placeres que solo se apagaban tras los alaridos finales de aquellas dos fieras moribundas.

Ya a las dos de la madrugada, cuando ella estaba sin ropa, estirada sobre su marido, y sin sangre, pues después de la quinta sesión del día, ya lo que la naturaleza anunciaba era descanso y sueño, ella lo miró con ojos de paloma enamorada y encantada, hasta que le susurró muy cerca de su oído.

--Cielo, ¿No quedamos en que los maridos solo podíais hacerlo una vez al día? Pues mi marido hoy ya lleva ¡cinco!

--Sí, pero eso... es debido a que estás irresistible, es un mérito tuyo, no mío. --Puso él toda su modestia sobre sí mismo.

Bel, sonriendo con mucha felicidad y un poco de picardía, mordió suavemente en labio inferior de su marido, y le dijo.

--Ah, ¿sí? Pues, yo sé cómo estás tú de irresistible. Mira, hoy tú llevas cinco sesiones y una descarga al final de cada sesión, pero es que yo gocé tres o cuatro descargas durante cada sesión, o sea, que eso son... doce... eh, dieciocho o veinte descargas durante el día de hoy. ¡Uf, me has dejado seca, ya no puedo descargarme más!

El avión aterrizó en tiempo y del mismo tomaron tierra los recién casados tras su luna y sol de miel.

Los padres de Bel fueron a recogerlos, puesto que como decía la madre:

"Pobrecitos, vendrán muy cansados".

Mientras el yerno y su suegro cargaban las maletas en el coche, madre e hija, ya acomodadas en sus asientos, se confesaban.

--No voy a preguntarte qué tal porque tu cara radiante lo dice todo. --Preguntó, sin preguntar la madre.

--Portentoso, cada día, menos ayer. --Pronunció la hija sin vergüenza alguna.

--Ayer, ¿no? ¿Y eso? --Quiso saber la madre de inmediato.

--Porque ayer fue apoteósico. --Exclamó la hija.

--¡Toma! ¿Y a dónde fuisteis? --Insistió su madre.

A Bel se le abrieron los ojos y algunas cosas más. Acabó diciendo.

--A ningún sitio. Estuvimos todo el día en la cama.

*** El nacimiento de los hijos ***

Tres meses después de la boda, Bel y Jandro se quedaron embarazados. Es indiscutible que la preñada era Bel, pero era un embarazo de los dos, y compartido. Fue un embarazo deseado, pues desde la noche de bodas nunca adoptaron ningún método para evitarlo, y claro, tanto va el cántaro a la fuente que acaba habiendo pucherazo.
Nueve meses más tarde, ella dio a luz un niño precioso, que llamaron, Albor, a elección de la madre.
Todo lo relativo a los cuidados y seguimientos médicos del embarazo se llevaron a cabo en un gran hospital de la ciudad, siempre bajo supervisión médica de la doctora jefe médico del departamento de ginecología del mismo hospital. Esto resultó por la amistad de Jandro con el jefe médico del hospital, amistad que venía desde la infancia.
El niño crecía con la leche de su madre. Era el rey de la casa.

Cuando Albor contaba tan solo con tres meses, Bel se quedó embarazada de su marido por segunda vez. A elección de Jandro, le pusieron por nombre, Aurora.

Unos poquitos días después del parto, Bel regresó a casa con su hija, pero esta vez ya fuera de su vientre. Era una delicia.

Una semana después de que la madre regresara del hospital, Jandro le propuso:

--Ahora que en casa ya somos cuatro, podríamos empezar a pensar si queremos más niños o no.

--Bel le miró con amor y, cogiéndolo de la mano, le recordó.

--A ver, cariño, tú me prometiste que tendríamos seis hijos. Ahora tenemos dos, ¿Y los otros cuatro? O contigo, o con nadie.

Jandro miró con ojos de padre a su hija, de diez días, y a su hijo de un año y poco. Después miró a su mujer con ternura, le sonrió y se atrevió a contestarle.

--Bueno, yo no sé si soy tan poderoso como para... hacerte seis hijos. Tal vez, me falte tiempo...

--¿Poderoso? ¿Tiempo? --Hablaba Bel con algo de ironía. --Cariño, en dos años me has dejado embarazada dos veces, una vez cada año. Es fácil, siguiendo ese ritmo, cuatro años más, cuatro niños más.

Al final hubo acuerdo, ya que Bel siempre había estado por la parejita y eso era lo que su marido ya le había regalado. Por eso, valoraron las distintas posibilidades de evitar que la familia siguiera creciendo. El consejo médico fue determinante y en base al mismo, dentro de la llamada cuarentena, Jandro se había practicado una vasectomía.

Los años pasaron. Los niños crecieron. Albor ya contaba con cinco años, mientras que Aurora ya sonreía con cuatro abriles.

Un sábado, como hacían con mucha frecuencia, el padre Alejandro y la madre Isabel se fueron a pasear con sus dos hijos.

Los cuatro iban cogidos de la mano. La madre con su hijo, el padre con su hija, los dos hermanos entre sí. Los hijos eran lo más importante para los dos, con muchísima diferencia, respecto de cualquier otro apartado de sus vidas.

Llevaban seis años casados. En casa no había una mala contestación, ni siquiera una contestación medio mala.

*** La última entrega ***

Bel acabó de ducharse en su lavabo exclusivo. No es que al marido le estuviera prohibido entrar en aquel lavabo, en absoluto, era simplemente que Jandro sabía lo mucho que valía la privacidad y la intimidad para las personas, y como Jandro lo sabía, intentaba no perturbar la de Bel, a no ser cuando ella le reclamaba para jugar a papás y a mamás.

Aquel anochecer, Bel estaba en su baño totalmente desnuda, moviendo el pelo de su melena y tratando de desenredarlo.

Hacía casi siete años de aquel primer encuentro en aquel DiscoDance con Alejandro, por lo que era más que evidente que Jandro había visto otras muchas veces desnuda a su mujer con la que llevaba seis años casado.

Jandro entró en el lavabo que habitualmente utilizaba Bel para orinar porque en el otro baño había un problema con la cisterna.

--Cada día estás más preciosa. --Le salió a él de su espíritu mientras miró a su mujer, con parada especial en los pechos y en el nido de ella.

--Oye, este es mi baño, o sea que ya te estás yendo al otro, porque si sacas y veo aquí tu palote, mi melena se eriza y no puedo peinarla. --Le amenazó Bel en forma pícara y provocativa.

--Jo, esa melena tuya me gusta, pero antes que irme preferiría que te la cortaras. --Se le oyó decir a Jandro como si se hubiera ofendido.

Ella sonrió con satisfacción, sabiendo que no tardaría en buscarlo y que pronto empezaría el baile de las mariposas.

Unos minutos más tarde, ella se puso un sujetador y una braguita nuevas, color rojo. Salió al salón donde estaba su marido. A un metro de él, Bel dio una vuelta sobre sí misma, cual modelo afamada en un pase de moda joven y atrevida, y mirándolo con ojos de lujuria, le insinuó a su marido.

--¿Te gusta esta braguita nueva?

--Él paseó su mirada por las partes del cuerpo de ella que podía ver, y también lo intentó por aquellas otras que no podía porque estaban tapadas con algo de tela.

Después de esperar un rato, ella quiso decir algo, pero lo dijo tan bajito que no se le escuchó:

"Venga, me gusta que me mires, pero dime algo".

Finalmente, Jandro le confirmó con el corazón.

--Sí, está muy bien, pero, antes, sin trapos, me gustabas más.

Bel, con su autoestima rebosando satisfacción, le respondió casi suspirando.

--Ya, y si me pongo el vestido, me dirás que en braguitas te gustaba más. --Se detuvo un instante para decirle, arrimándose mucho. --Ya sé que sin nada te gusto más, pero es que estas braguitas son nuevas y me las acabo de poner, ¿No querrás que me las vuelva a quitar ya?

--No, claro, los trabajos duros y de alto esfuerzo son para los caballeros. Ya me encargo yo de este sufrimiento. --Y comenzó él a introducir sus dedos entre la tela de su braguita y la piel de su mujer, lo que provocó un suspiro en el alma de ella.

Bel, levantó la cabeza y cerró los ojos. Pensó: "Dios, que toro es mi marido. Yo me pongo la braguita y el me la quita acto seguido".

Mientras pensaba lo anterior, sonó su móvil que estaba por allí al lado. Su marido pensó que se esperara cualquiera que fuera, pero ella pensando que sus hijos no estaban allí, miró su móvil que le informaba que su madre llamaba. Ella contestó por obligación.

--Hija, tu niña está un poco constipada. --Informó su madre.

--Vamos enseguida y recogemos a los niños.
--Decidió ella y colgó el teléfono.
Jandro se quedó un tanto chascado. No es que antepusiera sus apetencias a las necesidades de su hija, sino que un inicio de constipado podía esperar una horita sin que ningún problema sucediera.
Como que Bel ya se estaba vistiendo, Jandro se estiró en el sofá y mirándose el bulto que él tenía entre sus piernas, dijo a navegantes.
--¿Y ahora qué hago yo con esto?
Su mujer le dio un beso rápido y le respondió en dos etapas.
--Cariño, ponte una bolsa de cubitos para que se te baje esa hinchazón. --Sonrió ella por lo alto esperando que su marido también lo hiciera. Pero, acto seguido, viendo que la broma no le hacía gracia ninguna a él, tiró de ternura y le ofreció. --Vale, cariño, he sido un poco cruel. Cuando vengamos y los niños duerman, te regalaré la solución para que se te calme esa energía.
Recogieron a los niños, por supuesto, y tras comprobar que la hija de ambos no presentaba problema alguno más que un poco de cansancio, regresaron a casa y estuvieron jugando hasta la hora de cenar.
Por la noche, después de acostar a los niños, se regalaron besos y abrazos como la gran mayoría

de noches, aunque esta fue especialmente activa en la parte sentimental y corporal.

--Esta noche estás especialmente cariñoso y solicitante. --Aseveró Bel con la lengua bastante rota.

--Es que tengo que aprovechar esta noche por si mañana en tu cumpleaños te tomas una cerveza de más y, con eso, me tengo que poner cubitos entre las piernas.

Ella sonrió por eso de "los cubitos entre las piernas".

Y como una pareja de lobos en su madriguera perforada en la cima de la montaña, se besaron sin freno, se lamieron sin freno y aullaron sin freno, tanto como si pareciera que no volviera a haber aullidos ente ellos.

Una vez recuperada la calma, Bel quedó pensando mientras cada cual recorría el camino para dormirse:

"Dios, me tiene encandilada, como si cada noche fuera una prolongación de la noche de bodas. Mi entrepierna queda de un satisfecho que duermo toda la noche a pierna suelta"

Se dio media vuelta, puso su brazo encima de su marido y le dijo sin que se oyera nada:

"Cada día te quiero más. ¡Eres mi Dios!".

Y lo era, él era su Dios, su Dios adorable, y ella era su Virgen, su Virgen idolatrable. Lo que no sabían, ni lo sabía Bel, ni lo sabía Jandro, ni se lo habrían imaginado nunca, es que aquel acto de sexo dulce, sí, porque el sexo forma parte del juego amoroso, que aquel acto de entrega entre dos almas que se adoraban sería el último acto, la última entrega, eso es lo que ninguno de los dos sabía.

CAP 10   EL CUMPLEAÑOS

Estaban en la última semana de un mes de junio rabioso, con temperaturas endiabladas, como si alguna autoridad del purgatorio las hubiera mezclado con ajos rubios. Estos calores tan sofocantes mezclados con ajos bien picantes exigían poca ropa y muchos líquidos, cuyas dos exigencias estimulaban la imaginación.

Era lunes por la tarde, pero también era víspera de festivo, si bien era un festivo raro, puesto que algunos sectores y regiones hacían fiesta y otros no. Bel llegó a casa con los planes que había hecho con sus amigas. Bueno, de hecho, los planes los habían elaborado sus compañeras de trabajo, pero al final eran los planes aceptados por las tres amigas.

--Cariño, mañana será mi cumple, treinta añitos. Ya sé que mañana nosotras trabajamos, pero hay sitios que no, o sea, es medio festivo.

¿Recuerdas que les prometí a Laila y a Viva que hoy por la tarde las invitaría a una cerveza?
--Ah, sí, ¿y a dónde vais? --Preguntó Jandro.
--Hemos quedado en el bar ese... El Cielo. Mis compañeras son unas gorronas. --Aseguró ella riéndose complacida.
--Ah ¿Y qué tiene de especial, aparte del nombre, el bar ese de El Cielo? --Quiso saber Jandro.
--Pues no lo sé, creo que nunca he estado allí. Es cosa de esas dos chaladas, que se los conocen todos.

Llegó la hora de arreglarse para salir de fiesta. Sin su marido solo lo hacía una vez cada año por su cumple y para tomar un par de cervezas, contarse cuatro tonterías y volver a su casita. Bel salió de su baño, se dio una vuelta sobre sí misma y, con dos sonrisas en sus labios, quiso saber la opinión de Jandro respecto de cómo iba.

--¿Qué tal? ¿Cómo voy?

Se había hecho un moño para recoger su pelo, lo cual resaltaba su belleza. En la cara solo unos toques de pincel, un milímetro de raya al final de las pestañas y muy poquito de color rojo en los labios. Se había puesto una blusa de tirantes, blanca radiante, sin mucho escote, pero con el cuello, hombros y brazos libres de ropa, porque el calor apretaba. También llevaba una falda color cacahuete, de seda artificial, mezclada con algo de cashmere en pro de la opacidad deseada, la cual le llegaba hasta un poquito por encima de la rodilla, si bien se le subía lo suyo cuando se agachaba o ella levantaba los brazos. Calzaba unas sandalias de tiras con un medio tacón, que favorecían la línea y esbeltez de sus piernas.

Su marido la miró de abajo a arriba, y le dijo con los ojos abiertos.

--Estás espectacular. Hoy todavía te será más fácil, mucho más fácil ligar.

Ella se acercó y le pellizcó la nariz, al tiempo que tiraba de picardía y le respondía casi a su oído, con voz cálida.

--Yo ligo cada noche, en esta cama que hay aquí detrás. Lo que pasa es que, como tú sabes, los cumpleaños se merecen mayor celebración, así que esta noche te voy a exigir mucho, hasta que a mí se me desplome la fiebre y tú te quedes agotado.

Jandro se quedó sonriendo con eso de "esta noche te voy a exigir mucho". Bell, dirigiendo su mirada hacia sus dos hijos que jugaban en el suelo, les anunció.

--¿Qué os parece, chicos? Esta tarde vuestra Mami se va de fiesta con sus amigas. Seguro que me lo voy a pasar "chupi piruli", pero vosotros también os lo pasareis "guay del Paraguay". --Sentenció ella.

Sus hijos levantaron los brazos en señal de aprobación, algo así como intentando una ola mal hecha. A su padre se le escapó una sonrisa sonora y le preguntó.

--Cariño, ¿qué significa eso de pasarlo "chupi piruli"?

--Esta noche te lo diré --Respondió ella, como prolongando el misterio.

A Jandro se le paso por su cerebro algo... raro... como que: "chupi" puede significar "chupa", mientras que "piruli" puede querer decir "polla". O sea, cuando dice que se lo va a pasar chupi piruli, está diciendo que hoy "se va a chupar una polla".

"¡Joder, Alejandro, que burro eres!", se reprochó él pensando para sí, culpándose por ese pensamiento.

Bel dio ocho o diez besos en las mejillas de sus dos hijos; después, un beso intenso en los labios de Jandro y, de despedida, una sonrisa a los tres. Dio dos pasos hacia la puerta de salida y, mientras daba el tercer paso, giró su cuello hacia su marido, le miró pícaramente y le guiñó un ojo. Jandro, a pesar de que su trabajo consistía en destripar las palabras y los gestos, esta vez no supo interpretar aquel guiño, si era por lo de "esta noche te voy a exigir mucho", si por lo de "hoy ligas" o si por lo de" chupi piruli".

Bel sacó su coche a la calle y se fue hasta la dirección donde estaba ubicado aquel bar de destino. Cuando se detuvo enfrente para comprobar que allí era, otro coche aparcado justo enfrente del bar El Cielo y en la misma acera se disponía a marcharse. Aprovecho la buena nueva y aparcó su automóvil.

Isa pensó:
"Hoy es mi día de suerte. En frente tengo el bar El cielo. Debajo del mismo tengo la discoteca El cielo Total. Pues que bien." Ella siguió pensando: "Anda que, vaya nombres les han puesto. Y vaya con mis amigas que sitios se buscan".

El bar estaba aupado medio metro por encima del suelo. Ella subió dos peldaños y, al girar, allí estaban las dos amigas, sonrientes. Se abrazaron, aunque no hacía más de dos horas que se habían ido del trabajo, pero era el cumple de Isa y había que celebrarlo, con imaginación y ganas.

Se sentaron en una mesa del fondo, donde no había mucho ruido y donde hacia buen fresquito de aire acondicionado. Allí podrían hablar a sus anchas, sin niños, sin maridos y sin problemas, como ellas solían hablar cuando estaban juntas y, sobre todo, cuando estaban solas, como ahora.

Laila pidió tres cervezas de triple malta, frías, para que el motor comenzara a funcionar. Isa objetó que ella no quería un tercio, que le bastaba un botellín y que fuera normal, no de concentración "forte" como esas de triple malta.

--Vaya, chica, espero que este sea el último "no" que me das en esta fiesta tuya, que parece que me estés dando calabazas. --Detrás vino una feliz carcajada de las tres.

El camarero hizo caso de lo pedido por Laila, que para eso ésta tenía mano allí adentro, y sirvió tres tercios de triple malta.

Brindaron por Isa, por sus hermosos treinta años, tocándose los fondos de las botellas de cerveza. Laila les dijo a sus dos amigas, pero dirigiéndose a Isa.

--Esto lo tenemos que hacer más a menudo, en vez de cada año, mejor cada mes.

--Eeeh, que sólo cumplo años una vez cada año. Pues, anda, si esta celebración de cumpleaños la hiciéramos cada mes, en vez de treinta años, hoy cumpliría... 360 años. Puf, estaría más arrugada que un jersey de lana recién lavado y sacado del agua.

Las tres se rieron con auténtica libertad, pues nada se lo impedía.

--Pero, mira. --Comenzó Laila a soltar cuerda.

--Esto de tomarse unas cervezas está bien, pero para que esté muy bien, tenemos que bajar aquí abajo, a El Cielo Total, y verás lo que es una celebración de cumpleaños de verdad.

--Sí, y un churro. --Reaccionó Isa medio haciendo un corte de mangas.

--Bueno, ahí no sirven churros. Quiero decir, churros de los que se hacen con harina, porque de los que se mueven entre las piernas, seguro que encontrarías, y alguna porra, también.

Isa pasó de lo que dijo Laila y comenzó a decir algo diferente, si bien parecía ser que las dos amigas no estaban muy interesadas en otro tipo de conversaciones, así que, Viva, que era más comedida que Laila, entró en juego con varios razonamientos.

--Eso tú verás, Isa, pero, porque bajes a bailar no haces nada malo. --Se detuvo un segundo, y continuó. --Que de soltera habíamos ido muchas veces a bailar y nunca te desnudaste en la pista de baile. Además, cuando quieras, coges el bolso y te vas. Nadie te va a atar.

--A ver, Viva, antes estaba soltera, mientras que ahora estoy casada. Además, yo no he venido hoy para ir al baile, que ni me apetece ni tampoco le dije a Jandro que iría a bailar.

Laila volvió a entrar en acción, pero cada vez un poco más contundente.

--Por Dios, Isa, ¿Desde cuando tienes que pedirle permiso a tu marido para ir a bailar? Bailamos un rock, como siempre hemos hecho, y

nos divertimos, que para eso hemos venido las tres, ¿no?
--Tú no lo entiendes, Laila. No se trata de permiso, sino de respeto. Él está en casa cuidando a mis hijos, y yo entretanto, en el baile, pendoneando, ¡te parece bonito!

Laila empujaba una y otra vez para que Isa bajara a bailar, como si tuviera gran interés en ello. Llevaban rato largo con lo mismo. Ellas que bajara a bailar e Isa que no la agobiaran. Pero Laila seguía apretando, y cambió de tercio, para empezar a hablar de aspectos sexuales, que entre las amigas ya lo hacían cuando se juntaban.

--Es que no puedo entender que un día te mueras sin haber probado a otro tío más que a tu marido. –Apadrinaba Laila como si pretendiera hacerle un favor a Isa.

--No quiero hacer pruebas distintas de las que hago con Jandro. --Aseguró Isa.

--¿Y si tu maridito no es tan bueno y no lo hace tan bien como tú crees y... resulta que encuentras a otro con el que tiemblas mucho más? --Propuso Laila.

--Jo, qué pesadas sois, sobre todo tú Laila. --Pero ésta siguió con su guerrilla.

--No sabes lo que excitan unas manos distintas, cuando te tocan por primera vez; acabas como un rio por dentro. --Y no contenta, siguió cavando duro.

--Tú puedes llegar al aperitivo, que es una buena forma de comenzar, y si no resulta lo que prometía, paras y te vas a acabarlo con tu marido; pero si te mola, pasas al primer plato, que generalmente es la hostia; y si sigues con hambre, entras a saco al segundo, que entonces es la hecatombe; y si en el tercer tiempo siguieras con ganas de más guerra, te metes el postre con su nata y todo. --Ja, ja, ja, se tronchaba Laila. --Claro que para todo eso, tienes que haber encontrado un macho que aguante un montón, lo cual no es nada fácil, creedme, que yo lo sé bien.

Laila se reía a lo grande. Viva también sonreía satisfecha. Isa estaba como atónita con la propuesta de discurso polvero que su amiga desvergonzada le había soltado.

Isa se tomó otro trago de cerveza, para deglutir todo lo que su amiga le había largado.

Laila seguía batallando.

--Piensa, Isa, ¿Por qué te tienes que morir entre las piernas de un solo hombre toda la vida? Con lo de tíos buenos que están deseosos de empujar hasta el fondo.

Isa se levantó para ir al baño a vaciar parte de la cerveza. Cuando Isa se levantaba, Laila siguió increpándola.

--Anda ve al baño a meterte el dedo. ¡Estrecha!

Al dar dos pasos, Isa levantó su mano derecha con el puño cerrado, estiró verticalmente el dedo corazón y se lo mostró maliciosamente a sus amigas.

--¿Has visto? Isa está alterada hoy. Hasta nos dedicó una peineta. --Soltó Viva.

Cuando Isa regresó del servicio, no había hecho más que sentarse, cuando tuvo que escuchar.

--Claro. --Remataba Viva. --Que te cases para toda la vida, no significa que te tires únicamente a ese mismo tío en toda tu vida.

--Eh, tías, que tengo dos hijos, que Jandro me respeta hasta en sueños. Pero ¿Qué decís? No lo cambio por ningún otro ni vestido con colgantes de oro que le llegaran desde las rodillas hasta por encima del ombligo. –Replicaba Isa.

Laila aprovechó lo del ombligo para seguir cavando.

--Cuando hablas del colgante supongo que estás pensando en un buen colgante de un tío que le llegue desde la rodilla hasta más arriba del ombligo, ¿Es eso?

A ver, Isa ¿Y si tú estuvieras en tu habitación, sola, y un tío guapote, distinto de tu marido, se acercara a ti, totalmente desnudo y sonriéndote, con un mango gordote de verdad y que le subiera, como tú dices, por encima del ombligo, ¿Qué? ¿También le dirías que no?

Isa se rio con el ejemplo, hasta que contratacó.

--Tías, vosotras podéis revolcaros con quien queráis, pues si yo estuviera separada como vosotras puede que también lo hiciera, pero yo tengo dos hijos, estoy casada desde hace seis años; mirad mi anillo de prometida y mirad mi alianza de casada. --Extendió su mano izquierda para que vieran los símbolos del compromiso de prometida y de casada. --Estas alianzas me las puso en este dedo, las dos, me las puso Jandro, y no permitiré que me las saque ningún otro tío. Sería una traición imperdonable.

--Pero, bueno, para darte un revolcón de una hora, tampoco hace falta que te quites las alianzas... --Decía Viva la mar de insinuante.

--Sí, anda, y le meto el dedo y las alianzas en la boca para que me las chupe, ¿Qué te parece? No digáis burradas. --Remachó Isa.

--Tú sabrás dónde le metes el dedo, pero te aseguro que con lo que más se relame y tiembla una mujer es con esos actos que tenemos prohibidos. Además, ¿Estás tú segura cien por cien que tu marido no le ha metido el dedo a más de una, hasta tres o cinco veces? --Atracó Laila.

--Anda, o diez, si te parece. Pues claro qué estoy segura; tengo confianza plena y fe en él. --Reiteró Isa.

--¿Confianza y fe? Estos son dos términos de esperanza. Esperanza, sí, está bien que la tengas, ¿Pero, tienes seguridad, repito, seguridad como para colocar tu cuello debajo de una guillotina? --Seguía al ataque Laila.

--Mujer, me lo pones muy al extremo... --Tiró Isa de argumento razonable.

--Ves. No sabes lo que ha hecho tu marido, ni cuantas veces lo ha podido hacer. Lo único que sí sabes es que nunca te ha dicho nada. Eso puedes hacer tú.

--Joder, Laila, das por sentado que se ha ido con otra y que me lo ha ocultado, y eso... --Contestaba Isa ya un poco alborotada.

--Bueno, Isa, perdona, nos hemos salido del río. Lo que yo quería decir es que hoy hemos venido a divertirnos, como hacíamos de solteras, ¿Y qué? Bailar no es pecado.

--No, pero mientras Jandro está en mi casa cuidando a mis hijos, tú pretendes que yo me vaya a mover mi culo a esa discoteca, a ver si alguno se relame viéndolo e intenta tocarlo, y eso no lo voy a hacer, porque si mi marido lo hiciera a mí tampoco me gustaría nada, ¿entendéis? --Así se expresaba Isa.

--Jo, tía, tú te has quedado en el siglo pasado. Seguro que, si tu marido estuviera aquí, tú irías a menearte con él, y alguno mirando desde fuera se podría relamer con tu culo. ¿En qué cambia lo que digo? Tú bajas y bailas suelto..., y una vez puesta, si te apetece bailar un agarrado con alguien que esté bueno, te agarras hasta dónde tú quieras agarrarte, y si queréis los dos, pues a gozar, y si tú no quieres, pues tú te desagarras, que en mitad de la pista todavía no se ponen los cuernos. --Así de contundente hablaba Laila otra vez.

--No, en mitad de la pista no, pero por ahí suelen empezar. --Se defendió Isa.

Al otro lado de la barra había una puerta que conducía a unas escaleras de donde procedía música cañera, que las amigas habían estado varias veces en los últimos tiempos, pero que ella dedicada por entero a Jandro nunca había bajado a aquella discoteca o lo que fuera. Ellas escuchaban la música desde lejos, lo cual iba impregnando el ambiente.

Laila pidió otras tres cervezas. Isa se negó diciendo que ella todavía tenía, pero las tres cervezas vinieron.

Tomaron un trago de cerveza, cada cual, a su manera y medida, para que la sin hueso descansara un poco.

Viva, mirando a su botella de cerveza, razonó.

--Es verdad, el trato era tomar unas cervezas y contar cuatro mentiras, pero ya que la música se está oyendo, a mí se me están moviendo las piernas a ritmo de rock. --Y continuó.

--Hoy es tu día. No tienes que cometer ningún delito ni hacer algo por lo que tengas que llorar, simplemente, bajas, movemos el esqueleto y, cuando quieras te vas. Tú decides cuando.

Laila contribuyó lo suyo.

--Así ves el ambiente y como es una discoteca hoy en día, que tú estás un poco oxidada. Para hacer mimos ya los haces con tu marido, que seguro los hace muy bien y seguro que tiene bien puestas sus cosas. Con bailar un rock no le faltas a él al respeto.

Isa, refiriéndose a los mimos y a las cosas bien puestas de su marido, les cantó la caña.

--Yo no hablo con otras tías de las virtudes de mi marido, al igual que él no habla de las mías con otros tíos. Así nos lo prometimos desde el principio.

Y prosiguió.

--Que no tías, que ésta es mi piel, y con mi piel hago lo que quiero.

Y finalizó.

--Mi piel no la va a tocar nadie más que Alejandro.

Viva miró a Isa como sorprendida por la firmeza de sus palabras. Guardó silencio un segundo, nada más, no fuera ser que perdiera su vez en el debate y, sin pérdida de tiempo, remató:

--Bueno, Isa, nadie te está diciendo que bajes a follarte a un tío en un sofá de ahí abajo. Yo solo digo que en este mundo se seguirá bailando después de nosotras, y con bailar un poco no cometes ningún pecado. Tú seguirás estando entera para tu marido.

Isa, después de la batería de puestas y propuestas, se rinde y responde agotada:

--Vale pesadas, porque es mi cumple, y a las nueve me voy.

Las dos amigas levantan los brazos en señal de júbilo, como haciendo la ola.

Bajaron las escaleras de la discoteca El Cielo Total. No se veía mucho, especialmente al entrar de la calle, puesto que la intensidad de la luz en el exterior era elevada.

Laila se fue a una zona determinada, donde estaba limitada por una cadenita de quita y pon. Ella la quitó y se sentaron en dos sofás de dos plazas cada uno. Cada sofá era amplio para una persona, pero para dos iba bastante justito, a no ser que quisieran estar juntos. Laila y Viva se sentaron decididas las dos en un sofá, mientras que Isa, habiéndose quedado ella detrás y sola, se sentó en el otro, como si aquello estuviera preparado.

Laila dijo que se iba al lavabo. Viva se fue con ella. Isa se quedó sentada, oteando aquel club elegante, donde le sorprendieron muchas cosas, pues ella ya llevaba un tiempo fuera de la circulación de estos lugares.

Cuando sus amigas regresaron del servicio, Isa dijo.

--Pues ahora me voy yo.

Cuando Isa ya se iba, Laila medio le gritó.

--Ponte todos tus pelos en su sitio, por si acaso.

Isa se giró y le sacó media lengua. Como estaban celebrando su cumpleaños, se atrevía con todo.

Cuando ya las tres estaban sentadas de nuevo juntas, Laila hizo un gesto con la mano para que alguien se acercara. La camarera se situó al lado y, como algo habitual, le ofreció.

--¿Triple malta?

Laila asintió con un movimiento vertical de la cabeza y confirmó.

--Sí, para tres.

Isa resolvió una vez que la camarera se fue.

--Vaya, parece que aquí tú tienes línea directa con el jefe.

Rieron las tres.

--La casa es grande, no hay límite de gastos. --Añadió Viva.

--¿Sí? ¿Tanto da esto? Ah, claro, le llaman El Cielo Total porque aquí los billetes llueven del cielo.

--Entró irónica Isa.

Laila pensó, solo pensó, sin decir nada:

"Si tú supieras"

Vinieron las bebidas. Laila levantó su copón de cerveza forte muy fría y brindó por el día grande de Isa. Las tres brindaron.

Isa, tras sus dos amigas, también se llevó su copón a los labios. Tomó un sorbo y expresó.

--Uh, ¿Qué cerveza es esta? Está buena, pero es fuerte, ¿No?

Sonó una canción que era lo máximo del año en las discotecas, donde los bailongos y las bailongas se tocaban las caderas después de un saltito. Laila y Viva se levantaron como rayos diciendo.

--¡Vamos! Esta canción es la hostia, y tú bailarás con nosotras, en medio de las dos.

Isa se levantó y se fue con ellas, claro, hoy, en su tarde grande, no podía quedarse atrás, así que se sumó a la juerga.

Comenzaron a moverse y a tocarse cadera con cadera entre las tres amigas. Se lo pasaban en grande. A Isa le venía de nuevo este baile, pero como lo había visto mucho por la tele, lo cogió enseguida. Era de lo más divertido.

"Saltito y toque de cadera derecha. Giro. Saltito y toque de cadera izquierda". Era la monda. Al girarse, Isa vio que Laila i Viva sonreían con un chico. Se le acercaron los tres y Laila, sin preámbulos, hizo la presentación.

--Isa, este es Víctor.

Víctor se acercó a Isa, puso su mano derecha en el brazo izquierdo de Isa, y le dio un beso en cada mejilla, al tiempo que Isa oyó que él decía.

--Es un auténtico placer conocerte.

Isa estaba sorprendida porque no esperaba que allí le presentaran a un hombre y porque todo había ido muy de prisa. Por eso, ella no dijo nada. Sin embargo, la cara de ese chico le vino a su memoria y se preguntó:

"¿Dónde lo he visto antes? ¿Le conozco?"

Se pusieron de nuevo a bailar. Las tres amigas volvieron a hacer una noria para dar un saltito e irse tocando las caderas. De repente, ella notó el toque de su cadera con una cadera diferente, que estaba un tanto más alta y con menos carne, con más hueso.

Se quedó bastante confusa. Pero la noria siguió y sus caderas con las de sus amigas volvieron a tocarse. Con el nuevo giro volvió a notar el golpecito que contra su cadera había dado la cadera de Víctor, pero como todo eran risas y chillidos de alegría, Isa no tuvo tiempo de protestar o de tomar decisiones y, además, esa canción se bailaba así, por lo que siguió la fiesta.

Poco después Isa estaba contenta, eufórica, porque hacía tiempo que ya no pisaba un sitio de estos, donde el corazón se renueva llenándose de alegría.

La cadera de Víctor siguió tocándose con la de Isa, tan solo alguna vez notaba una cadera de chica. Después ya solo la cadera de Víctor, pero ella estaba exultante, era su día grande y se había desmelenado, estaba en El Cielo Total, y así se sentía.

Cuando terminó la canción y dejaron de bailar, oyó que Víctor, acercándose a ella, le decía.

--Está muy bien esta canción. Es mi favorita.

Isa no dijo nada, simplemente lo miró con cierto detenimiento y, asintió con un gesto de su cabeza. Miró en busca de sus dos amigas, pero no las localizó.

Pensó: "Bueno, se habrán ido al lavabo".

Así que Isa regresó a la zona de su sofá. Víctor vino detrás. Ella se sentó. Él se sentó a su lado, en aquel sofá cuyo espacio era justito para dos personas, lo que implicaba un contacto y roce asegurados. Isa se quedó perpleja, bastante desconcertada por el hecho de que él se sentara a su lado, sin aire ninguno de por medio. Aun así, primero, acabó por aguantarse, y segundo, por aceptarlo, ya que en el otro sofá se sentaban sus dos amigas y el único sitio disponible era aquel de su sofá, a su lado. Además, él era conocido de sus amigas y ella lo había visto antes en algún sitio, así que, bueno, tan malo no sería.

--¿Qué te parece esta discoteca? --Preguntó Víctor para empezar a desatar nudos.

--No está mal. --Dijo ella sacudiéndose la respuesta. Y añadió. --En mi época, las consumiciones se pedían y se recogían en la barra; aquí las traen a la mesa.

Hubo un lapsus de tiempo en que él no dijo nada. A ella volvió a circularle por su cabeza alguna cosa, a lo cual le dio solo una vuelta:

"A este tío... ¿dónde lo he visto? Eh, no sé, me parece algo mayor que yo, pero está... bien".

Mientras tanto, él contestó a la pregunta anterior señalando que las copas solo se servían en este lado de la pista. Y se interesó.

--¿Qué es eso de que "en tu época"? ¿Es que sigues teniendo veinte años? A propósito, felicidades por el cumplimiento de tus veinte añitos.

Víctor aprovechó para felicitarla con un beso en cada mejilla, solo que, al dar el segundo beso, él no movió lo suficiente la cabeza y el beso se quedó más cerca de los labios de ella que de su mejilla.

A ella no le pasó desapercibido el detalle del segundo beso, y si bien reaccionó con un inicio de suspiro, lo controló de buena forma.

--Gracias, aunque yo ya no tengo veinte años.

--Se oyó a ella decir en medio de una sonrisa afable, hablando ya de una manera bastante distendida. --Lo de las copas lo decía porque no he estado en muchos locales donde te traigan la bebida a tu mesa.

Hablaron un tiempo de cosas diversas, como las canciones de moda, las consumiciones más solicitadas y otras cosas parecidas y sin mucho compromiso, para no crear incomodidad. De hecho, él le contó algunos chistes con los que ella sonrió con soltura, especialmente con el tercero, que ella disfrutó con ganas.

Una camarera se acercó por allí.

Víctor le indicó, casi le ordenó.

--Tráiganos "dos amigos".

Ella, sin saber que llevaban los amigos esos, protestó de inmediato.

--No, para mí no, que tengo aquí más de la mitad de la copa anterior.

Pero él se ratificó en la petición, aseverando.

--Esa consumición es para enemigos; verás que ésta que venga si es para amigos, como dice su nombre.

Al poco rato les trajeron dos copas grades, con un formato ciertamente elegantes y especiales, con una pajita en cada copa. El cogió las dos copas, le dio un sorbo a una de ellas a través de la pajita y después las intercambio en las copas. Se quedó con la copa que tenía la pajita usada por él y entregó la otra a Isa, que la cogió impresionada por el detalle de haberse tomado él un poco de la copa, lo cual pretendía infundir confianza y demostrar que aquel líquido no tenía nada malo.

Él alzó su copa para bridar, sonriente. Ella le correspondió con una sonrisa amplia.

--Por los momentos felices. --Deseó él.

--Por los momentos felices. --Confirmó ella.

Y se tintinearon las copas.

Él, mediante la pajita se tomó casi la mitad del líquido de su copa, dejando suponer que no era la primera vez que lo tomaba. Ella tomó un sorbo a través de su pajita y, habiéndole gustado, tomó otro sorbo y se humedeció su labio superior con su lengua. Víctor miró la lengua de ella como se paseaba por su labio superior, como si hubiera sido un gesto sensual premeditado. Ella se dio cuenta del pensamiento y mirada de Víctor, lo cual le provocó que algo en ella se ruborizara.

--No te había visto antes por aquí. --Preguntó Víctor mirándola ahora en modo bastante atrevido, con pocos reparos.

--Pues no, es que yo no vengo por estos sitios. --Dijo ella, devolviéndole la mirada con cierto descaro.

Por el hecho de haber levantado las copas para el brindis, de la de copa de él se descolgó una gota que fue a parar encima de la pierna derecha de ella, sobre la mitad alta del muslo, puesto que la falda al sentarse, cruzar las piernas y etcétera, se había ido subiendo hasta muy cerca de las caderas.

Él reaccionó con prontitud, como si lo hubiera hecho antes otras veces, diciendo.

--Vaya, lo siento. Te la secaré. --Refiriéndose a la gota caída. Sacó un pañuelo de su bolsillo y secó la gota sin mucho esmero.

Viendo los dos que todavía no estaba seca del todo, Víctor puso su dedo índice encima del muslo de ella, alrededor de la zona de la gota, y comenzó a efectuar unos suaves masajes en forma de ocho. Repitió el movimiento lentamente otras cuatro o cinco veces.

Ella contuvo un cierto cosquilleo, una ligera corriente provocada por el contacto del dedo de él sobre el muslo de ella, hasta que Isa le anunció a él con una media sonrisa.

--Gracias. Ya está seca.

Él levantó su dedo.

Cuando transcurrieron tres o cuatro segundos, Isa hizo un cálculo mental preguntándose por la edad que tendría él. Después del cálculo concluyó para sí:

"Seguro que es entre siete y nueve años mayor que yo. Yo hoy cumplo treinta. Este Víctor debe andar cerca de los cuarenta".

--Oye, al hilo de eso que dijiste que no vienes mucho por estos locales, ¿No vienes por estos sitios debido a estos anillos? --Preguntó Víctor cogiéndole la mano izquierda de ella y acariciando los anillos de prometida y de casada, girándolos un poco como si quisiera comprobar si se podían extraer sin mucha dificultad.

Ella volvió a sentir con más intensidad esa sensación desconocida, nueva para ella, cuando la mano izquierda de Víctor cogía su mano y con la derecha jugueteaba con las dos alianzas que ella llevaba en su dedo. Por la cabeza de Isa se cruzaron dos fogonazos de distinto color, negro y rojo, si bien ella hizo que fueran tan fugaces que ninguno de ellos creó conciencia, porque ella no estaba ahora para aceptar reproches. Nada, no hizo más que pestañear, nada más que intentar serenar su respiración que ya estaba un tanto alterada.

Víctor seguía mirándola y tocándole las manos; ella estaba... encantada, ensimismada.

--Isa, tienes unas manos y uñas muy bien cuidadas. Me gustan las manos suaves, como éstas. --Esto dijo Víctor hablando despacio, con tono cálido.

Víctor extendió sin prisas el dedo medio de su mano derecha, cerró poco a poco la mano izquierda de ella alrededor de su dedo, e intentando naturalidad, comenzó a deslizar su dedo a lo largo del interior de la mano de ella, con suavidad, muy poco a poco, con un movimiento de entrada y salida como si del acto sexual se tratara.

A ella se le cerraron los ojos, respuesta natural a las sensaciones recibidas. Cuando se dio cuenta de lo mucho que su cara estaba expresando, abrió los ojos e intentó pensar en otra cosa.

Mientras tanto, él continuaba lentamente con el juego entre su dedo y la mano de ella, sintiendo ella claramente el contacto de la piel entre ambos, causado por el movimiento de fuera hacia dentro y de dentro hacia fuera, lo cual provocó un murmullo de colibríes en el interior de Isa, que ya se había elevado medio metro más de la tierra y flotaba en el aire.

Él disimulaba. Ella disimulaba. Sin embargo, tanto él como ella sabían muy bien lo que estaban haciendo.

Sonaba una música suave, romántica, de las que invitan a vivir la vida, lo que le valió a Víctor para levantarse y, sin soltar la mano de Isa, invitarla a que lo siguiera.

--Ven, vamos a bailar este bolero, que es muy guapo.

Isa, como atraída por un imán del polo opuesto, se fue tras él, cogida de su mano, sí, sí, cogida de la mano de Víctor como si ellos dos fueran prometidos, sin decir ni objetar nada, pero con cara risueña, llena de expectativas, sin pensar en nada más que en aquel momento, pues los demás momentos no existían.

Se colocaron en una parte de la pista de baile donde estaba bastante concurrida, pero eso a Víctor no le importaba, pues ellos estarían a lo suyo.

Él puso con cuidado las manos sobre la cintura de Isa, apretándola solo un poco, para sentir su cintura.

Ella colocó sus manos sobre los hombros de Víctor. Fue entonces cuando ella percibió que él era bastante alto, con hombros anchos y ciertamente fuertes.

Víctor la miraba sin pestañear.

Isa también lo miró durante un buen rato, a los ojos, ojos con ojos. Después, como si aquello fuese natural y habitual en ella, repasó la cara de él con su mirada, se fijó en su frente, en sus mejillas, en sus labios; hasta que a su cerebro llegó la cara completa de Víctor, y su cerebro le confirmó, sin palabras, al objeto de que se lo guardara para ella.

"¡Es mucho más guapo de lo que me pareció al principio!"

Víctor comenzó a decirle que ella era impresionante, guapísima. Ella no lo escuchó debido al volumen de la música. Por eso, ella se inclinó hacia adelante y acercó un poco su oído, mientras él dio un pasito también hacia adelante hasta que sus piernas quedaron entrelazadas y sus cuerpos sin espacio para la circulación del aire. Entonces él, con su boca prácticamente tocando el oído de ella, consiguió que Isa percibiera:

--Estoy super contento de haberte conocido. Nunca había visto ninguna chica tan preciosa como tú.

Mientras Víctor decía eso, sus manos subieron lentamente por su espalda hasta la altura del sujetador de Isa.

El hecho de que Víctor se arrimara del todo a Isa para que ésta pudiera escucharla, hizo que las manos de ella, que inicialmente estaban sobre sus hombros, se deslizaran hacia el cuello de él y sus dedos quedaran como peinando los cabellos de su nuca. Isa, cuyo cuerpo y mente ya estaban en el techo, sintió que su respiración se agitaba, lo cual también percibió Víctor, que no le iba a la zaga.

A Isa, los pechos le subían y le bajaban rítmicamente, lo que provocaba un reguero de pólvora en el pecho de Víctor, al tiempo que las manos de ella acariciaban el cuello y el cabello de Víctor. Éste pensó que las caricias de ella sobre su cuello no eran casuales, sino vividas y disfrutadas.

La música suave, muy lenta seguía sonando, sin distraer a nadie de los que bailaban; por supuesto, tampoco a Isa y a Víctor.

Él inclinó lo suficiente su cabeza para rozar suavemente con sus labios el cuello de Isa, lo que produjo en ella una especie de ola de calor tibio y dulce. Isa tenía los ojos cerrados y sus labios entreabiertos para mitigar algo su respiración descontrolada.

Víctor movía despacio sus manos, para no perderse nada, siguiendo la línea del sujetador de ella, desde su espalda hasta sus senos. Hizo el recorrido con parsimonia, hasta que sus dedos se colaron por dentro del sujetador e hicieron una suave presión que le permitió sentir la vida en los pezones de ella. La respiración de ambos fue en aumento. Víctor retiró y bajo las manos hacia la cintura de Isa. Los pezones cada vez más duros de ella se clavaban en el pecho de él. Ninguno decía nada, solo vivían los momentos felices por los que ambos habían brindado.

Era verano, y la ropa en esta época es delgada, más bien es muy fina. Él portaba pantalones blancos de algodón y una parte de lino, elegantes; la falda de ella también era claramente veraniega, para evitar los calores; en ambos casos, era pronunciada la sensación de que casi no había tela entre ambos, que la piel estaba cerquita y que ésta se percibía muy mucho, casi como si no hubiera ropa de por medio, por eso el sentido del tacto estimulaba tanto los sentimientos.

Las manos de Víctor fueron bajando despacio desde la cintura, deslizándose lentamente hasta alcanzar los glúteos de Isa, donde casi se detuvo resiguiendo su forma y deleitándose con el regalo. Víctor habría dejado allí sus manos toda la noche, pero empujado por su egoísmo de saborearlo todo, las siguió bajando hasta alcanzar la mitad de las piernas de ella. Allí sus manos arrugaron lo suficiente la tela de la falda de Isa hasta que sus dedos tocaron la piel suave de la parte interior de sus muslos, lo que provocó un subidón en las pulsaciones de ella.

Él prosiguió su paseo triunfal subiendo sus manos y yemas de los dedos por los muslos arriba, hasta pararse cuando esos dedos comenzaron a encontrarse con la braguita de la fémina.

Ella empezó a encenderse. Él ya estaba encendido. Víctor subió sus dos manos hasta las nalgas de Isa, sintiendo su piel, apretándolas con mimo y suavidad.

Tras detenerse lo suyo, dejó su parte posterior para explorar la zona anterior de la chica.

Llevó sus dos manos, una por cada lado, hacia la fuente de la vida de Isa. Las introdujo entre la braguita y la piel húmeda de ella, se movieron un poco por los exteriores, hasta que dos de sus dedos se fueron hacia adentro y alcanzaron los labios interiores de esa fuente templada, lo cual provocó que Isa comenzara a jadear y temblar sin descanso.

Víctor no pudo contenerse más, llevó sus manos hacia atrás, tiró de las nalgas de Isa hacia él, atrayéndolas hacia sí hasta que los pies de ella se pusieron de puntillas, momento en que él culminó su excitación con tal apretón que la parte alta de la vagina de ella se aplastó contra el pene de él, que estaba tieso como un hueso.

El roce, el apretón y la presión de la parte media del pene masculino contra la parte alta de la vulva femenina, aunque hubiera algo de tela fina por medio, provocó un tsunami en el interior de Isa, tan fuerte que la imagen de Jandro se encendió en su cerebro y ella entró en "modo de casada", obligándole a que la gravedad se restableciera alrededor de ella, que bajara hasta tocar con los pies en la tierra y, cual despertador que suena de madrugada, también provocó que Isa saliera del estado de trance en que había estado sumida.

Ella, con un empujón, se separó de Víctor. Viéndose con un sofoco tremendo, comenzó a reprocharse con furia a sí misma.

--¡Dios! ¿Qué estás haciendo? Pero... ¿Qué haces, idiota?

Dio media vuelta, recogió su bolso y medio tambaleándose salió corriendo escaleras arriba, hasta salir por la puerta y llegar a la altura de su vehículo.

Buscó las llaves del auto dentro de su bolso, que tardó un día en encontrar debido al estado de excitación y desconcierto mental y físico que aún soportaba.

Consiguió abrir su automóvil e introducirse dentro del mismo. Tiró a cualquier esquina y sin consideración su bolso, inclinando su espalda y cabeza hacia atrás todo lo que el respaldo de su asiento se lo permitió. Con sus ojos cerrados y todavía jadeando, durante un momento, por su cabeza se paseó el siguiente pensamiento:

"Jo, tía, has salido de estampida. Podías volver y, al menos, despedirte, ¿no?"

Pero, sin transcurrir medio segundo, su cerebro de nuevo volvió a "modo de casada", comenzando a llorar y a insultarse sin parar:

"Pero ¿qué estás diciendo tía, imbécil? ¿A qué quieres volver, a que termine el manoseo y que te haga lo que él quiera?"

Giró la llave de su coche y salió a la calle de cualquier modo, sin pensar en los demás autos, como si estuviera ella sola en el mundo. Le pitaron y le gritaron. Ella recorrió el camino de vuelta entre el bar El Cielo y su casa como un robot sin razón, llorando y llorando. Aunque dos calles antes ella decidió detenerse en una esquina, pues no podía entrar con esa cara y esos pelos en su casa. Inclinó su cabeza y frente hasta apoyarla en el volante de su coche. Lloraba y se maldecía, a veces pensando, otras veces hablando en voz alta y alguna vez gritando:

"Pero, más que imbécil, ¿qué acabas de hacer? Has mirado al tío ese, que no conoces de nada, como para comértelo. Le has dejado toquetearte como si fuera tu prometido".

"¡Eres idiota, tía!". --Seguía llorando desconsoladamente.

"¿Cómo has podido reírle las gracias como una quinceañera? ¿En qué pensabas para colgarte así de su cuello? ¿Y cómo has podido dejar que te metiera mano hasta adentro y que fregara su... polla contra tu coño?"

Isa no dejaba de llorar. De su barbilla se desprendían gotas de los ojos, mezcladas con saliva de la boca y algo de mocos de su nariz. Eso añadido a su cabello enredado como el de una loca y al semblante hundido de una recién divorciada, daba mucha más pena que otra cosa.

"Joder, desgraciada, ¿en qué mierda pensabas?" --Seguía martirizándose ella.

Se dio varios golpes con su frente contra el volante del coche, como entonando el "mea culpa".

Al separarse del volante, una ráfaga de la cara de Víctor, su cara sonriente, recorrió circularmente la cabeza de Isa. Ella reaccionó y con las palmas de sus manos comenzó a darse golpes en los lados de la cabeza, hasta que explotó:

"Hostia, tía, ¿ahora ya piensas en el Víctor ese? No me lo puedo creer que me pase esto."

Cogió unos pañuelos de papel de la guantera y se limpió un poco la cara.

Volvió a limpiarse sus ojos, al tiempo que bajó el espejo del coche para ver la cara que tenía.

"Estás peor que una pordiosera. Tienes que decírselo a Jandro, tienes que decirle a tu marido que..."

Y volvió a lo que ahora más empezaba a preocuparle.

"Tienes que contárselo, en cuanto llegues, a Jandro. Tienes que decirle que no ha pasado nada, bueno, que no ha pasado... lo peor. ¡Joder!, ¿Cómo has podido dejarte meter mano de esa forma?"

Y volvió a romper a llorar.

Pasó por su lado un coche que casi se para. Sintió que allí no estaba segura, ella sola, de noche, a esas horas de la noche.
"Por Dios, ¿qué hora es?" --Recordó ella dando un salto en el asiento del coche. Miró el reloj del cuadro del automóvil, y casi se desmalla:
"Las 00:54 horas, marcaba"
"Mierda, mierda" --Gritaba. "Le prometí a Jandro que, como mucho, a las diez estaría en casa para acostar a los niños, y ya casi estamos en la una. ¿Cómo, cómo...?"
Se recompuso un poco su cabello, se secó lo que pudo su cara y se masajeó un tanto sus ojos, esperando que los lloros no se notaran en exceso.
Fue entonces cuando se acordó de sus amigas, Laila y Viva.
"¿Dónde se han metido? Qué cabronas, se largaron cuando me presentaron a Víctor, ¿o es que me han tendido una encerrona?
Otra vez volvió a su mente la presencia de Víctor, reproduciéndose aquellos primeros momentos cuando se daban toquecitos con sus caderas.
Una parte de su cabeza intentó quitarse de su cerebro la imagen y recuerdos recientes de Víctor, pero no siempre lo conseguía. La otra parte de la cabeza volvió a la razón con fríos reproches. Ella pensaba mientras volvía a sollozar:

"Los toquecitos de caderas fueron el comienzo. Era algo inocente, pero si eso lo hubiera cortado allí mismo, nada de lo siguiente hubiera pasado". ¡Mierda! --Gritó. --Ni siquiera tenía que haber bajado a bailar, joder, ahora, ¿Qué? aaah, ¿Cómo se lo digo a Jandro? ¿Que yo no quería, que pasó por la poca luz de la sala, o que sí quería y por eso me dejé meter mano como una cualquiera?

Volvían a asomar lágrimas a sus ojos. Tuvo que hacer un esfuerzo emocional enorme para contenerse. Logró recomponerse un mínimo y se juró que se lo contaría todo a Jandro, esta noche, y por si la noche ya estaba avanzada y resultaba muy tarde, mañana.

Tomó aire, puso en marcha su automóvil y, tras llegar a su casa, lo aparcó de cualquier manera. Bajó y miró la hora en su móvil:

"La 01:07 minutos.

--¡La una y siete minutos de la madrugada!, --Resiguió atónita para sus oídos.

Casi se cae del impacto.

Entró en casa. Dejó su bolso en el recibidor para dirigirse al salón, cuando se encontró a medio camino con su marido. Se dieron un beso, él de un día festivo, ella de un día de diario. Él le puso sus manos en sus hombros. Ella no se acercó mucho, pero sí se adelantó en la palabra para reconducir la situación hacia el lado bueno.

--¿Están durmiendo los niños? --Le preguntó Bel al tiempo que se iba a la habitación de ellos para verlos. Miró a sus hijos, los dio un beso a cada uno y los cubrió un poco más con la sábana.

Jandro estaba apoyado en la puerta, mirándola con un semblante de incomodidad, pero intentaba no ser duro. Bel dio media vuelta e inició el camino del baño, pasando justo al lado de él, pero sin mirarlo.

En el baño, mientras ella se duchó para quitarse algunos sudores y olores, estuvo media hora muy larga. Cuando se subió por sus piernas una braguita limpia, de nuevo volvió a su memoria las manos de Víctor recorriendo sus muslos. Le entró un pequeño sofoco, pero ella intento quitárselo rápidamente de su cabeza. Allí no podía permitírselo, por eso se reprochó de inmediato tal pensamiento:

"Tía, esto no, aquí no".

Volvió a centrarse en Jandro, serenó su confianza y añadió a su yo:

"Tienes que decírselo, ahora".

Se puso un camisón hasta las rodillas, aunque la noche calurosa invitaba poco a ese tipo de ropa.

Jandro estaba estirado encima de la cama, cubierto solo por su calzoncillo, pero con los ojos enteramente abiertos. Se propuso no apretar a Bel con preguntas como qué hacía ella en el bar a las tantas de la noche; que, porque no lo había llamado en todas esas horas; que, porque no contestó a las llamadas a su móvil; que, porque llego con los ojos llorosos. Sin embargo, Jandro aguantó estoicamente aquella media hora larga de ella en el baño, sin decir nada, estando seguro que Bel se lo explicaría, que seguramente había sufrido algún problema con su coche o algo similar que él desconocía ahora.

Bel salió del baño, poniendo cara arrugada. Se metió en la cama, de lado y con la cara hacia él, pero con las rodillas encogidas hasta cerca de sus pechos, como colocando algo entre ellos dos. Tenía los ojos bajos, mirando a su almohada.

Estuvo un rato quieta y callada.

Jandro ya no pudo aguantar más viendo así, rara, a su amada, hasta que le preguntó con total suavidad:

--Amor, ¿estás bien?

--Sí. --Respondió Bel con pocas ganas. --Lo siento, me he enredado con esas dos locas, que no tienen fin ni hora, tomamos dos cervezas y media y...

--Pero lo has pasado bien. --Quiso saber él.

Ella tardo un poco en contestar, hasta que de su boca se oyó decir con poca voz.

--Sí, normal.

--Es que me pareció ver que tenías los ojos un tanto llorosos. --¿Seguro que... estas bien? -- Insistió Jandro.

--Sí, es que el aire climatizado del coche va mal, tuve que bajar las ventanillas y seguro que el aire me enrojeció los ojos.

--Empezaba a estar bastante preocupado por si te había pasado algo. Como no me llamaste ni contestaste a las llamadas que hice a tu móvil...

--Es que había ruido y seguro que no me enteré.

Jandro puso su mano sobre la cadera de Bel. Ella sintió un pequeño temblor, al tiempo que aquello le hizo recobrar la imagen de Víctor y los golpecitos contra su cadera. Se esforzó de inmediato para quitársela del interior de su cabeza, aunque externamente solo hizo que tragar saliva.

Él le dijo con bastante ternura que la había estado esperando para ver en qué consistía aquello que le había dicho antes de irse: "Esta noche te voy a exigir mucho".

Isa movió las piernas y sus brazos dándose un cuarto de vuelta y quedando de espaldas en la cama, como mirando al techo, pero sin abril sus ojos. Como viera que su marido continuaba esperando una respuesta, se salió como pudo diciendo.

--Es que ahora me duele un poco la cabeza. Seguro que las cervezas...

Él, visto que Bel no estaba acostumbrada a beber más que una cerveza, pensó que el dolor de cabeza podía ser entendible, por las cervezas, aunque pensó que ella borracha no parecía, que no había contestado a sus llamadas, ni le dijo que había pasado o que había hecho fuera hasta más de la una de la madrugada.

Isa se dio otro cuarto de vuelta hasta darle a Jandro la espalda. Para ella, esta noche ya no tenía nada que hacer allí en la cama, por eso, sin proponérselo, su memoria voló nuevamente hasta aquella sala de El Cielo Total. Recordó cuando bailaba con Víctor, agarrados como lapas, con sus dos cuerpos frotándose al mismo ritmo de la música y de sus corazones, mientras ella acariciaba el cuello de Víctor con sus dos manos.

Ahora en la cama, ella notó que su respiración se había acelerado, por eso abrió los ojos y miró a la pared de enfrente. Volvía a estar a punto de llorar. Isa cerró nuevamente los ojos, apretó los párpados y pensó en silencio:

"Que has hecho, imbécil. Tengo que decírselo. Jandro no se merece esto. Si él le hubiera apretado las nalgas a otra, ¿Cómo estaría yo? Rabiosa como una serpiente. Joder tía, es tu marido, al que adoras y no lo quieres perder, tienes que decírselo. Nunca le has mentido. Pídele perdón. Le dices que no ha pasado más que un calentón, que nunca debería haber pasado, pero nada más. Le joderá mucho unos cuantos días, seguro, porque a mí también me jodería mucho si él se lo hubiera hecho a otra, pero tu marido te quiere con locura y te perdonará. Tengo que prometerle, por nuestros hijos, que no volverá a pasar nada más, nada de nada".

Bel, siguió en silencio. Pensando:

"Es fácil pensar las cosas, lo difícil es hacerlas cuando debes y..., y no hacerlas cuando no debes. ¿Por qué me cuesta tanto decirle la verdad, que le he fallado, que le he faltado al respeto? ¿Por qué? ¿Por qué?

Ella no dormía. Él tampoco. Los dos seguían pensando. Ella alcanzó una conclusión, que pudiera no ser ciencia exacta, pero era su conclusión:

"Ya sé porque me cuesta tanto decirle que hoy casi le pongo los cuernos. ¡Dios! Porque... si se lo digo, dejará de confiar en mí y nada volverá a ser como hasta ahora... Joder, más vale que no lo sepa, al menos vivirá menos..., mas... no sé..., pero no puede volver a pasar nada con Víctor. Hostia, ¿Por qué has bajado a esa mierda de baile?

Y así se fraguó la primera mentira, porque una verdad oculta es igual de grave que una mentira confesada.

Estuvo un tiempo sin dormirse. No supo cuánto. Pero, en algún momento se quedó dormida. Jandro no dormía.
Transcurrió alrededor de una hora más.

"Bel sigue con dificultad el ritmo de la música. Mueve sus pies pesadamente. Los dedos de las manos de Víctor se mueven por dentro de su braguita, rozando zonas húmedas, más que húmedas, mojadas.
Oye que Víctor le dice al oído que le siga, que van a tomar algo a otro sitio más tranquilo, menos concurrido. Ella no sabe ni a donde va ni cómo va, solo sabe que va cogida de la mano de él, que entran en una salita sin gente y con un sofá espléndido, con un cheslong tan largo como el sofá. Ella queda de espaldas sobre ese cheslong. Las manos de Víctor suben por sus rodillas hasta alcanzar su braguita, la cual baja por sus piernas y sale por sus pies. Víctor levanta las piernas de Isa hasta que sus rodillas se acercan a sus tetas. La barriguita de Isa sube y baja como un acordeón, al tiempo que Víctor mueve su lengua de abajo a arriba entre las piernas de Isa, justo por donde empieza la vida, lo que provoca que la cabeza de Isa se mueva de un lado a otro, apretando los ojos cerrados. Víctor orienta su miembro con su mano hasta

situarla tocando la piel y la entrada más preciada de Isa. Esta jadea sin freno...

--Bel, Bel, despierta. --¿Qué te pasa? --Preguntaba Jandro al tiempo que con su mano zarandeaba la de Bell para que se despertara.

Ella abrió los ojos desconcertada, con su respiración muy alterada y sus rodillas presionando por encima del ombligo. Cuando ella tuvo conciencia de que había estado soñando con Víctor, a punto de consumar mentalmente los cuernos que había iniciado físicamente por la tarde, entró en modo pánico y se levantó. Para disimular su excitación, fue a ver a los niños, los arropó un poco, los dio un beso a cada uno y se fue al baño para orinar sin tener ganas, donde estuvo un buen rato hasta que la fiebre del sueño se había rebajado considerablemente.

Jandro se fue al mismo baño y la encontró sollozando apoyada al lavabo. Le preguntó con bastante tacto, dada la situación.

--Cariño, ¿estás bien? ¿Qué te ha pasado? Te movías como...

--No sé, tuve una pesadilla horrible... a nuestra hija Aurora, le iban a hacer daño, me asusté hasta temblar... --Fue diciendo Bel palabra a palabra, en forma poco ordenada.

--Ella cogió un par de pañuelos de papel, se estrujó los ojos con ellos y, mientras Jandro la seguía mirando, ella dio media vuelta y se fue a la cama, colocándose de nuevo de espaldas a su marido.

Bel estaba destrozada. Se sentía avergonzada, culpable y odiada por sí misma. En silencio se dijo para sí:

"Por favor, miserable, como se te ocurre soñar con Víctor aquí en tu propia cama, al lado de tu marido, montando un espectáculo humillante. Jandro tiene que estar totalmente desarmado y confuso, sin entender nada. Madre mía, esto no puede volver a suceder. Si él no te despierta le habrías puesto los cuernos en sueños, mentalmente. Serénate, tía, y dile la verdad, no le sigas mintiendo, que él no se lo merece, joder.".

Ella noto que él no dormía. Él se dio cuenta que a ella le pasaba lo mismo.

Él le puso su mano en la cadera de ella, con delicadeza. Ella no se movió. Pensó. Solo pensó:

"Ahora, gírate, dale un beso de veras, que vea lo mucho que le quieres y, le cuentas todo lo del baile, desde que bajaste la escalera para entrar hasta que las subiste atropelladamente para salir, todo. Incluido el humillante sueño de ahora, venga".

Pero nada. Una fuerza empujaba hacia adelante y la otra hacia atrás. Comenzó nuevamente a llorar, pero apretó los ojos y aguanto sin secarlos ni frotarlos. Fue un suplicio, pero evitó que él la viera llorando.

Y así llegó la hora del despertador. A ella le costaba moverse por el sueño y la empanada mental que tenía.

Así, con el recuerdo de aquel sueño flotando, se consumó la segunda mentira.

Él le preguntó, con mimo, si estaba bien. Ella le contestó sin dulzura que sí, sin más, pero aquello preocupó a Jandro más todavía.

CAP 11   EL INCENDIO

Jandro se iba antes que ella a trabajar. Bel se llevaba con ella a los niños, ya que ellos pasaban el día en la misma guardería donde la madre trabajaba.

Él desayunó poco, recogió su maletín cargado de expedientes judiciales y se despidió de sus hijos con besos grades. Después se dirigió a su amada, que andaba por allí haciendo tareas, o eso parecía.

--Cariño, ¿Te duele la cabeza todavía? --Se interesó él mirándola con buenos ojos.

--No, ya estoy mejor. --Le respondió ella mirándolo un instante, solo de pasada.

--Me alegro. Las cervezas que hacen ahora no son de fiar. Si no te sintieras bien en algún momento, me llamas y voy a buscarte, ¿vale? Cariño. --Ofreció Jandro cariñosamente.

--Vale. --Contestó simplemente Bel.

Se dieron un beso de despedida, ella algo desganada. Él quería pensar que era debido a una mala noche que había pasado, pero algo muy dentro le pinchaba con que se estaban acumulando cosas que antes no pasaban. Esas cosas eran suposiciones, por eso él no las asumió como hechos, pero sí que aparecían indicios de que algo estaba pasando. ¿Por qué Bel no le dio ninguna explicación creíble de donde había estado hasta la una de la madrugada?

Jandro se fue.

Bel pensó en aquello que su marido casi acababa de decirle:

"Las cervezas que hacen ahora no son de fiar".

Supuso que él lo decía en el buen sentido, pero aquello la llevó al recuerdo de Víctor, a sentir su dedo haciendo ochos sobre su muslo. Ella se dio un puñetazo en esa zona de su muslo y se quejó de sí misma diciéndose:

"Qué coño te pasa, tía. Eso pasó ayer, y te callaste. Se lo tenías que haber dicho a Jandro, y se lo ocultaste. Eres una guarra".

Intentó apartar la cara de Víctor de su mente, pero acto seguido recordó el sueño de anoche:

"Anda tía, ¿Cómo has podido ponerte como una moto? Si no te despierta tu marido, al Víctor ese te lo follas entero, en sueños, sí, pero te lo comes.

Joder, esto no puede volver a pasar. ¿Qué estará pensando Jandro? ¿Se habrá creído lo del daño a la niña? --A Isa se le retorció todo por dentro. --¡Hostia, Isabel, no tienes vergüenza, meter a tu propia hija para tapar tus debilidades, tus mentiras! ¿Cómo has podido? Si Jandro se entera no te lo perdonará jamás".

Pero, ciertos pensamientos que ahora son así, dentro de poco son asá.

Se vistió ella y arregló a los niños. Se le hacía tarde. No obstante, ella que no se pintaba ni se maquillaba para ir a trabajar, hoy se puso un poco de todo, sin exceso, pero se arregló como para salir de fiesta con su marido.

Llegó a La Guarde, dejó a sus hijos en la sección asignada de la planta baja y ella se fue a su sección localizada en la planta primera.

Sus dos compañeras y amigas llegaron juntas, cogidas del brazo, a la sala dónde ella se encontraba. Isa no les dejo iniciar el ataque. Les echó la bronca de inmediato, sin ni siquiera darles los buenos días, preguntándoles.

--¿Os parece de amigas que ayer me halláis dejado sola en el baile y os hayáis ido, pendones?

--Eso no importa, no quedaste sola, lo hicimos por tu bien. --Respondió Laila como si trajera la respuesta preparada. --Lo que sí importa es como te lo has pasado tú, que no sabemos cómo

interpretarlo, porque te fuiste desbocada. ¿Qué pasó, que no se le levantó a Víctor y te sentiste humillada, poco deseada? Eso no fue lo que dijo él...
--No cambiéis de tema. Lo que yo pregunté es porqué me habéis dejado allí. A propósito, ¿Cómo sabéis como me fui? ¿Es que acaso todavía no os habíais ido y me estuvisteis vigilando? -- Contraatacó Isa bastante furiosa y atropelladamente.
--Ya vemos que hoy solo nos vas a meter la bronca, así que nos vamos; ya nos veremos por la tarde. --Las dos amigas dieron media vuelta y se fueron por donde vinieron.
Isa se quedó pensando sobre algo que, en un primer momento, se le paso por alto:
"Como que... eso no fue lo que dijo él.... ¿Es qué hablaron con Víctor después de que yo me hubiera ido? ¡La madre que las parió!
Acercándose las nueve y media de esa mañana, como habitualmente hacía, comenzó a prepararse para bajar al bar al objeto de tomar algo de desayuno. Sin embargo, en el último momento decidió que más tarde sacaría un café de la máquina existente en su planta y que hoy no bajaría al bar.
Se fue al servicio para repasar un poco su pelo. Se miró en el espejo y, de nuevo, se retocó el

maquillaje, los ojos y los labios, algo excepcional en ella.

Sin proponérselo, recordó el chiste con el que más se rio de los que le contara Víctor la noche anterior. Ella contempló su propia sonrisa en el espejo. Al coger en su mano el lápiz de labios, vio que lo tenía rodeado con su mano cerrada alrededor del tuvo circular. Le vino al recuerdo la escena de anoche en El Cielo Total, donde su mano cerrada abrazaba el dedo de Víctor, moviéndose éste de dentro hacia afuera y de fuera hacia adentro, cuyo movimiento y contacto entre la piel de ambos había provocado una excitación considerable en su ser. Ahora, no llegó a aquel grado, aunque también sintió un buen repelús agradable. Esta vez, no obstante, no se ofendió con si misma por pensar en Víctor, tal vez porque ahora estaba sola o porque con el paso de las horas la marea tanto sube como baja.

Apartó de su pensamiento a Víctor y se centró en recargar una mesita de pañales que estaba casi vacía.

Mientras tanto, el reloj ya se aproximaba a las once y media. Sintió necesidad de ir nuevamente al servicio por si convenía retocarse el pelo recogido o algo que tuviera que mejorarse. En el lavabo volvió a recordar aquel recorrido que Víctor había hecho con las yemas de sus dedos, subiéndolos por la parte interior de sus muslos hasta alcanzar su braguita, que la habían dejado medio muerta de excitación.

Se serenó un poco y se dijo que quedaban muchas horas hasta las seis de la tarde que volvería a su casa. Allí, en su trabajo, ahora ya se sentía mejor, sin los agobios padecidos en su casa al regresar de aquella sala de baile. Cuando volviera a su casa a media tarde ya pensaría como enfocar lo vivido anoche en El Cielo Total.

Salió del lavabo y volvió a sus tareas. Se sentó en la punta de una mesa que medía un metro y medio de larga. A su lado derecho y tocándose con la anterior, quedaba otra mesa que aguantaba encima un montón de dossiers de niñitos que habían pasado por la guardería y que había que clasificar. En eso estaba ella.

Giró la cabeza hacia la derecha para localizar un dossier que le faltaba. Después la volvió a girar hacia el lado izquierdo de su mesa para ver donde lo podría encontrar.

Pestañeó tres o cuatro veces.

En el recorrido de la vista de una mesa a la otra, se coló, un casi nada, la cara de Víctor.

Inicialmente pensó:

"Es una ráfaga más de las que a menudo tengo esta mañana".

Pero, pasado medio segundo, volvió a pensar:

"¡Jesús, no es un recuerdo, es presente y es real, está aquí!".

Comenzó a deshacer despacio, incrédula, parte del recorrido que había hecho con sus ojos, hasta que su mirada se encontró con la de Víctor.

Solo pudo pensar:

"Dios, está aquí enfrente, y me está mirando. Virgen de la Luz, que guapo está".

Isa se quedó inmóvil, con sus ojos fijos sobre los ojos de él.

Mirándose. Mirándose. Mirándose.

Estuvieron ambos una eternidad mirándose fijamente a los ojos.

En ese tiempo, Víctor le ofreció una sonrisa tierna, deliciosa, sin dejar de mirarla a los ojos.

Isa, con su cuerpo lleno de esperanza, y con sus ojos mirándole como envueltos en llamas, le devolvió la sonrisa, dulcemente.

La devolución de la sonrisa era el consentimiento expreso por parte de ella de continuar hacia la felicidad sublime. Y así lo entendió Víctor, sin duda alguna.

Él avanzó cuatro pasos hacia ella, cogió la mano de Isa que estaba sobre la mesa y tiró suavemente de la misma, para que ella lo siguiera. Isa se levantó, como si al mismo Dios siguiera, y se fue tras Víctor, siguiendo sus pasos. Ella no dijo nada, no hizo ningún gesto de fuerza contraria, no expreso indicio alguno de oposición o rechazo. Se fue cogida de su mano con la temperatura de su sangre en ascenso con cada paso que daba.

Víctor abrió la puerta de una salita contigua, con un rótulo en la puerta que rezaba "Sala V", la cual estaba pendiente de reformas. No tenía ventanas por donde permitirse miradas indiscretas. Contaba con una única mesa como mobiliario, sin sillas ni otros elementos.

En cuanto la puerta de la Sala V se cerró tras ellos, los dos cuerpos se enzarzaron y sus lenguas se mezclaron, para irse hasta la garganta de ella, primero y, de él, después. Los dos pechos de ella sintieron la presión de las manos de Víctor, escapándosele a ella un suspiro desde el corazón. Todo era como una furia desenjaulada, desenfrenada.

Isa sintió en alguna parte de su ser, en su cerebro, en su corazón, en su alma, aunque no supo dónde, que de nuevo el recuerdo de Jandro iba a hacerse presente, pero esta vez las neuronas de ella no lo consintieron, no quiso, ya era tarde y, en este punto de temperatura, ya no estaba para razones, ni reproches, ni lamentaciones.

Víctor e Isa estaban cada segundo más encendidos. Sus labios solo se separaron para desprenderle la camisa y el sujetador de ella, momento en que él le chupó con pasión uno de sus pezones. Víctor le dio la vuelta a la falda de Isa hasta subirla a su cintura, mientras a ella la tumbaba de espaldas sobre la mesa y le levantaba las piernas cual posición de parto. Ella estiró sus brazos hacia su cabeza, con los ojos cerrados y el cuerpo temblando. Víctor le bajó su braguita hasta sus pies, hundió sus labios y lengua entre las piernas de Isa, quien dio varios gritos al sentir la gloria durante ocho o diez segundos. Él, entretanto, rojo, encendido, se bajó sus pantalones y calzoncillos, quedando el cañón de él orientado para recorrer el túnel de ella que delante se le ofrecía con pequeños movimientos verticales.

El no pudo esperar más. Ella tampoco se lo perdonaría si esperara.

Víctor empujó hasta que la cabeza de su cañón entró hasta las catacumbas de Isa.

A ella se le escapó tal grito de estremecimiento y placer que se oyó fuera de la sala, llegando hasta un pasillo por donde pasaba Laila, que, por el morbo de estas cosas, decidió acercarse hasta la sala en donde se celebraba esa fiesta.

Víctor, apretando con cada mano suya cual pecho de ella, comenzó frenéticas idas y venidas hacia dentro y hacia fuera de las catacumbas.

Isa retorcía sus manos en busca de algo para agarrarse. Su cabeza se movía de un lado a otro. En uno de esos giros se percató que la puerta se abrió la mitad y por ella se asomó la cara de Laila que, visto el panorama que había dentro, ésta retrocedió y se fue pensando con una sonrisa maliciosa entre sus dientes:

"Anda la santa de Isa, por fin, ¿Menos mal que decía que no?"

A Isa no le perturbó la imagen de su amiga. Ni le hizo caso, ahora tenía otras necesidades que atender mucho más imparables que aquella.

Víctor se movía furioso. Ella, entre mariposas, empezó a oírle decir ¡Dios! y a apretar su culo.

Isa, habría preferido que él aguantara un poco más, pero supo que Víctor ya iniciaba el desplome de la borrasca, hasta que los chubascos se sucedieron y el manantial se desbordó sin remedio.

Ella, a la que todavía le faltaba algo, aceleró el ritmo de sus caderas, dándose golpecitos y frotando su clítoris contra el tronco del cañón de él, hasta que la tormenta se desató: Un grito como un trueno, salido de su garganta, se oyó en el mundo; un relámpago intenso recorrió su cuerpo y acabó entre sus piernas; el chaparrón de su tormenta lo inundó todo.

La respiración y los jadeos, que subían hasta tocar el techo, empezaron el descenso lentamente. Poco a poco, y por exigencias de la naturaleza, el cañón de Víctor se convirtió en un trocito de cuerda curvada, mientras que las catacumbas se fueron cerrando y el relámpago se fue apagando.

Y claro. La naturaleza siempre impone sus dictados: Detrás de la borrasca y de la tormenta viene la calma y la relajación. Es verdad que la tormenta en ellas, en ella, se podría continuar unas cuantas veces casi sin descanso, con poco tiempo entre chaparrón y chaparrón, pero la borrasca en ellos, en él, tenía limitaciones, porque las nubes se retiraban y había que esperar a que pasara un nuevo frente, por eso el descanso era obligado.

Él retiró su cuerda ya menos pujante, se colocó sus calzoncillos y pantalones y, sin decir nada, puede que, por su gran agotamiento, salió de la salita y la puerta se cerró detrás de sí.

Ella se quedó tumbada boca arriba sobre la mesa, mirando al techo, a la luna, con sus piernas colgando.

Así y allí, empezó a aparecer lo inevitable, ya que en la misma medida que las burbujas van mermando, la razón va creciendo. Es una máxima

250

que se cumple siempre en los actos sexuales escondidos, en los prohibidos por los humanos: Las burbujas conllevan euforia, placer, a veces cerca de lo sobrenatural, pero cuando estas burbujas se apagan, entra la razón, y la razón implica reproches, sangrado, y es cuando del placer del cielo te hundes en el martirio del infierno.

Ese infierno era lo que empezaba a instalarse en el cerebro de Isabel, de Isa, que atónita, se oyó decir:

¡DIOS! ¡QUE HAS HECHO!

El camino ya estaba andado, y no se puede desandar lo andado. Puedes regresar al inicio, pero eso no evita ni elimina el recorrido andado. El recuerdo de Jandro, antes del precipicio, no había esta vez actuado como cortafuegos, porque esta vez el fuego ya estaba muy crecido, tanto que solo los chubascos de la borrasca y el chaparrón de la tormenta fueron capaces de reducirlo hasta extinguirlo.

Ella se bajó medio zombi de la mesa. Se vio... impresentable: con la falda enrollada alrededor de su cintura, pero calzada. El resto, desnuda. Estaba como una cochinilla.

Se mal vistió, como lo hacen las locas, y se encerró en el lavabo. Llegó tambaleándose y

dándose golpes contra las puertas y el mobiliario. Sus manos estaban cerradas y apretadas. Su cara estaba desencajada, jamás vista así en Isabel. Se repetía una y otra vez en su cabeza:
"Pero, desgraciada, ¿Qué acabas de hacer?
Se cubrió la cara con las manos para contener sus lágrimas que le bajaban a docenas hasta su mentón. Las culpas volvieron a inundar su cabeza: "Imbécil. Acabas de arruinar tu vida. ¿Cómo has podido?"

Con su puño se dio golpes en su bajo vientre y en sus pechos, castigándose por lo que acababa de hacer con Víctor.

No podía evitar llorar insistentemente, de forma que se propuso contenerse un poco y salir a la calle, a una plaza o a algún sitio donde estuviera sola y sin gente, para que sus compañeras no la oyeran llorar y no la vieran en aquel lamentable estado.

Tuvo que esperar un buen rato hasta que mínimamente pudo recomponerse. Como no podía hablar con las compañeras, porque el hipo y la llorera eran incesantes, se las arregló para mandarle un mensaje a Viva, pidiéndole que la cubriera un rato, mientras estuviera fuera, que ya la avisaría al regreso.

Consiguió salir a la calle sin que tuviera que hablar con nadie de la guardería. Deambuló durante media hora por dos o tres calles, llorando y llamando la atención de los que con ella se cruzaban. Una señora le preguntó si se encontraba bien, pero Isa ni le hizo caso. Siguió hasta un parque con jardines que se encontraba en obras, aunque ahora sin actividad y, allí sola, sin gente a su alrededor, se dejó caer en un banco situado sobre el centro del parque y se quedó amargamente llorando como una madre que acaba de perder a un hijo.

Ella no había perdido a su hijo ni a su hija, pero su subconsciente ya comenzaba a anunciarle que tenía que asumir que acababa de perder a su marido, a Jandro, a Alejandro. Volvía a golpearse su cabeza con la mano, al tiempo que se recriminaba con saña por lo que había hecho una hora antes tan solo:

"Como te has vuelto tan loca para ponerle los cuernos a Jandro de esta forma. Joder, haberte ido a la cocina y haberte metido un pepino, burra". --Se maldecía ella.

Seguía llorando, sin consuelo, tanto que nadie sabía de donde sacaba tantas lágrimas. De nuevo, se enfrentó rabiosamente a sí misma:

"Desgraciada, no te mereces ni el aire que respiras. Ahora ¿Cómo se lo dices a tu marido? ¿Cómo? Si le dices que le has puesto los cuernos como una zorra, no volverás a verlo, Jandro te va a ignorar y a maldecir eternamente. Le has prometido cientos de veces que jamás te dejarías tocar ni un centímetro de tu piel por otro hombre y... y acabas de dejarte follar hasta las entrañas. ¿En qué cojones pensabas, putanga de mierda?"

La rabia que llevaba dentro la tenía prisionera y no la dejaba ni respirar, pero era tanta la necesidad de intentar encontrar una explicación, quizás de justificarse, que prosiguió machacándose:

"Si se lo dices, se acabó, no volverá a mirarte a la cara. ¿Cómo estarías tú si Jandro te hubiera traicionado como tú se lo has hecho a él? Y como se lo dices hoy, si ayer, que igual podías tener perdón, no se lo dijiste, le mentiste, que si las cervezas, que si el viento en los ojos, y toda esa mierda, ¿Cómo se lo cuentas ahora, miserable, ahora que le has puesto los cuernos vas a tener ovarios para decírselo a la cara?"

Agachó la cabeza, porque ya no podía sujetarla, y sin piedad prosiguió:

"Joder, no volveré a ser feliz en mi puta vida. Aaah, Aaah. --El viento la detuvo un instante. --No... no puedes decírselo, porque lo vas a perder todo, todo lo que tienes. A él ya lo has perdido, pero vas a perder la casa, seguramente también a tus hijos y... y mis padres me van a matar. Eh... no puedo decírselo, aaah, ¿Y cómo aguanto yo en la misma casa? ¿Vivo con Jandro por la tarde, como si nada, y me voy a follar a Víctor por la mañana? Y cuándo

mi marido me diga "mi amor", ¿Qué le digo, que ahora soy amor de otro?" En ese momento, con ese estercolero encima, sonó su móvil. Lo sacó de su bolso pensando que podría ser Viva con algún problema serio en La Guarde. Pero no, no era Viva. Su móvil le anunció:
"Jandro".
No pudo contestar. Ahora no, se derrumbaría. No lo aguantaría. El móvil de Jandro volvió a sonar dos veces más, si bien ella se lo quedó mirando congelada, sin mover un dedo, ni un pelo. Al momento, le entró un sudor frío y estuvo muy cerca de caer desmayada. Estuvo un tiempo agarrada al respaldo del banco hasta que se serenó un tanto y, tras pensar, pensar y pensar sin tiempo conocido, tomó una decisión:
"A ver, a ver si piensas en alguna forma de arreglar esto. Joder, traidora, ¿Cómo se arregla una traición? Uf, ayer en el baile tuviste bastante con una hora para ponerte a tope con su manoseo.
Fue algo... inesperado, yo no esperaba que me presentaran allí a Víctor y... no quise pararlo, pero ¿Y hoy?, so corza, no necesitaste más de diez minutos para ponerle los cuernos vilmente a... a tu marido. Dios, parece que ya te cueste llamarle "tu marido". Uf, jódete, tía. --Tomó aire. --Ahora tengo que regresar a la guardería, recoger a mis hijos y

volver a casa, a mi casa, y cuando venga... Jandro, eh... ya veré como salen las cosas, pero, de Víctor, ni recuerdos pasados ni esperanzas futuras, ya no puede existir para ti".

Se secó como pudo los ojos y se fue de aquel parque un tanto asustada, pues al final tuvo conciencia que había pasado mucho tiempo sola, en aquel parque abandonado, lo cual le pudo acarrear serios problemas.

Alcanzó la guardería. Llamó a Viva, se las arregló para que, sin que se le notara mucho, darle las gracias por el favor que le había hecho y, tras recomponerse lo mínimo necesario, recogió a sus queridos hijos y se fue a su casa con ellos.

En el trayecto recordó las llamadas de Jandro a su móvil, que ella no había contestado. La conciencia la martirizaba:

"Joder, estará preocupado por mí, por mi dolor de cabeza de ayer. ¿Por qué no has contestado a ninguna de sus llamadas? Cuando venga le vas a mentir otra vez, ¿no? Últimamente ya se te da muy bien mentirle. Que mierda eres. Cada vez lo estropeas más".

Dejó a sus hijos jugando tranquilos y se fue al baño. Al bajarse su braguita para hacer lo que sí hace todo el mundo, regresó a su cabeza las imágenes de lo que no todo el mundo hace:

"Se vio tumbada sobre aquella mesa de Sala V de La Guarde, jadeando como una hembra en celo entre las piernas de Víctor, sin pensar en el hombre que habría dado su vida por ella, mejor dicho, rechazando a su marido, pues ella había impedido su recuerdo y lo había apartado de su mente mientras consumaba su primera infidelidad".

Se trasladó a su habitación para dejar de pensar en Víctor, al menos para no hacerlo dentro de aquella casa.

Pero fue cuando entró en su habitación, en la habitación de ella y de Jandro, cuando:

"Empezó a recordar la cantidad de caricias sentidas con el hombre del que se enamoró y con el que se casó; cuando pensó en los polvos disfrutados con su marido durante los últimos seis años, todos sin mentiras ni lloros; cuando pensó en los dos hijos maravillosos que ella llevó en su vientre, los dos frutos de dos de esos polvos con Jandro y..., y así un montón de ilusiones y de promesas. ¡Dios!, todo eso y mucho más, todo eso y el amor enorme que sintió por su prometido y que seguía sintiendo por su marido, todo eso triturado en diez minutos encima de una mesa de su trabajo con Víctor".

Sintió que su casa se le derrumbaba encima, que su vida se aplastaba debajo de su casa. Estaba a punto de volver a llorar, pero como también no tardaría en volver Jandro de su trabajo, se mordió todo lo que pudo y se contuvo, no sin antes sentir odió e indignación con su propio cuerpo, un cuerpo que fascinaba a su marido y, por eso mismo, él se lo había dado todo, paz, luz, vida, cariño, todo, y que ahora ella iba a perderlo todo.

Salió de su habitación, puso cara de no pasar gran cosa y se fue a jugar con sus hijos. Comenzó a asomarle una sonrisa en su cara. Sus hijos saltaban en el sofá, y aunque eso de saltar encima del sofá casi nunca se lo permitía, en este momento no estaba para educar ni reprimir nada.

Se quedó mirando con anhelo a su hijo, le dio una palmada muy cariñosa en el culote y su espíritu comenzó a soltar alguna de las preocupaciones.

Se escuchó el sonido de la puerta de entrada de su casa que se cerraba. Isa se estremeció un poco, pero intentó no dejarse arrastrar por su sentimiento de culpa.

Jandro dejó su maletín y su chaqueta donde quiso y se fue a saludar a su familia. Los hijos se fueron corriendo y se colgaron de sus brazos, y él se interesó por ellos.

--Hola campeones. ¿Lo habéis pasado bien hoy?

Cuando los niños se fueron nuevamente a jugar, que en ellos era lo más importante, Jandro miró a Bel que doblaba unos calcetines. Él se agachó lo suficiente para darle un beso, mientras que ella le correspondió, pero con poco esmero, sin que sus labios se emocionaran casi nada.

--¿Qué tal, cariño? ¿Fue bien el día? --Le preguntó acto seguido él a ella.

--Pssih, normal. --Contestó ella con bastante desidia.

Jandro miró a su mujer con algo de detenimiento, mientras ella sintiendo aquella mirada se puso a la defensiva.

--Bel, tienes los ojos un tanto rojos, ¿te pican? --Preguntó él nuevamente, pero sin gritos ni aspavientos.

--No, no me pican. Es que en el trabajo hay muchos problemas y... seguramente es de frotármelos.

Jandro, que de interpretar palabras sabía lo suyo, no encontró la relación entre los problemas y los ojos rojos, a no ser que esos problemas hubieran causado lágrimas. Se sentó con paciencia y tras un rato de silencio, volvió a decirle.

--Te llamé para ver si te seguía el dolor de cabeza, pero no me contestaste. ¿Tantos problemas tenéis en el trabajo?

--Sí, es que el móvil, que había contestado a una llamada, se me quedó en la sala de la planta de abajo y no lo pude oír. Además, estoy como un poco mareada. No sé si será algo de gripe. –Respondió ella sin sonrisas y mirando a los calcetines.

Jandro se levantó, le puso la mano en la frente y dijo.

--No parece que tengas mucha fiebre. ¿Te vuelve a doler la cabeza?

--No, bueno, un poco. --Contestó ella sin más detalles.

--Pobrecita. --Dijo él buscando sus labios y dándole un beso que ella simplemente aceptó.

Cenaron medio en silencio. Jandro miraba con cierta frecuencia a Bel, que parecía que estuviera en otra cena. No hubo chistes, y si alguien hubiera contado alguno, seguramente habría sido muy malo, porque no habría habido sonrisas.

Cuando los niños ya dormían y ellos dos estaban sentados en el sofá, sin estar Bel acurrucada entre sus brazos como era habitual, Jandro volvió a sentir necesidad de interesarse por el estado de ella, por sus ojos rojos, por su dolor de cabeza, por su mareo y por su ánimo, ya que, si las respuestas eran buenas y cariñosas, tal vez esta noche hicieran aquello que Bel le había prometido la noche anterior:

"Esta noche te voy a exigir mucho".

Así que, poniendo parte de corazón sobre el sofá, dijo.

--Amor, estamos muy separados. Así, con tanta corriente de aire circulando por aquí en medio, me voy a enfriar y no podré cumplir todas tus exigencias. Ven...

Él no acabó su frase de ofrecimiento porque ella, viendo sus pretensiones, se levantó del sofá y se fue al baño, diciendo a medio camino, desde la distancia.

--Voy a darme una ducha, mejor un baño, a ver si se me va un poco el mareo.

Bel entró en el baño. No estaba mareada, es que su corazón le advirtió que no podía mezclar los olores ni los fluidos de Víctor, primero y, de Jandro, después. Se metió en la bañera y, tras media tarde de ocultismo, ahora ya empezaba a tener el convencimiento de que no le diría la verdad a Jandro, que no tenía fuerzas para ello, que esa verdad era demasiado cara, demasiado dura, demasiado cortante y puntiaguda para contársela. La metida de manos lujuriosa con Víctor el día de ayer en el baile, el sueño lascivo con Víctor durante la noche en su propia cama y, sobre todo, la puesta de cuernos explosiva durante esta mañana en La Guarde, eran demasiado grandes, punzantes y sangrantes como para soltárselos aquí y ahora a Jandro, como si todo eso fuesen hechos banales y no fueran navajazos por la espalda. Solo se atrevió a reprocharse a sí misma, pensando:

"Que despreciable eres. Le engañas, le mientes y finges que no pasa nada más que una gripe pasajera. Joder, cabrona, en lo que te has convertido".

Acabó su baño. Se calmó un poco sus ojos y puso cara de mareada.

Salió a su habitación, retiró la sabana y se metió dentro, cubriéndose con ella hasta los hombros, aunque no hacía tiempo para arroparse. Se había colocado mirando al techo, lo cual no era habitual en ella.

Poco después vino Jandro a la cama. Se tumbó a su lado, mirándola a ella, mirando como ella miraba al techo, pestañeando a menudo. Pensó que si estaba con gripe como iba a tener ganas de besos y abrazos, así que se armó de consuelo y se quedó en silencio.

Fue allí, cuando ella miraba la luna, aunque no pudiera ver más que la lámpara del techo, cuando Isa se acordó, cuando cayó en la cuenta de algo que no había pensado en ello, en absoluto. Era, o podría llegar a ser, una tragedia tan grande que giró su cuerpo un cuarto de vuelta y se colocó de espaldas a Jandro y de cara a la pared, eso por si se le escapaban las lágrimas y su Jandro se daba cuenta, aunque ella no hablara, sino que solo pensaba:

"¡Hostia! ¡Mierda!, ¿Cómo no he pensado en ello? ¿Cómo no me di cuenta hasta ahora? Joder, que… que Víctor se corrió dentro de mí, y, ¿y si me dejó preñada? ¡Qué palo! Hostia, ni acordarme de que se pusiera condón".

Y para justificarse a sí misma, siguió pensando:
"Claro que no pensé en ello, claro que no, porque cuando esperaba niños con Jandro no necesitábamos preservativos y… después del segundo embarazo hasta…, hasta hoy, yo únicamente lo había hecho con…, con mi marido, con quién no podía quedarme embarazada porque él hace tres años que se hizo una vasectomía, por eso, joder, por eso yo no tengo hábito de que el hombre se ponga condón, pero… pero Víctor se me corrió dentro, a pelo, sin marcha atrás, ni condón ni nada de nada. Joder, cabrona, solo me falta que ahora me quede preñada de Víctor, y…, y ¿cómo se lo digo ahora a Jandro? ¿Le digo que le he puesto los cuernos con otro y encima que voy a tener un hijo con ese otro?"

Como que Bel supo que no podía evitar ponerse a llorar, retiró la sábana, se fue al lavabo y cerró tras ella la puerta.

Jandro, que, por supuesto seguía despierto, volvió a quedar extrañado, pensando:

"Bel no cierra nunca la puerta de su lavabo, que solo lo utiliza ella. ¿Por qué la ha cerrado ahora?

Seguro que no se encuentra bien.

--Bel, cariño, ¿Estás bien? ¿Necesitas algo? --Le preguntó desde la cama, pero ya sentado sobre ella.

Bel no contestó, por lo que Jandro pensó que, con el ruido del agua al abrir el grifo del lavabo, tal vez no le había oído, así que decidió esperar un poco y ver si ella salía.

Pasó un buen rato y, cuando Jandro se disponía a ir al baño por la tardanza, ella abrió la puerta y se metió en la cama, otra vez de espaldas a su marido, si bien no pudo evitar que Jandro viera su cara, y pensara:

"Nunca la había visto tan seria, tan abatida"

Jandro, llenándose de amor y preocupación, puso su mano encima del brazo de su esposa, e intentando tirar un poco de ella para que se diera la vuelta y lo mirara, le dijo a media voz:

--A ver, mi amor, ¿Qué te pasa?

A ella, las palabras de "mi amor" dichas por su marido con tanta ternura la conmovieron todavía más, pero aguantó y le contesto sin girarse, sin mirarlo.

--Nada, estoy cansada y algo mareada, pero no es nada.

--Pues si estás mareada ahora mismo cojo el teléfono y llamo a un médico. --Repuso el quitando la mano del brazo de ella para coger su móvil de encima de su mesilla de noche. Ella, sin girarse en ningún momento, volvió a decir de una forma que araño el corazón de su marido:
--Déjalo ya, joder, solo necesito descansar.
La situación era insostenible. En un momento de debilidad o de fortaleza, ella pensó: "Tengo que decirle la verdad, dejar de mentirle y, después, que sea lo que Dios quiera".

Pero, una cosa es lo que piensa la cabeza y otra lo que piensa la entrepierna, sí, sí, porque la entrepierna en los humanos piensa mucho más que la cabeza. Por eso, ella no encontró fuerzas para decírselo, para decirle la verdad a su marido, porque el control potente estaba en la entrepierna, ya que mientras las fuerzas débiles de la cabeza le empujaban a decírselo, las fuerzas mucho más potentes de la entrepierna la empujaban a callárselo.

Además, él tampoco apretó lo suficiente para que ella se lo dijera, pues la presión y el agobio no formaban parte de los principios de Jandro para con ella.

Bell estaba en un brete. Estaba preocupadísima por su posible embarazo, que le quitaba la respiración; tenía que prestar atención a que su marido no descubriera que estaba llorando, para no dar más explicaciones de las justas; y ahora, en este preciso momento, tenía que tragarse el golpe emotivo de oír a Jandro decirle "mi amor". Por eso ella reaccionaba con unas formas distintas a las habituales en ella, a las que esperaba su marido.

Jandro no comprendía que le pasaba a su Bel. Repasó mentalmente:

"Ayer le dolía la cabeza, hoy está mareada. ¿Por qué no quiere que llame al médico? ¿Por qué sólo me da la espalda? Hasta antes de ayer no lo hacía".

Durante la noche, sin dormir más que las dos últimas horas antes del fatídico sonido del despertador, él tuvo la sensación de que cierta distancia se había agrandado entre ellos dos. Ella no tuvo sensaciones, sabía que esa distancia era real, pero que no sabía cómo reducirla, lo cual la atormentaba sin parar.

Sonó el despertador y, cuando eso pasa, los motores de los humanos deben empezar a funcionar, lo que pasa es que cuando pasan unos hechos que tú desconoces, cosas a las que no encuentras respuestas, como le pasaba a él, sino que solo tienes indicios y presunciones, el temple y la actividad habitual se vuelve más lenta, pues las ganas de vivir van a menos.

Jandro se fue a trabajar, medio corriendo, porque llegaba más tarde que nunca, y la responsabilidad de él no le permitía llegar tarde a las citas de las vistas de la Audiencia. Antes de salir a la calle, se acercó a su mujer y le preguntó en forma serena, contenida:

--¿Estás bien? Al menos esta noche, que yo sepa, no has tenido pesadillas.

--Bel asintió verticalmente con la cabeza, pero sin decir nada.

Él le dio un beso con suavidad y ella simplemente le puso los labios delante, pero sin moverlos.

Una vez que Jandro se había ido a trabajar, Bel se vistió, y tras llevar a cabo el resto de las necesidades que tenían sus hijos, que eso nunca olvidaba, volvió a la habitación de ella y de Jandro.

Se quitó la blusa holgada y la falda hasta los pies que llevaba, y se puso un corpiño ajustado y una falda de cuero que le llegaba solo hasta media pierna. Ese tipo de blusa holgada y esa falda hasta los pies era lo que ella habitualmente llevaba a trabajar, pero hoy, a última hora, decidió que se pondría ropa más alegre, que hasta ahora solo se ponía en su casa y cuando buscaba pinchar a Jandro. Tras ello, se pintó un poco los ojos y los labios, sin que eso fuera costumbre, y se miró en un espejo de dos metros de alto que lucía en su habitación.

Viéndose rejuvenecer algunos años, se sonrió satisfecha. Sí, sí, a sus labios se asomó una media sonrisa.

Hizo una llamada telefónica. La respuesta fue totalmente satisfactoria para su preocupación del posible embarazo, tanto que se le escapó una sonrisa tan amplia que llenó su habitación, lleno toda su casa.

Finalmente, medio de espaldas por las prisas, abrió un cajón y rebañó lo que encontró. Sin que lo hiciera conscientemente, cogió una braguita tanga y unos mini sujetadores transparentes, con un pequeño motivo azul y se los metió al bolso.

Sin pérdida de tiempo, se fue con sus hijos a La Guarde, donde ella trabajaba.

CAP 12   El PICADERO

Ella condujo con cierta rapidez. No estaba acostumbrada a conducir rápido, porque Alejandro era muy responsable con las normas y con las de tráfico también, así que, por la influencia que Jandro siempre había ejercido sobre ella, al menos, en esta materia, Bel conducía habitualmente con cautela.

No obstante, esta mañana se comportaba como si tuviera prisa, como si las normas fueran poco con ella, a pesar de llevar a sus dos hijos dentro.

Las imágenes sonrientes de Víctor se acercaban y se alejaban de su cabeza. Algunas veces era su cara, otras era su cuerpo. Era algo que ella no controlaba, aunque en estos últimos minutos tal vez no quisiera o no hiciera mucho por controlarlas.

¿Por qué?

Porque ahora ya llevaba la sangre otra vez alterada. Los pensamientos sobre Víctor seguían en aumento, al tiempo que gran parte de la culpabilidad que la había atormentado desde su arrebato explosivo de ayer con Víctor en su trabajo, ahora esa culpabilidad se la estaba llevando el viento. Eso hacía que ella se sintiera más activa, llevando ropa más atrevida y empezando a recuperar la sonrisa.

Por otra parte, con una llamada había encontrado la solución para evitar su posible embarazo: La píldora del día después.

Llegó siete u ocho minutos antes que de costumbre a su trabajo. Dejó instalados a sus hijos y se fue a la farmacia que había casi enfrente de la guardería. Compro la píldora del día después, sin necesidad de receta, y se la tomó cual chiquita de juventud temprana. Incluso, dado que las decisiones ya se habían tomado en silencio, había adquirido cuatro píldoras más para cubrir lo que pudiera suceder en un futuro próximo.

Regresó a su trabajo realmente contenta, como no lo había estado en los últimos dos días.

Media hora más tarde tuvo que reubicar dos cajas de dossiers antiguos, de niños que ya hacía más de cinco años habían dejado la guardería. Esas cajas de dossiers debían dejarse provisionalmente en algún sitio, así que, pensando en alguno, se fue a la sala pendiente de reformas, a la Sala V, que allí temporalmente no molestarían.

Entró, y, al depositar las dos cajas sobre la mesa, la sangre empezó a recorrer su cuerpo con más fuerza. Sin remedio, recordó su explosión sexual con Víctor. No quiso entrar en si había sido mejor o peor que otras muchas, que en seis años de matrimonio, había tenido con Jandro, pero sí sabía que había sido la primera con otro hombre distinto de su marido.

Volvió a recordar sus temblores y su relámpago de placer con Víctor, y de nuevo sintió un considerable sofoco. Sin embargo, lo que más la sorprendió fue que, a diferencia de ayer por la tarde y noche, cuando derramó tarros de lágrimas por la culpabilidad de su infidelidad, lo que más le sorprendió esta mañana fue que ella comparara a su marido con Víctor, por lo cual tuvo que escuchar a su propio yo que con saña le reprochaba:

"Pero, Tía, ¿Cómo puedes estar preguntándote si folla mejor Jandro o Víctor? Tú estás muy mal de la cabeza. Jandro es tu Dios, lo fue todo en tu vida. ¿Qué te pasa?"

Salió de aquella sala con sensaciones enfrentadas, puesto que una parte grande de su cerebro le decía que no podía hacerle más daño a Jandro e, incluso, a ella misma.

¿Y dónde estaba la sensación enfrentada, la que había hecho que ella se vistiera con más atrevimiento que una chica soltera y que comparara sexualmente a su marido con Víctor? Pues en una gran parte de su cuerpo, ese cuerpo que le empujaba a preguntarse si volvería a ver a Víctor, ya que después de los chorros descargados en esa Sala V, él se había ido sin más y no sabía nada de nada de él, y todas las mujeres saben que la incertidumbre es muy mala consejera con las decisiones amorosas.

Se encontró con Pilar, la directora de la guardería y amiga suya, se saludaron con dos besos y se preguntaron cosas. Pilar la agasajó:

--Oye Isa, te veo muy bien, te veo joven, con ganas.

--Sí, la vida es cortita y hay que vivirla y beberla. --Respondió Isa con alegría.

Pilar se fue sin despedirse, pues seguramente volverían a verse durante la jornada y tendrían ocasión de charlar de más cosas.

Isa regresó a sus tareas pendientes. Pasaron más de dos horas. Tampoco hoy quiso bajar al bar a desayunar, pues le parecía que la incertidumbre que daba vueltas a su alrededor sería menor estando dentro de su trabajo.

Volvió a toparse con Pilar cuando las dos fueron al servicio a hacer sus cosas, como todo el mundo:

--¿Cómo va el día, Isa? --Preguntó pilar, viéndola bastante risueña, vistiendo ropa muy jovial, atrevida. Por eso, Pilar, pensó:

"Esta chica se está desmelenando".

--Bien. --Contestó Isa. --Aún me queda aquí dentro hasta las cinco y media de la tarde, pero como estoy clasificando los expedientes de los párvulos de años anteriores, estoy muy entretenida.
--Dale un beso a Alejandro. --Añadió Pilar.
--Sí. Y tú otro a Ramón. --Finalizó Isabel con una sonrisa de serenidad, de bienestar.

Pilar se fue a su despacho. Al poco rato entró Viva para una consulta.

--Has visto a Isa, últimamente anda... despreocupada. --Apuntó Pilar.

--¿Qué quieres decir? --Preguntó Viva mirando detenidamente a Pilar.

--Pues que Isa siempre ha sido muy recatada, y hoy va enseñando la mayor parte de lo que tiene.
--Resiguió Pilar alzando su mano derecha.

--Bueno, Pilar, tampoco vamos a ir como antes de Jesucristo; ahora, si enseñas algo, tampoco es tan grave. No tenemos noventa años. --Argumentó Viva. Sin embargo, Pilar quiso rebatir lo que Viva defendía, en forma amplia, para que quedara claro.

--Vamos a ver, Viva, vamos a dejarnos de banalidades. A mí me parece que nadie discute o nadie debería discutir, salvo, en su caso, su marido, si Isa o cualquier mujer enseñamos y cuanto enseñamos. Pero, es que hay un aspecto que tiene relevancia, y en este caso, no es tanto si lo qué esa mujer enseña es normal o es extra normal, ya que eso dependerá de las pautas de cada sociedad.

Lo que digo es que no se trata de cuánto la mujer enseña, sino lo que trasmite, el mensaje que proyecta con lo que enseña, ya que lo que puede percibir un tío con un cerebro poco formado y un tanto retorcido es que esa mujer le está lanzando un mensaje de consentimiento tácito para sus deseos, lo cual puede llevar a ese tío a intentos muy erróneos, muy poco afortunados y muy tristemente dolorosos.

--Sí, entiendo lo que quieres decir, Pilar. --Hablaba Viva buscando las palabras.

--Sé que Isa no iba así ni siquiera de soltera. Ahora no sé qué le pasa, pero bueno, estamos en verano, y por la calle se ve de todo.

--Claro. –Remarcó Pilar en su papel de directora. –En la calle se puede ver de todo, pero aquí no estamos en la calle, esto es un centro infantil, y que lo vayas enseñando en la playa, mira, es tu problema, y, si quieres, el de Alejandro, pero así no puedes ir a una iglesia, ni a una guardería tampoco, porque los niños a estas edades no lo interpretan en clave lasciva, no, pero sí que ven diferencias entre las profesoras, diferencias que les confunden. Y después, están los padres, que estos sí tienen derecho a exigir otro comportamiento. ¿Qué les digo?

Viva se fue pensando; Pilar también se quedó pensando.

No mucho después, Isa se sentó en una silla baja porque tenía que depositar unas botellitas de alcohol desinfectante en unas bandejas planas y bajitas. Se inclinó hasta el suelo para no dejar caer las botellitas de cristal desde arriba.

Al doblarse, el corpiño se le subió en dirección a su nuca y su falda se le bajó en dirección a sus piernas, quedando el surco interglúteos casi totalmente a la vista.

Isa notó que, por detrás de ella, como si fuera una sombra, alguien se le acercaba.

No tuvo tiempo para más, solo en pensar: "Víctor".

Víctor hundió su mano y su dedo medio hasta recorrer la hendidura entre nalgas de ella. Esto provocó en Isa un "Aaah" seguido de un súbito ascenso de aire a sus pulmones y una parada cardíaca temporal.

Cuando ella solo un poco se había recuperado, alcanzó a ver que, a su lado, sobre la mesa, había un trozo de papel, a modo de una nota doblada.

Isa miró el papel y después paseó su mirada por la salita donde ella se encontraba, pero ya no vio a nadie. Claro que, con lo que ella tardó en recuperarse del parón cardíaco y en soltar el aire que se había acumulado en sus pulmones, cualquiera podía haber salido sin darse especial prisa.

Isa obligó a sus ojos a regresar con su mirada hasta la nota doblada encima de la mesa. Para no jugársela más, recogió con cierto disimulo la nota, se la apretó y arrugó un poco con su mano y se fue al lavabo, donde se encerró para descubrir su misterioso tesoro. Abrió despacio el papel, como esperando la mejor noticia del mundo, y comenzó a leer un testo escrito a mano:

"Calle de la Vida Alegre, número 9, ático. A las 14:00 horas".

A Isa, su corazón le dio un vuelco. En cuanto se recuperó un poco, consultó internet con el móvil y éste le informó que ella estaba a nueve minutos de esa dirección, andando, a paso medio.

No sabía que se iba a encontrar allí, ni a quién, pues si bien estaba convencida que aquella mano que se le había metido entre sus nalgas era la de Víctor, joder, a él no lo había visto. ¿Y si se iba a esa dirección y, por error o lo que fuera, Víctor no estaba y se encontraba con un depravado?

***

Por otro lado, Víctor estaba en su madriguera, en su picadero. Su pisito era un ático. Su decoración no era muy convencional, puesto que no todos los pisos tienen instalada una hamaca tipo playa hawaiana, aunque si tenía una sola cama de 2 metros de ancho y un sofá amplio, con un cheslong tan largo como todo el resto de los asientos.

Víctor abrió una cerveza de triple malta, se estiró sus piernas en su hamaca y se puso a pensar:
"No estoy seguro de que Isa venga aquí. Bluf... anda que no está buena. Lo que disfruté ayer".

Se dio media vuelta en su hamaca y siguió pensando el Isa:
"Si es tan recatada como dice Laila, seguro que no viene. Joder, debería ir yo a donde fuera, sin pretender tanto de ella como para que venga a mi

piso. Bueno, nunca se sabe, tampoco esperaba que se me entregara tanto en esa guardería, y mira, fue el mejor polvo de mi vida".

Le dio un segundo beso a la botella de cerveza que la dejo casi escurrida, y se dijo nuevamente:

"Tengo que cuidarla, porque me gusta un montón. Pero, sobre todo, porque si la manejo con inteligencia, puedo hacerme con más pasta de la que nunca hubiera creído".

Se bajó de la hamaca y se dio una ducha, para estar preparado.

***

Mientras tanto, el reloj había alcanzado la una y media del mediodía. Isa se fue a un baño de La Guarde, a uno con plato de ducha, donde se tomó una ducha reparadora física y mentalmente, para cubrir eventualidades, y ya con un ánimo renacido, se puso el tanga y el sujetador transparente, con unos motivos azules, que se había traído en su bolso, ese conjunto que se había puesto una sola vez, en la noche de bodas, para hacerle abrir los ojos de Jandro y escuchar decirle algo que siempre ella recordaría:

"Estás para que cualquier hombre pierda por ti, su cabeza y su alma".

Y si bien eso era cierto, también lo era que ella no era consciente en ese momento de que se estaba poniendo la lencería de su noche de bodas.

Isa, desde este instante, ya no volvería a acordarse de su marido hasta la hora del regreso a casa de ambos.

Se vistió y se fue a terminar algo que había dejado a medias.

Ella ya sufría bastante menos por lo que había hecho la mañana anterior con Víctor, posiblemente porque ya se estaba preparando para mejorarlo en este día, con creces, que la ilusión no tiene techo que la limite.

Cerca de las dos menos cuarto, le puso un mensaje a su amiga Viva. En el mismo le pedía el favor de que la cubriera un rato, bueno, hasta que regresara. Viva no quiso hurgar sobre el motivo de su ausencia, aunque si le sorprendió lo suyo que no se lo dijera.

Unos cuantos minutos antes de las dos de la tarde, Isa bajó a la planta baja y se dispuso a recorrer el camino que había estado consultando con su móvil. Apagó este dispositivo suyo para que no le produjera distracciones innecesarias e impertinentes.

Pilar, que estaba de ronda, vio que Isabel salía a la calle. Vio que iba radiante, como hacía tiempo que no la veía.

Isa fue caminando hacia el domicilio misterioso, aquel que supuestamente Víctor había escrito en la nota. Ella cada minuto era más una olla a presión, cerca del punto donde la olla empieza a hervir. Caminaba suelta, con su corpiño ajustado y su minifalda de cuero hasta media pierna. Nunca había hecho nada igual en su vida, lo que creaba muchas expectativas y también una excitación máxima.

Encontró la "calle de la Vida Alegre", alcanzó el número 9, y allí se paró. Solo pensó en Víctor, pues en todo su cuerpo y cerebro solo tenía cabida Víctor. Rebuscó por donde pudo hasta que reunió la confianza suficiente para creer que Víctor allí estuviera, que no la defraudaría hasta meterla en un buen aprieto.

Llamó al timbre. Esperó.

Oyó que eléctricamente el cerrojo de la cerradura se separaba para facilitar la entrada. Miró los buzones, no con nervios, más bien con impaciencia. Esos buzones reflejaban la existencia de tres plantas con tres pisos en cada una, además del ático que era el único en la cuarta planta. Cogió el ascensor y se bajó en el último piso, el ático, donde también se acababan las escaleras.

Con el corazón saliéndosele por los poros de la piel, ella se situó delante de la puerta del ático. La puerta se abrió sin tardanza y sin necesidad de llamar al timbre.

Los ojos de Isa vieron enfrente la imagen de Víctor, quién estaba descalzo, desnudo de cintura hacia arriba y con un pantalón blanco de algodón, marcando los atributos que sus padres le habían dado.

Jamás por los alrededores se había visto tantas toneladas de deseo juntas. Se enredaron labios, lenguas y manos durante algunos minutos. Se rompieron sus prendas de vestir todo lo que hizo falta para librase de ellas lo más brutalmente posible. Víctor la cogió en brazos y se la llevó a la única cama del ático. No se dijeron ni palabra, no había tiempo para eso. Tampoco para los prolegómenos, pues la temperatura del horno ya estaba para bollos.

Tal como Víctor la soltó, Isa quedó colocada sobre la cama con una pierna estirada y la otra flexionada con la rodilla hacia arriba, mientras él se colocó sobre su pierna estirada y..., él expiró hasta los párpados, mientras ella aspiró hasta las cejas.

Estuvieron varios minutos desafiando los placeres de la tierra, hasta que las torres de las catedrales comenzaron a derrumbarse. Primero, él. Muy poco después, ella. De sus gargantas brotó un ahogo que llenó de felicidad sus mundos.

Cuando ambos corazones bajaron pulsaciones, se dieron un beso largo, efusivo, y se dijeron:

--Pensé que no vendrías. --Dijo él.

--Pensé que no me esperarías. --Dijo ella.

Víctor le dijo que la invitaba a tomar algo especial. Ella le contestó que le creía, porque si se trataba de tomar, viniendo de él, seguro que sería especial.

Se bajaron de la cama y se fueron al salón. Se sentaron enfrente el uno de la otra, desnudos, pues los dos sabían que aquello no había terminado. Entre ellos solo había una mesita pequeña, para aguantar botellas y vasos. Él abrió una botella de vino argentino, una botella nunca vista por ella.

Él medió de vino dos copones de buen cristal y, después de brindar por los momentos felices, lo cual hizo reírse a Isa felizmente, él puso su copa en los labios de ella, al tiempo que ella hizo lo mismo sobre los de él. Tomaron un trago del mejor vino que Isa había tomado en su vida, sin saber si era por el vino o era por el momento.

CAP 13   LOS INDICIOS

Aquel día, después de terminar las vistas judiciales programadas para esa mañana, Alejandro estaba preocupado por el comportamiento raro de Bel en los dos últimos días, así como por los dolores de cabeza y aquellos mareos de las dos noches anteriores. A las dos y poco de la tarde, él, por fin, tomó la decisión de llamar al teléfono fijo de la guardería, el trabajo de ella, ya que después de cinco llamadas que él había realizado al móvil de ella, la respuesta de la operadora de red siempre se repetía:

"Dispositivo apagado o fuera de cobertura".

Marcó el número de teléfono fijo del trabajo de Bel y esperó un buen rato, hasta que recibió respuesta.

--La Guarde, dígame. --Contestó una voz femenina al otro lado del teléfono.

Alejandro reconoció su voz porque las dos familias habían salido juntas con los niños en varios fines de semana. Se llamaba Pilar. Era la actual directora de la guardería.

--Hola, Pilar, soy Alejandro, ¿Cómo estáis?

--Hola, Alejandro. Bien, bastante apretadas porque tenemos dos bajas y sabes que somos cinco, así que aguantando...

Alejandro, que no estaba especialmente charlatán en este día, le preguntó directamente:

--Pilar, ¿Está Bel por ahí?

--Pues no, supongo que la has llamado a su móvil ¿no? --Dijo Pilar.

--Sí, claro, cinco o más veces, pero siempre está "apagado o sin cobertura". --Aseguró Alejandro.

--Bueno, pues yo no puedo pasártela porque hace..., ahora son las 14:07 horas..., eh, hace sobre un cuarto de hora que le dijo a Viva que tenía que salir un tiempo, que la cubriera hasta que regresara para recoger a los niños..., y ahora que recuerdo, la vi salir a la calle cerca de las dos de esta tarde...

Alejandro, sin esperar que Pilar acabara su relato, le preguntó de nuevo.

--Pero ¿Se encontraba bien? ¿Sabes si salió para irse al médico? Es que hace dos o tres días que anda con dolor de cabeza, mareos, y...

--¿Al médico? --Se extrañó mucho Pilar. --No, no, que va, esta mañana estuve dos veces con ella y estaba muy bien, alegre. ¿Dolores de cabeza? ¿Mareos? Ni mucho menos, hoy ha estado, como diría, muy... dinámica... Fíjate, que hasta llevaba un buen escote para lo prudente que es ella, e incluso, llevaba una faldita cortita, cortita de verdad para lo recatada que es Isa.

El teléfono guardó silencio por un momento. Pilar esperaba que Alejandro dijera algo y éste se quedó pensando sobre eso del buen escote y de la falda cortita. Cuando él llegó a alguna conclusión, argumentó.

--No lo entiendo; no está mal para ir al médico; conoce que estáis bajo mínimos; sabe que es necesaria su participación ahí; ¿Y se marcha de su trabajo sin decir ni por qué ni a dónde va?

Pilar no supo que decir. Conocía a Bel desde hacía diez años, y tampoco lo entendía. Quiso decirle a él que igual ella tenía que ir a comprar algo a una farmacia, pero no lo dijo, porque pensó que para ir a la farmacia que estaba enfrente no necesitas tanto tiempo. Era cierto que también estaba sorprendida por el escote, la minifalda y que a mediodía se había pintado más que de costumbre.

Ahora bien, que hoy estuviera más arreglada no le pareció relevante, pues eso les pasa a veces a las chicas; que se le vieran bastante las tetas, pues, ¿a quién no se le desabrochó más de una vez uno o dos botones de la camisa? Sí, hasta ahí, sí, pero la falta de entendimiento venía de la faldita tan corta que hoy portaba, que cuando se agachaba medio se le veía su identificador del sexo, en buena medida provocado porque hoy no llevaba una braguita normal como ella siempre llevaba, sino un tanga tan mini que por detrás no cubría más que un cordón tan delgado que apenas la cinta se veía.

En medio de todo eso, Pilar reaccionó atropelladamente y lanzó:

--Alejandro, ¿estáis bien, Isa y tú?

El teléfono volvió a enmudecer, y todo el mundo sabe que significa esa clase de vacío: preocupación. Cuando Pilar ya iba a repetir la misma pregunta, Alejandro respondió en un tono bajo, sin euforia

--Supongo. --Siguió otro breve espacio de tiempo, hasta que él cerró.

--Gracias, Pilar. Saluda a Ramón. --Y finalizó su llamada.

***

Mientras tanto, en el piso de Víctor no existían las preocupaciones. Estando en aquel ático, en la cabeza de Isa no tenía entrada nada ni nadie que no fuera Víctor. Isa no respiraba nada de lo existente en la tierra, en donde se movían otros seres queridos por y para ella, sino que tan solo inhalaba el oxígeno que suspiro tras suspiro le regalaba su amante, lo cual le impedía que a su cerebro accediera nadie ajeno a aquel nido construido con su Víctor.

Hablaron de que el piso tenía una decoración bastante especial, sencilla, que el vino estaba para abrazarlo de bueno que era, y de otras cosas parecidas, puesto que los problemas no existían.

Llegado un momento, Víctor le pidió el bolso a ella. A Isa, como a cualquier mujer, le invadieron ciertas dudas, pues su bolso siempre había sido un refugio muy privado. Pero ¿Cuál era el problema? Víctor ya le había metido de todo hasta donde había querido, tampoco iba a importar tanto ahora para que quisiera su bolso.

Al final ella se lo dio. El sacó dos llaves de un llavero y las dejó caer dentro del bolso de ella.

--Es para que mañana puedas entrar directamente y no tengas que llamar al timbre. --Aseguró Víctor con más sonrisa que seriedad.

Isa, estando como estaba por encima de las nubes, no supo interpretar adecuadamente esta entrega de llaves. Solo lo pensó una vez, y el pensamiento fue:

"Mira, que considerado".

Sin embargo, Víctor si sabía lo que hacía. Sabía que así iba proporcionando confianza para sus apetencias sexuales, que eran muchas y, sobre todo, para el resto de los planes de futuro que Víctor tenía, pero que con ella no compartía.

Víctor miró con ganas los pezones de Isa, lo cual provocó que su miembro comenzara a despertarse. Él se levantó y trajo otra botella de vino, porque sus necesidades nunca quedaban cubiertas con la primera botella.

Isa, viendo los atributos sexuales de Víctor en fase de desarrollo, comenzó a sentir que su sangre se alteraba. Ella no le dejó tiempo para abrir la nueva botella, sino que alzó su mano hasta que se encontró con lo esperado. Consiguió que Víctor se desocupara del vino, lo cual decía mucho a favor de las virtudes físicas de ella y de las influencias que esas virtudes ejercían sobre su acompañante.

Tras la primera vuelta, en esta segunda ella estuvo mucho más activa y mandona, pues como ya estaban en la segunda vuelta, Víctor aguantó mucho más que en la anterior, lo que redundó en beneficio de un mayor regocijo y goce de Isa, tanto que antes de la descarga conjunta con su compañero, ella ya había alcanzado el cielo con un terremoto y su réplica que provocaron el éxtasis entre sus piernas.

Una vez bajó la temperatura corporal y la respiración descendió a niveles menos agitados, Bel dejó el sofá y se puso su ropa interior, pues en aquellos altares ya no necesitaba tanta exhibición.

Víctor se fijó en su sujetador, transparente, y en su braguita chiquitina, transparente también.

--Esta lencería es fantástica. Con ella ganas mucho, sobre todo por esos detalles azules en las dos prendas. --Asaltó Víctor con la vista, si bien Isa ahora estaba más para vestirse que para exhibirse, así que las palabras de Víctor no cuajaron del todo en el cerebro de ella.

Él desnudo, ella vestida, se dieron un beso de amantes pasionales e Isa le dijo.

--Tengo que irme. Debo recoger a mis hijos. Adiós.

--¿Hasta mañana? --Medio preguntó, medio pidió, Víctor.

--Hasta mañana. --Confirmó ella ya cerca de la escalera.

Isa se puso a caminar de regreso a su trabajo. Iba relajada, satisfecha, así lo expresaba su cara.

Ella ya no estaba para reproches, pues era tal el nivel de satisfacción que le proporcionaban sus neuronas que no permitiría que esa satisfacción se viera mermada por nada ni por nadie.

Pero, claro, una vez fuera ya del picadero de Víctor, la pasión ya estaba dando paso a la razón. Por eso, ella, primeramente, volvió a recordar a sus hijos, antes que a nadie, pues en estas circunstancias los hijos siempre son preferentes para una madre. Sus hijos eran muy pequeños y, por tanto, ajenos a toda connotación sexual o matrimonial. Eso la tranquilizó.

Siguió caminando con serenidad, hasta que ella pensó en sus padres. Y aquí comenzó su angustia:

"Dios mío, como se enteren de lo que estoy haciendo, me cuelgan desnuda".

Qué curioso, ella no estaba ofendiendo a sus padres, sino a su marido, y, sin embargo, no pensó en el marido ofendido, sino en sus padres.

Continuó caminando, pero ya con menos felicidad. Seguidamente recordó a su compañera Viva, que la estaría esperando sin saber que pasaba:

"Más te vale que no lo sepas, no te lo creerías". Pensó Isa ya un tanto avergonzada.

Prosiguió caminando hacia La Guarde. Y, por fin, como si su marido ya ocupara un rango menor en su vida, por fin se acordó de Jandro. La zozobra sobre el cerebro de Bel subió exponencialmente. El sentimiento de culpa se apoderó de ella, pero se desprendió sorprendentemente pronto del mismo, sin que las lágrimas hicieran acto de presencia al momento. Sin embargo, fue cuando Isa recordó las palabras de Víctor sobre su sujetador y braguita, especialmente la mención a los motivos azules, que rompieron su corazón:

"Joder, llevo puesta la lencería de mi noche de bodas, joder, como no me di cuenta. Hostia, esto es humillante. Pobre Jandro".

Estos hechos sí que acabaron en un llanto triste de Isa, que mirando a la acera agachó su cabeza con pena, con resignación, puesto que de aquello no podría salir nada confortable para su matrimonio.

Cuando Isa levantó su cabeza se dio cuenta que ya estaba cerca de su trabajo. Por eso, se propuso cesar en su llanto, ya que delante de sus hijos no se lo podía permitir.

Se recompuso como pudo y envió un mensaje de gracias a Viva, sin querer verla para no tener que dar explicaciones.

Antes de que Isa llegara a La Guarde, Pilar había preguntado por ella, por necesitar uno de los dossiers que ella había reordenado y guardado en algún sitio donde Pilar no sabía. Viva le dijo que alguna cosa le debía haber pasado a Isa porque todavía no había regresado. Pero, antes de cerrar la conversación, Viva le anunció que Isa justo entraba por la puerta.

Pilar miró su reloj que le indicó las 17:28 horas. Pilar se dijo: "Qué raro. A ver si sus padres se encuentran enfermos".

Finalmente, de forma un tanto atropellada, como pasa cuando se hacen actos prohibidos, recogió a sus dos hijos y se dispuso a regresar a su morada. Mientras conducía hacia su casa, a Isa le atacó un buen desasosiego, un buen remordimiento de conciencia por los segundos cuernos colocados. Segundos, y en la forma en que lo había hecho, yendo ella a casa de Víctor. Pensó en el día cuando conoció a Jandro en aquel baile, en su primer orgasmo con él en La Villa, en su luna de miel insuperable en la cama, así como en lo que había disfrutado con su marido en su último polvo con él hacía tres días. Estos pensamientos la llevaron cerca del resbalón de lágrimas, pero era tal la revolución sanguínea que todavía llevaba tras el atracón con Víctor, que no le costó deshacerse del remordimiento y de los recuerdos anteriores al momento presente.

Ya lo decía el profeta: Es mucho más horrible y duele muchísimo más tras cometer el pecado una sola vez, la primera vez, que cometer el mismo pecado las cien veces siguientes.

Tal vez a ella ya le preocupara más la posibilidad, cada vez más seria, de perder su estupenda vida de afectividad, de comodidad, de seguridad que tenía en su casa, que el hecho mismo de haberle puesto los cuernos otra vez a su querido Jandro, porque ella ya estaba totalmente convencida de que volvería a hacerlo, que el día de mañana iba a volver, por eso se lo había confirmado a Víctor con un prometido "hasta mañana". En este punto, la razón y el juicio ya habían sido engullidos por el ardor y la pasión.

Antes de salir de su trabajo, Alejandro volvió a llamar a La Guarde para interesarse nuevamente por su esposa, para ver cómo iba su dolor de cabeza y su mareo. Le contestó telefónicamente Viva, quien le aseguró, inocentemente, que Isa estaba muy bien, que había estado más de tres horas fuera, pero que ya había vuelto y se había ido con sus hijos a casa.

A su hora, Jandro llegó a casa. Intentó comportarse lo más parecido al marido que era, que había sido, a pesar de los hechos conocidos mediante las llamadas a La Guarde.

Aprovechando el momento de sensibilidades flotando, ella tomó a su hija en brazos, lo cual, con intención o sin ella, le permitía conservar una cierta distancia física y, porque no, también emocional, respecto de su marido.

Jandro dejó sus cosas oficiales por allí, se sacó la corbata y parte del traje y, poniendo su cara buena, dio un abrazo y besos a sus hijos que se fueron corriendo a sus brazos, quien los recibió rodilla en el suelo. Tras ello, esperó algo por si Isa se movía. Ella esperó a que se moviera él. Los dos esperaron, sin que tuviera gran significado el término esperanza, sino el de dejar transcurrir el tiempo. Finalmente, Jandro se levantó y se le acercó. Él le dio un beso de marido. Ella puso sus labios delante, consintiendo el contacto, pero sin casi entusiasmo.

--¿Qué tal el día? --Preguntó él.

--Bien, normal. --Se calló ella un rato y después, poniendo cara de cierto cansancio, añadió. --Bueno, mal, un asco. Con tantos problemas, buf, no me encuentro bien. Tengo la barriga un poco revuelta y creo que algo de gastroenteritis.

Él tuvo que añadir sus tripas a su corazón para intentar tener más corazón.

Ella volvió a darse cuenta de que su actitud y comportamiento no eran los habituales de una esposa enamorada, por eso no se reconocía a sí misma. Se fue a la cocina. Tragó saliva y pensó con rabia, alterada:

"Joder, Isabel. ¿Tú que es lo que quieres, follarte a Víctor o conservar lo que tienes aquí en tu casa?"

Alguien llamó al timbre de esa su casa, lo cual distrajo a ella de su pregunta. Después de un momento, Jandro dijo en voz alta que alguien quería venderle una maravillosa descalcificadora de agua.

Ahora bien, si se le hubiera preguntado a la chica vendedora sobre qué era lo que Isa quería, si follar y disfrutar con Víctor, o, vivir y conservar lo que tenía en casa, posiblemente ella habría contestado:

"Las dos cosas".

Por la noche, se tomó una ducha, porque, aunque Jandro no lo sabía, ella seguro que olía a Víctor.

Bel tuvo que salir del baño, puesto que no podía quedarse allí lo que quedaba de noche. Puso cara de mareada.

Él le dijo sin más complementos.

--¿Otra vez estás mareada?

--Bueno, es que debo tener algo de gastroenteritis, porque voy un poco suelta. --Contestó Bel todavía desde el baño.

Salió directa a la cama, retiró la sábana y se metió dentro, cubriéndose con ella hasta los hombros, de espaldas a su marido.

Jandro se quedó de nuevo desconcertado. Ella no hacia eso. Nunca le había dado la espalda.

Claro que después cada uno dormía con sus posiciones preferidas, pero al momento de acostarse nunca la había visto en esa actitud que él tuvo que calificar como casi de rechazo.

Jandro seguía con sus conjeturas, con sus preguntas internas:

"Hace tres días que esto va de mal en peor. ¿O acaso son escusas? Antes de ayer le dolía la cabeza, ayer estaba mareada, hoy dice que tiene descomposición intestinal, pero no fue al médico, ni quiere ir. Lleva tres días muy rara, ya no me besa como antes, me da la espalda en la cama, me miente diciéndome que no salió del trabajo, pero no es cierto. ¿Qué hizo hoy más de tres horas fuera de su trabajo? ¿Por qué Bel desconecta su teléfono móvil o el mismo se queda fuera de servicio cuando se va de La Guarde? Esto nunca lo había hecho antes. Nunca me había mentido. Joder".

En su cabeza empezaba a dar vueltas algo sobre lo que él nunca se habría atrevido a contemplar, ni siquiera a imaginar, lo cual generaba angustias y preguntas inevitables:

"¿Esta Bel... viéndose con otro?".

Esto le quemaba las pestañas, las cejas y hasta las pupilas.

Jandro se movía entre dos aguas. De un lado, se resistía a aceptar que con Bel pasaba algo indeseado, pues la confianza en ella seguía siendo alta y la renovación de la promesa de amor eterno no tenía más de tres o cuatro días. De otro lado, él estaba percibiendo lo que en su trabajo se denominaban "indicios", los cuales apuntaban a que algo malo estaba pasando, pues desde que se conocieron, ella nunca rehuía la mirada suya y, últimamente, no la encontraba.

Bel se quedó dormida sin que la supuesta gastroenteritis le afectara en nada. Jandro no durmió en toda la noche, pues su cabeza no podía permitirse ningún descanso.

Él se fue a trabajar primero, como siempre. Jandro le dio un beso, sin más, como intuyendo que tal vez quedaran pocos besos con ella, sin saber, sin imaginar que ese sería el último, que ahí se habían acabado los besos entre Bel y Jandro. Sí, así de cruel es la vida.

Ella, como respuesta al beso de su marido, simplemente le puso los labios, así como de barrera, pero sin moverlos ni con el mínimo entusiasmo.

CAP 14 LAS CUCHILLADAS

Jandro estaba muy preocupado. Siempre había tenido confianza y fe en Bel, pero todo lo último pasado le estaba poniendo a prueba. Desde la tarde noche del cumpleaños con sus amigas, llegando a su casa más allá de las una de la madrugada, que nunca lo había hecho ni le había dado ninguna explicación creíble; el dolor de cabeza cuando se acostaba, pero no cuando se levantaba; cuatro días llevaban sin hacer el amor, lo cual solo pasaba cuando ella tenía la regla, y ese no era el caso ahora; se había ausentado de su trabajo durante más de tres horas, mientras que ella le había asegurado que había permanecido todo el día en su trabajo. ¿A dónde has ido, Isabel? ¿Por qué me has dado anoche esa mala contestación cuando yo solo me interesaba por tu salud?

Todo esto hizo que a Jandro se le pusiera la mosca detrás y delante de la oreja.

Él quería a su Bel más que a su vida, pero las pruebas pesaban mucho, y él de pruebas sabía tanto como el que más. Estuvo desde las ocho hasta las doce horas entre el no y el sí, entre que no puede ser y que sí puede ser.

Al final, puesto que las evidencias apremiaban, salió de su trabajo y se fue al de su mujer. Por el camino se sacó la chaqueta y la dejó en el coche. Se puso una camiseta gris y se colocó una gorra barata que había comprado previamente. Para lo formal que era Jandro vistiendo cuando trabajaba, con traje cada día, ahora con gorra y camiseta ya era otra persona, uno más que va por la vida, que no merece mayor atención.

Aparcó cerca, desde donde podía ver la entrada y salida del trabajo de ella. Esperó.

Ella salió unos minutos antes de las catorce horas. No pasó lejos del coche donde él estaba, lo suficiente cerca para darse cuenta de que Bel iba muy cambiada.

Su mujer iba más descocada de lo que él no la había visto nunca en la calle. Falda plisada, corta, tan corta que a él le pareció que no llevara falda. Zapatos de tacón, para realzar un trasero que imponía hasta a los indiferentes. Una camisa de tirantes muy finos, con un escote de vértigo. Melena suelta. Sonrisa alegre. Con los tíos que ella se cruzaba, la mayoría se giraban para remirarla.

Jandro se bajó del coche y la siguió, con el disimulo que pudo, pero sobre todo con una intriga desesperante.

Él la miraba desde una cierta distancia. Aun así, se le acudió que su Bel iba por la calle sin sujetador ni braguita. Ella llegó a la calle y número de destino, confiada.

Bel sacó de su bolso unas llaves, abrió la cerradura, empujó la puerta y entró.

"Joder, ¡tiene llaves!" --Lloró Jandro.

Ahí comenzó a llorar Jandro. Aquí comenzaron a clavársele las espinas a Alejandro.

Cuando él llegó a la portería, salía una señora y aprovecho para entrar. No sabía el piso. Subió una planta, pero no vio nada relevante. Subió a la planta segunda, y como no supo que hacer, prosiguió una planta más arriba. En la tercera planta, empezó a oír gemidos que procedían del piso de arriba, del ático. Eran de Bell, que en esas batallas ella era bastante escandalosa, lo cual él conocía bien. Subió al ático, donde estaba la última planta y piso. Allí ya se acababa la escalera. Los gemidos de Bel eran más audibles, tanto que eran insoportables. Se asomó a una ventana que daba a la escalera... y los vio.

Su Bel y otro tío, enzarzados en el suelo del comedor, comiéndose a besos, entregándose y vaciándose como desesperados. Cada gemido de ella, provocado por la entrada que el miembro del otro en ella hacía, era una catana que atravesaba el corazón de Alejandro.

Durante la mitad de un instante, Alejandro pensó:

"Dónde he visto a este tío".

Pero eso no le ocupó ni le preocupó al presente, porque ahora la preocupación era Bel, mejor dicho, Isabel, porque ya no volvería a ser Bel.

Alejandro permanecía en la ventana, aguantando con desespero las puñaladas carroñeras que, con cada empujón del otro, seguido por un temblor de placer de ella, se convertían en un temblor de intenso dolor para Alejandro.

Después del atracón en el suelo del salón, Isa y su amante se vinieron al sofá, que estaba ubicado a no mucho más de un metro de la ventana donde Alejandro estaba.

Víctor y ella estaban totalmente desnudos, los dos, como un hombre y una mujer están después de una fiesta en la cama o en el suelo.

En ese tiempo, Isa se descolgó con la siguiente pregunta:

--Oye, Víctor, más de una vez me lo he preguntado. ¿Tú y yo nos habíamos visto, no sé, hace algún tiempo?

--Sí, mi amor por ti no es de ahora. --Iba diciendo Víctor sin dejar de mirarla, a veces a los ojos, a veces a otras partes. --Hace seis o siete años nos vimos en un baile. Tú bailabas con un tío, creo que es tu actual pucho, y yo bailaba con una amiga nuestra, con Laila, ¿recuerdas? Tú y yo nos miramos, nos gustamos, y yo supe que nos volveríamos a ver, que estábamos destinados la una para el otro...

--¡Anda, claro! Ahora recuerdo, y es verdad, entonces ya me gustaste, pero te perdí la pista y no supe nada de ti hasta que apareciste en la discoteca El Cielo Total. ¿Qué hiciste en todo este tiempo que no me buscaste? --Lo dejó desconcertado, Isa.

--Pues estuve por América, dedicándome a los negocios. Me acordé mucho de ti, pero no podía venir a verte, las obligaciones me lo impedían. --Soltó Víctor mentira tras mentira. Víctor mentía muy bien, por lo que sus mentiras convencían en forma fácil. Alguien le había dicho que cuando pensaba algo era que estaba confeccionando la siguiente mentira.

--Pero, tu bailabas y estabas con Laila. ¿Por qué me miraste a mí? --Preguntaba Isa para que

Víctor la piropeara y le dijera que estaba mucho más buena que Laila.

--Tú también estabas y bailabas con otro, y también me miraste a mí, aunque a ese otro no le hizo nada de gracia. ¿Qué le dijiste para que se lo tragara? --Así contraatacó Víctor, quedando Isa en una posición un tanto incómoda, y no porque supiera que su marido lo estaba oyendo, sino porque eso no se lo esperaba.

--Pues, le dije, más o menos, que te miré por casualidad. Me salí como pude.

--Pero, no fue así, no me miraste por curiosidad, porque esas miradas nunca son casuales, ni tampoco son inocentes. --Apuntaló Víctor como si estuviera en una clase de psicología.

--No, claro que no son inocentes, pero ¿Qué iba a hacer yo? Si tú me hubieras hecho alguna señal, puede que aquel día no, pero al siguiente igual sí. Después desapareciste, y hasta que volviste a aparecer, y entonces ya me rompí de tal forma que ni estando casada pude resistirme. – Concluyó Isa tras haber sufrido el mayor ataque de sinceridad de su vida.

Alejandro, detrás de la ventana, sufría, y sufría, y la maldecía:

"¿Qué estás diciendo, cabrona? --Se tragó el mismo el insulto en forma de pensamiento.

Isa se tomó una copa de vino. Víctor se tomó dos. Ella estaba encantada, radiante, feliz. Mientras tomaban el vino, Víctor sorprendió a Isa con una alianza de oro blanco, prácticamente una copia de la que ella llevaba en su dedo izquierdo como prometida de Alejandro, puesto que ella seguía con los dos anillos de prometida y de casada puestos en su dedo. Víctor le sacó las dos alianzas; ella no se opuso, era todo inconsciencia. Su cara reflejaba un semblante de medio divertida, medio sorprendida. Tras ello, Víctor le puso la alianza suya en el dedo de ella y después le colocó nuevamente la de casada. Se levantó, se giró y metió la alianza de prometida de Alejandro en un cajón que quedaba detrás suyo, diciendo:

--Ahora llevas mi anillo de prometido, que es el bueno. El que traías no tiene ningún valor. --Los dos, Víctor e Isa, rieron satisfechos. Después Víctor le explicó que su anillo de prometido llevaba grabada, en su cara interna, la misma fecha de compromiso con Alejandro, para que ella no se sintiera incómoda y, además, justo al lado, llevaba grabada la siguiente numeración:

"0 09 0 06 0 20 21 0".

¿Qué significaba ese código secreto de doce dígitos numéricos? Víctor le fue descifrando a Isa, que lo escuchaba como embelesada:

--El primer cero no tiene valor, es para despistar.

--El siguiente 09 es el día actual, el día que quiero que sea el de nuestro compromiso.

--El siguiente 0 también es para confundir.

--El siguiente 06 significa el mes de junio presente.

--El siguiente 0 igualmente es insignificante.

--Los siguientes 20 y 21 corresponden con el año en curso, 2021.

--El último 0 es, asimismo, para enredar.

Eso fue lo que expresó Víctor, pero él sabía que no era así, puesto que ese código tenía otro valor muy distinto y trascendental para él.

A ella, cuando oyó eso de que el código descifrado llevaba inscrita la fecha del mismo día en que estaban, que según Víctor era la fecha del compromiso entre Isa y Víctor, aquello le levantó una ráfaga de algo que le nubló los ojos, pero embobada como estaba, se quedó en nada más, porque a su amante, media hora de descanso le había bastado para recuperarse muy bien, así que él se levantó, comenzó a tocar los pezones de Isa y su cañón comenzó a crecer y ponerse duro. El miembro de Víctor se había quedado a la altura de la cara de Bel y a un palmo de su nariz. Isa no pudo resistirse. Volvió a subirse en un impulso con cola de caballo, le apretó su miembro con las dos manos hasta que a él se le escapó un quejido desde lo más adentro.

Víctor, con más fuerza descontrolada que ternura, la levantó, casi la empujó para que Isa se quedara a cuatro patas y, sin más preámbulos, ni preparaciones, ni postámbulos, la penetró con todo lo que tenía como un león lo hace con su leona.

Alejandro, detrás del cristal, retiró su cabeza y cerró sus ojos con rabia y desesperación incontenida. El dolor era inhumano para un hombre que adora, que adoraba, a su mujer. Un tanto vomitó. No quiso ni pudo abrir los ojos, pero sus oídos, en contra de su voluntad, seguían oyendo la furia de los golpes que Víctor daba contra las nalgas de su mujer. El amante metió su mano por delante y frotó durante un tiempo el clítoris de la amante hasta que los gritos de placer de ella se escucharon por encima de los empujones de él, aviso de que el manantial de ella comenzaba a brotar y se hundía en el agobio.

Tras el éxtasis, Víctor, que no tenía más decencia que un cerdo, pero sí sabía encandilar a sus mujeres, pues de eso no le quedaban dudas a ninguna de las que por sus manos habían pasado, dejó descansar lo suficiente a Isa. Un tiempo después la levantó y la dejó estirada en el sofá.

Víctor seguía con su motor en marcha, por eso comenzó a mover sus manos, preferentemente, por aquellas partes del cuerpo de ella para mantener su temperatura, lo cual provocó que Isa, que antes había hecho la bajada, comenzara de nuevo la subida y a jadear lentamente.

Por un rato todo estuvo sin gritos, sin signos aparatosos, momento en que Alejandro necesitó saber que pasaba y abrió sus ojos.

No pudo evitar ver que el amante levantaba las piernas de su mujer, le doblaba sus rodillas e hizo que las mismas le quedaran cerca de sus pechos.

Víctor, cuyo miembro seguía encendido porque en esta segunda sesión ya aguantaba más tiempo furioso, la penetró hasta donde pudo. A ella se le escapó un ahogo. Víctor siguió con sus idas y venidas por un tiempo largo, hasta que comenzó a sentir la llamada de la vida. Isa, quien esta vez fue ella la que metió su mano, se frotó lo suficiente hasta que de nuevo comenzó a contraerse.

Los dos gritaron escandalosamente en la descarga, hasta quedarse extasiados, mientras Alejandro, detrás de la ventana, y a no mucho más de un metro de ellos, se derrumbó en un escalón llorando más que un bebé abandonado, intentando con sus manos cerrar sus ojos y sus oídos. Por su posición respecto del sofá interior, Alejandro había tenido la desgracia de tener que ver y tragar desde la primera fila, como el miembro masculino del amante se movía y se hundía dentro del miembro femenino de su mujer, hasta que la naturaleza determinó el fin de los empujones de Víctor y de los temblores de Isa y, con ellos, el fin de las cuchilladas carroñeras y por la espalda que en igual número tuvo que sufrir Alejandro.

En esta segunda sesión, Isa se había desprendido un montón desde sus entrañas, porque las hembras tienen esta privilegiada capacidad para el goce prolongado, sublime, cuya capacidad, debido a los mandatos de la naturaleza, está muchísimo más limitada en los machos.

Cuando Isabel y Víctor se serenaron y consiguieron levantarse, ella se calzó, se vistió con su falda y su corpiño, sin otro tipo de prendas que no había traído, mientras decía.

--Tengo que ir a recoger a mis hijos, porque a ellos sí que no les puedo fallar.

Víctor e Isa se dieron un beso largo, de esos que se dan con satisfacción. Ella recogió el bolso y traspasó la puerta de salida del piso.

El salió tras ella, totalmente desnudo, en busca de otro beso. Se detuvieron en el descanso de la escalera, delante de la puerta de entrada. Se abrazaron. Alejandro, en frente, estaba muy cerca de morirse. Isa y Víctor se besaron con deseo.

--Isa, me gustas muchísimo.

Víctor, acariciando la melena de ella, le dijo con voz ronca. Y se besaron con ganas.

--Tú también me gustas un montón, Víctor.

Isa, le aseguró a él, viviéndolo. Se volvieron a besar con más ganas.

--Cariño, me estoy enamorando de ti.

Víctor profundizó, quien tenía sus manos sobre la cintura de ella y sus ojos revoloteando por su corpiño.

--Yo ya lo estoy de ti, más que de nadie, mi amor.

Isa soltó de carrerilla.

En el viento se había oído algún aviso, bastante desesperado. Sí, se oyó algo que salió del corazón de un hombre que no estaba lejos, pero Isa y Víctor embelesados con lo suyo, no se percataron. Se besaron de nuevo con muchas ganas.

Cuando las lenguas regresaron a sus propias bocas, Víctor bajó sus manos hasta las nalgas de Isa, se las apretó como si quisiera exprimirlas, y con los ojos envueltos por la lujuria, finalizó.

--Qué buenísima estás, Isa, mi amor, tu marido no sabe lo que se pierde.
Víctor dijo con sentimiento eufórico.

Isa se quedó en el aire, flotando, mirando a Víctor como si fuera su salvador eterno, hasta que le contestó con entereza, pero a trozos, remarcando con intensidad aquello que decía:

--¡QUE SE JODA... EL CORNUDO... DE MI MARIDO!

No tardó en oírse en el aire un ahogo de dolor y sufrimiento inhumano.

El corazón de Alejandro se estaba saliendo a trozos por su boca y narices.

Isabel y Víctor, todavía abrazados, giraron sus cabezas para percibir de donde salía aquel llanto agónico.

Fue cuando Isabel, allí, lo vio.

Vio que su marido, Jandro, que su amado Alejandro, estaba allí delante, derrumbado en un escalón, a menos de dos metros de ellos, hundido, con sus ojos llenos de niebla, y de rabia, y de odio, y la cara contraída como la que tiene alguien que está cayendo al suelo desde el piso más alto de un rascacielos de 100 plantas.

Las miradas de Isabel y de Alejandro se encontraron.

Había helio en la mirada de Alejandro.

No se sabe lo que había en la mirada de Isabel.

Ella no pudo sostener su mirada más de dos segundos.

Alejandro, quien tenía su cabeza agachada y aguantándola entre sus manos, levantó su vista y le soltó.

--Maldita, que me has hecho, maldita.

Isabel sintió un escalofrío muy frio que recorrió todo su cuerpo en esos dos segundos.

Su corazón empezó a avisar de insuficiencias cardíacas.

Eran síntomas de desmayo.

Sus piernas comenzaron a mostrarse débiles.

Sus piernas perdieron toda la fuerza. Su cuerpo comenzó a resbalar hasta el suelo, quedando su espalda apoyada sobre las piernas de Víctor y su nuca apoyada en el miembro de su amante. Allí se quedó ella, casi totalmente fundida.

Pudo percibir, sin embargo, como a su marido le resbalaban de sus ojos varios lagrimones redondos como nueces, grises, como si fuesen de plomo.

¡Ella nunca había visto llorar a su marido! Al mismo tiempo, Isabel percibió que de la palma de las manos de su marido se escapaban gotas de sangre producidas por sus propias uñas al clavársele hasta los huesos de sus manos apretadas y reventadas.

La tragedia ya estaba situada encima, y por debajo, y a los lados. Los recuerdos se pueden envolver, se pueden esconder, los hechos no.

También ella alcanzó a ver como su marido, aunque con mucho sufrimiento, consiguió incorporarse bastante haciendo el avión. Comenzó a caminar como un robot, arrastrando sus pies, sin ganas de vivir. Agarrándose al pasamanos de la escalera, fue capaz de irla bajando con un balanceo de borracho descontrolado. Hasta que, escaleras abajo, desapareció.

A Isabel comenzó a faltarle el aire. Víctor consiguió arrastrarla hasta dentro de su piso, donde estuvo tirada en el suelo por tiempo indeterminado.

La cordura comenzó a bajar de las nubes para situarse a ras de suelo.

Ella le dijo al viento, porque no iba dirigido a Víctor, de quien, fuera de la cama, nunca podría esperar mucho; tampoco lo había dirigido a

Alejandro, de quien, lo había recibido todo, pero que nunca más podría esperar nada:

"Acabo de arruinar mi vida".

Víctor, pensando en su negocio y en sus planes de futuro, le ofreció a ella.

--Quédate aquí, conmigo.

Pasó un tiempo, espeso, maloliente.

Isa con la cabeza hecha un hormiguero, le contesto a Víctor, como resoplando.

--Ya, pero tengo dos hijos pequeños, ¿Qué hago? Sabía lo que tenía que hacer en mi casa, allí todo era fácil, pero ahora... --Y reventó a llorar.

Cuando recuperó un poco la cordura, de nuevo se acordó de sus hijos. Eran las ocho de la tarde. Llamó a La Guarde, pero ya nadie contestó. Llamó al móvil de Pilar y ella sí que contestó:

--Hola, Isa. Oye, ¿qué haces? Te hemos llamado un montón de veces al móvil, pero tú nada, estabas muerta...

Isa pensó:

"Tienes razón, sin saberlo. Estoy muerta".

Ella no quiso, no pudo entrar en más detalles, por eso se quedó un instante en blanco, sin decir nada de nada, hasta que Pilar siguió.

--Como tú no contestabas, llamamos a Alejandro, quien recogió tus hijos y se los llevó con él.
--Gracias, Pilar. Hasta mañana. --Consiguió decir Isa a punto de derrumbarse.

Ella sabía que sus hijos con su padre estarían bien. Alejandro nunca fallaba, no como ella, que no había ido a recogerlos.

"Que miserable soy, como has podido dejar tirados a tus hijos".

Así que, sin saber qué hacer, porque para ir a su casa, a casa con Alejandro, no tenía fuerzas, ni estómago, ni intestino, inició el camino de casa de sus padres, como todos y todas, cuando conviertes tu vida en un estercolero, entonces vuelves a casa de tus padres.

CAP 15   PARTICION DE PERAS

Isa muy mal pasó la noche en casa de sus padres. Se fue a casa de sus padres debido a que era tal el grado de culpabilidad por la putada hecha a Alejandro, sí, putada, con todas las letras, como Isa reconocía, que ni se atrevió a volver a su casa. ¡Dios, ni a su casa!

Pero, claro, o lo piensas antes y no te dejas caer en la poza o, después del encierro, ya solo queda afrontar las consecuencias.

Cuando Isa llegó al piso de sus padres, su padre había salido a la farmacia para conseguir un colirio que necesitaba.

Su madre, al ver a su hija que venía sola, sin su marido, envuelta en un estado penoso, se asustó e intentó ayudarla, pensando que habría habido un accidente de circulación o algo parecido.

Isa se dejó caer en el sofá, rompió a llorar nuevamente y comenzó a decir cosas.

--Mama, espero que al menos tú me perdones, porque las hice muy gordas, las hice muy bárbaras. Ahora que Papá no está, más vale que no se lo digas, porque no sé si él lo aguantaría...
--A ver, hija, me estás matando. Yo no le voy a esconder nada a mi marido, a tu padre, y tú no deberías...
Isa agachó su mirada y lo agachó todo. De eso se trataba. Por eso dijo con su corazón comprimido en su puño derecho.
--Eso debí hacer yo, pero vuestra hija es tan cabrona que no se merece a su marido...
--Pero, qué dices, hija, por Dios, ¿qué has hecho?
La hija solo lloraba, no podía articular ni palabra. La madre, que por eso era mujer, empezó a entender que su hija había cometido una barbaridad o más de una, viendo lo dicho por ella sobre que eran gordas y bárbaras.
Llegó su padre y se encontró con el pastel ya cocinado. Su padre, que moría por su hija, la machacó con preguntas.
--Pero, vamos a ver, Isabel, que una mujer casada, con dos hijos, con el marido que tú tienes, se vaya con dos amigas a tomar una cerveza a un bar para celebrar su cumple, vale, pero ¿A qué bajas a un club a bailar? ¿Con quién pretendías bailar?

Isa solo acertó a pensar:

"Uf, si con solo decirle que había ido a bailar, con el manoseo, ya se pone así, si le digo que yo me fui a la casa de Víctor y me metí en su cama con él, me desangra. Lo que no sabe mi padre, es que ahora ya no tengo marido".

Claro que sí, la hija sabía que su padre tenía razón. Ella sabía que sus reproches estaban más que justificados, y le dolían en su alma, pero en su otra alma sabía que volvería a la cama de Víctor, con reproches o sin ellos, volvería.

Su madre intentaba comprenderla, pero su padre, que moría por el bienestar de su hija, estaba indignado con su Isa, tal vez, vaya usted a saber, porque puede que eso de los cuernos fuera mucho peor llevado por los machos, por los hombres, que por las hembras, por las mujeres.

Isa tenía mucho cariño a su padre, pero se sentía tan culpable que no sabía cómo explicárselo ni justificárselo. Bueno, justificárselo, ¿Cómo?

Los padres de Isa conocieron la historia en forma cruda, sin los detalles íntimos, pero con todo lo que envuelve una bolsa de basura. Quedaron desolados, por cuanto tenían confianza en que su hija envejeciera con su marido y ellos poder morirse en paz y sin preocupaciones respecto de ella y de sus nietos.

Los padres de Isa no durmieron; Isa tampoco.

Isa no fue a trabajar. Era incapaz de coordinar dos ideas con coherencia. A mediodía, ella ya no aguantó más sin ver a sus hijos y se fue, con su madre, a su casa, donde estaba Alejandro con los niños. Se fue con su madre, no porque tuviera temor físico de Alejandro, en absoluto, Isa no pensaba eso, sino para que le ayudara a transportar a los niños y lo necesario de ellos y algo de ella. Ella había decidido, unilateralmente, llevarse a sus hijos con ella, pues sabía que su padre no plantearía problemas que desestabilizaran a sus hijos. Lo mismo que sabía con seguridad que Alejandro jamás la perdonaría.

Unas tres horas antes, Alejandro recordó una película que había visto en un tiempo no muy lejano, pero que le había impactado tanto que decidió ponerla en práctica:

"Ya está. Es una solución temporal, pero me sirve".

Llamó a la ferretería del barrio y les encargó un bidón de cinco kilógramos de pintura rojo brillante, de secado rápido. Asimismo, una brocha plana de doce centímetros de ancho, para que la línea quedara bien visible y no hubiera dudas de donde estaba la frontera. Un empleado joven le trajo el encargo a su casa y él se lo pagó.

Alejandro había comunicado a La Guarde que hoy los niños se quedarían en casa. En poco más de quince minutos de duración, y mientras sus hijos todavía dormían, Alejandro se remangó y pinto una línea roja de doce centímetros de ancho, que separaba la casa en dos mitades más o menos iguales y equilibradas.

Los niños se despertaron con el trasiego de la pintura y se quedaron boquiabiertos y sumamente divertidos con la línea roja. La felicidad es despreocupada, por eso es felicidad.

Con mucha pena y tristeza, Isabel entró en su casa. Esa era la vida real, entrando en su casa con total tristeza, quien se lo iba a decir.

Cuando Isabel entró y vio su casa dividida en dos mitades por aquella banda roja, se mordió los dos labios, la lengua y todo lo que estaba al alcance de sus dientes.

No entró en pánico de nuevo porque vio a sus hijos que venían corriendo hacia ella y llamándola, sin preocuparse de la línea roja, claro, porque, aunque no lo sabían, ese límite no estaba destinado a ellos, sino a la madre de ellos.

--Mami, Mami. --Gritaban. Les preguntó a sus hijos por si habían comido sin dejar de abrazarlos y de besarlos. Estuvo un tiempo abrazándolos como si no los hubiera visto desde su nacimiento, hasta que les dijo que salieran a la calle, que la abuela les estaba esperando.

La madre de Isabel salió a la puerta de la casa con los niños. Alejandro estaba sentado, dentro de su zona, en una butaca individual que quedaba de espaldas a la zona destinada a Isa, lo cual le permitió a ella un alivio inmenso, pues ella no se atrevería a mirarlo a los ojos por lo culpable que se sentía.

Isabel cogió algunas cosas entre sollozos, aguantándose con las manos para no derrumbarse. Miró varias veces a su marido, que oficialmente todavía lo era, esperando ver si él decía algo o mostraba algún signo. Cuando ya no pudo aguantar más, ella alzó su cabeza y volvió a mirar a Alejandro, mejor dicho, miró a la nuca de su cabeza, que era lo único que podía ver. Del alma encogida de Isabel, contraída por el dolor, le salió con medio hilo de voz:

--¿Pode..., podemos..., hablar?

Nada. Silencio. Ni un gesto, ni un movimiento de él.

Ella esperó y desesperó como no recordaba, hasta un punto que poniendo por delante la poca dignidad que le quedaba, todo lo que le quedaba en su sangre, en su corazón y en su alma, consiguió que en el aire se oyera:

--¿Podemos... arreglarlo?

Silencio, un silencio aplastante y cortante se apoderó de aquella casa. Era un silencio que ella interpretó como de... de... desprecio absoluto.

Isabel, quiso decirle, pero se quedó en la intención:

"Jandro, yo no quería llamarte cornudo, no, no, no..."

A Isabel comenzaron a fallarle las fuerzas. Se dejó caer en un sofá que estaba asignado a su parcela. Tomó aire entre sofocos y lagrimones. Después de un rato larguísimo, donde el aire era tan espeso como la mermelada, Isabel consiguió ponerse en pie y arrastrar sus pies y zapatos pesados como de plomo hasta que salió a la calle para reunirse con su madre y sus dos hijos.

Isabel lloraba. Su madre lloraba. Sus hijos lloraban.

Se fueron empujados por la desesperación hasta que regresaron al piso de los padres de Isa. Allí se quedaron hasta que los niños cenaron algo, los acostaron y con mucho trabajo de la abuela, se durmieron.

En aquella vivienda, aquella noche no se veía ni se oía la tele. No se hacía nada. Isa estaba tirada en una butaca individual. Su padre y su madre estaban tirados en un sofá de tres plazas. Los tres miraban al suelo sin ver nada. En algún momento,

su madre, levantó el ancla y dijo, en forma de preguntas sangrantes, a su hija Isa.
--¿De verdad, crees que puedes arreglarlo, Isabel?

La madre le hizo esa pregunta porque desde la puerta de salida de la casa de su hija y de su yerno (al menos, eso era hasta hoy) había oído la pregunta que su hija le había largado a Alejandro sobre si podían arreglarlo.

La madre, que llevaba muchas horas guardándoselo, aguantándoselo, explotó:

--¿Cómo pretendes arreglarlo, dime, metiéndote los dedos y quitándote toda la leche que ese Víctor te metió dentro? ¿Crees que Alejandro se puede olvidar de las marranadas que él vio como tú y ese Víctor os hacíais delante de sus narices? ¿De verdad crees que…?

--Eres peor que una hiena. No me machaques más... --Gritó Isa desencajada, mientras se iba tambaleándose a su habitación de soltera.

CAP 16   EL DIVORCIO

Pasaron unos días. En uno de esos, Alejandro tuvo que ir a buscar a sus hijos a casa de los padres de Isabel. Era lo que conllevaba tener hijos comunes. Él no miraba a la que había sido su mujer, incluso, se alejaba de ella todo lo posible. Tampoco pronunciaba su nombre y, cuando estaba obligado a hacerlo, ya no le llamaba por Bell, ni siquiera por Isa, sino por Isabel. Tampoco le dirigía la palabra, pues cuando tenía que comunicarse con Isabel, por algo necesario relativo a sus hijos, lo hacía enviándole un mensaje.

Eso fue lo que también hizo esta vez:
"Estoy abajo para recoger a los niños".

Solo escribía el contenido, secamente. Nada de saludo, nada de despedida.

"Estoy fuera. Los niños están con mis padres". --Contestó Isabel, en igual tono.

Alejandro llamó al timbre del piso de los abuelos de sus hijos.

--Sí. --Respondió una voz de mujer.

Alejandro conoció la voz de su suegra, su exsuegra o lo que fuera, ya que al presente ya era difícil saber el grado de relación entre ambos. Eso le hizo dudar sobre la forma del saludo, pues no habían vuelto a hablar desde antes de los terremotos de los cuernos. No obstante, Alejandro, tirando de cerebro, se dijo que la despreciable era Isabel, no sus padres, puesto que él estaba casado con ella y sus padres no tenían culpa de las fechorías de su hija. Estos razonamientos le hicieron adoptar una actitud bastante menos agresiva, sin sonrisas, con dureza, pero cerca de la corrección.

--Eh, soy Alejandro. Vengo a recoger a los niños.

--Sube, por favor. --Se oyó a través del interfono, con un tono de mínimos y usando un "por favor", hasta ahora inusual.

Cuando Alejandro alcanzó el piso indicado, encontró a la madre de Isabel esperando, apoyada en el marco de la puerta, por si las fuerzas le fallaban.

--Buenas tardes. --Saludó Alejandro, que era el que llegaba. Ese fue el deseo cortés, si bien para los dos esa era solo una fórmula convencional de esconder la realidad.

--Hola, Alejandro. --Contestó su suegra intentando capear el temporal, aunque su cara lo decía todo.

Alejando se detuvo a unos dos metros de la puerta, anunciando que no iba a entrar, pues aquella situación también era altamente incómoda para él. Iba a decir que andaba justo de tiempo y que agradecería les trajeran a los niños. No obstante, a ello se le adelantó su suegra diciéndole.

--Los niños están en el lavadero jugando con el abuelo. Ahora los traigo.

La abuela se dio media vuelta para irse, pero continuó la vuelta entera hasta que estuvo otra vez en frente de Alejandro. Ella apareció con ojos llorosos, muy tristes, y la vista baja, muy avergonzada.

--Lo siento, muchísimo. --Dijo la suegra con un hilo de voz.

--No, no es culpa tuya... --Estaba hablando él.

--Sí, sí, en parte lo es. --Replicaba la suegra intentando mantener su cabeza mínimamente levantada.

--No, no lo es. --Aseguró Alejandro. --Yo de culpas creo que se algo más. Eh, cada uno es responsable de sus actos; no, no fuiste tú la que se metió en casa y en la cama de otro. --Hubo un rato de silencio, pesado, amargo.

La madre de Isabel reunió todas las fuerzas que le quedaban y, mirando a sus propias zapatillas, se atrevió a medio afirmar y a medio preguntar.

--No podrás... ¿perdonarla?

La luz de la escalera se apagó porque el tiempo de encendido se había consumido. Todo se quedó negro, como negra estaba la lengua de Alejandro y como negras iban a ser sus respuestas.

--Hasta... hace unos días, habría dado mi vida por ella, por tu hija; si su corazón se le hubiera parado, me habría arrancado el mío de mi pecho y se lo habría dado.

--Te entiendo. --Musitó tan bajo la suegra, que a duras penas fue perceptible. Y añadió marcando un enorme grado de preocupación en su rostro. --Sin embargo, tenéis tantas cosas en común, que...

Alejandro estaba hundido, con los hombros caídos y la mirada perdida. De esta situación era imposible que saliera nada conciliador, nada negociable, por eso fue hablando con toda dureza, tanto que se le veía sangrar con cada palabra que decía:

--No, no lo creo. Dudo que me entiendas. Isabel tuvo mi polla solo para ella mientras se conformó solo con la mía. Ahora, ya puede seguir metiéndose la de su amante o la de cualquier otro, pero nunca más se volverá a meter la mía.

El abuelo salió con los niños.

--Papa, Papa. --Se les oyó a ellos medio ajenos al drama que había en casa.

Alejandro apretó el timbre de la luz de la escalera, le dio un beso a cada uno de sus dos hijos y dijo simplemente a su suegro:

--Gracias.

Padre e hijos se cogieron de la mano, y se fueron.

Pasaron unos cuantos días. Isa regresó cerca de la noche al piso de alquiler de sus padres. Había ido a trabajar por la mañana, puesto que ahora la situación económica distaba mucho de ser de bonanza como lo había sido durante los años anteriores.

En su trabajo ya las cosas habían cambiado. Pilar, la directora y en parte amiga, ya se mostraba con ella bastante más distante que en tiempos cercanos. Pilar no conocía los detalles de las correrías de Isa, aunque si sabía, por las salidas de La Guarde y por sus propios ojos, que Isa estaba metida en algún fregado sexual, tanto que hasta había comentado con Ramón, el marido de Pilar, algo con mucha pena:

"¡Pobre Alejandro!".

Laila, una de las dos supuestas amigas desde hacía muchos años, había dejado La Guarde para irse a mejor vida, y aunque Isa no sabía cómo era esa mejor vida, Laila se había ido al otro lado del Atlántico, pero Isa no conocía más detalles. Quedaba Viva, en la que Isa seguía apoyándose. Claro que, no puedes mentir eternamente ni pedir favores a oscuras en forma vitalicia, de ahí que Isa tuvo que sincerarse con Viva, para que ésta la siguiera cubriendo en sus escapadas vaginales.

Y así era. Isa seguía yendo a casa de Víctor cuando el reloj marcaba las dos de la tarde. Ella comenzaba a sentirse incómoda con eso de que siguiera siendo siempre a la misma hora, como si sus polvos estuvieran programados, ni antes ni después, sin saber dónde Víctor andaba fuera de aquella hora de sexo atropellado.

Aun así, fuera por la inercia que las decisiones adquieren, fuera porque a ella le aterrorizaba haberlo tirado todo al wáter por solo tres días de cama, o fuera como fuera, Isa seguía yendo a cumplir con sus obligaciones para con Víctor. Que bárbara era la vida, como si ahora ella ya se hubiera creado obligaciones para con su amante.

Cuando entró en el piso de sus padres, su madre la estaba esperando con una carta en su mano. Leyó que la procedencia era del Juzgado y sintió que algún hueso se le torcía. Y efectivamente: "Demanda de divorcio".

Eso decía el documento que encontró dentro del sobre. Isa se sintió muy mal, y aunque supiera que eso iba a pasar, eso siempre duele, pues una desgracia siempre es una desgracia, aunque sea una desgracia anunciada y fomentada, puesto que ella seguía metiéndose en la cama de Víctor, lo cual no ayudaba precisamente.

A pesar de todo, los padres de Isa siempre mantuvieron la esperanza de que la vida envidiable que tenía su hija, y también sus nietos, pudiera volver, aunque fuera con alguna grieta. Pero esas esperanzas se fueron por el desagüe con aquellos papeles del divorcio que habían llegado a su vivienda.

Isa se fue al Juzgado el día y hora que la habían citado, sin que estuviera Alejandro, pues los actos de firma se celebran con los excónyuges en días separados. Ella firmó el divorcio de mutuo acuerdo, incluido el Convenio Regulador propuesto por Alejandro, y regresó a su trabajo. No lloró, ya no era época para lloros, si bien nadie le vio nada de su cara en todo el día, ni sus ojos, ni sus labios, ni su dentadura asomaron, nada, pues la tristeza que la invadía era tal que le impidió ofrecer a nadie ni un tercio de una sonrisa.

El Convenio Regulador aceptado, el cual es informado por el Fiscal y, finalmente, decide el Juez, contenía todo el régimen de alimentos, visitas y demás decisiones respecto de los hijos, fijaba patria potestad y custodia compartidas, de modo que la primera quincena del mes, los hijos de Isabel y de Alejandro convivirían con Isabel, mientras que Alejandro los atendería la segunda quincena del mes. También pactaron que, al aceptar custodia compartida, los gastos ordinarios de cada quincena los asumiría el progenitor con el qué los hijos convivieran, evitando así las compensaciones por alimentos siempre problemáticas. Además, los gastos extraordinarios de los hijos se pagaban por mitad.

Claro, tener a tu lado a tus hijos de cuatro y cinco añitos es maravilloso, pero eso requiere recursos económicos, y los de Isa no eran nada abundantes al presente. No lo eran porque sus ingresos de La Guarde eran limitados y, por otra parte, los ahorros que debería tener procedentes de la venta a Alejandro de la mitad de la que había sido su casa común, se habían esfumado. Esperaba que regresaran algún mes próximo con intereses, sí, sí, esa era la esperanza, pero de momento no estaban, ni el capital ni los intereses.

Isabel estaba en esta situación porque se había dejado enredar, otra vez. Así le decía a su amiga Viva, ya que a su padre no se atrevía ni a contárselo.

--No sé cómo saldré de ésta. Mis hijos necesitan cosas, y... --Decía Isa todavía más o menos tranquila.

--Pero, tú tienes dinero, ¿no? Me dijiste que Alejandro te compró tu mitad de la casa que teníais en común y te la pagó muy bien, que en eso no fue rácano. Además, te transfirió más de la mitad de los ahorros conjuntos que teníais. Y si, además, él paga la mayoría de los gastos gordos de tus hijos, ¿Dónde tienes el problema? --Razonaba Viva.

--Creo que he vuelto a hacer otra barbaridad con Víctor. ¡Dios, como puedo ser tan idiota! Me pienso que todos los tíos son leales, como Alejandro, y así me luce el pelo. --Se quejaba Isa con amargura.

--Pero ¿Qué otra barbaridad acabas de hacer con Víctor? --Preguntaba Viva con la nariz arrugada.

--Joder, Viva. Me aseguró que era una operación segura y muy rentable. Yo vi, o creí ver, que podía mejorar mucho mi cartera, sobre todo por mis hijos, y le entregué lo que tenía, lo que recibí por la mitad de la casa que Alejandro ingresó en mi cuenta, más la mitad de los ahorros que teníamos cuando estábamos... juntos, incluso más de la mitad. A ver, Víctor sabe manejarte, y justo después

de un polvo que te nubla el sentido, te pide que confíes en él, que te va a doblar el dinero y...
--Sí, y te la metió doblada otra vez. --Añadió Viva.

Isa estaba al borde del desmayo, por idiota, por incauta y por cría. A ella, su situación personal no le preocupaba mucho, pero estaban hablando del dinero que debía ser sagrado para las necesidades de sus hijos, y otra vez, pensando en Víctor, había pensado con la entrepierna. No tenía perdón. Víctor había sido su ruina familiar y sería su ruina personal.

--Joder, Isa, tienes que mandar a la mierda a ese Víctor de una santa vez. Arruinó tu vida al separarte de tu marido y, no satisfecha, ¿Vas y le entregas hasta el último céntimo? Hostia, Isa, despierta. Que te lo folles, si tanto te pone, pues vale, tú sabrás, pero ¿y tus hijos? --Le sermoneaba Viva.

Isa, tras aquella amarga conversación, regresó al piso donde vivían sus padres, que ahora también era su vivienda.

Quiso sincerarse con su padre, a quien no le contaba tantas cosas como a su madre. Cuando su querido padre tuvo conciencia de que su hija había entregado todo su dinero a Víctor, se puso por encima del firmamento.

--Pero, Isabel, ¿Cómo se te ocurre darle todo tu dinero, el dinero de tus hijos, a ese... chulo tuyo?

Isa no pudo con aquello, aquello de que Víctor era su chulo se le metió hasta su más adentro. Se levantó desorientada y se fue descompuesta a su habitación.

CAP 17 ¿POR QUÉ?

Como Isa no tenía con ella a sus hijos, ya que esta quincena le tocaba a su exmarido, había invitado a Viva a tomar una copa. De paso le agradecería lo mucho que la estaba ayudando en la Guarde, supliendo ciertas deficiencias que ella llevaba debido a su vida desordenada desde hacía algún tiempo. Además, con Viva era muy fácil hablar de lo que fuera, nunca habían tenido tapujos ni tapones para contarse lo que fuera, y más ahora, que las dos estaban divorciadas, sin necesidad de justificar lo que decían ni lo que hacían.

--Viva, antes de que se me olvide, yo quiero que sepas que te considero mi mejor amiga y que te estoy muy agradecida por lo mucho que me ayudas en La Guarde, pues sin ti seguramente ya habría tenido mayores problemas con Pilar, que últimamente está muy en su puesto de directora.

Hablaron de los tiempos cuando las dos estaban casadas, de sus cosas buenas y de sus problemas. Viva decía con parsimonia, mirando a su copa de cerveza, como pretendiendo verlo todo a través del cristal de la copa.

--Yo, chica, mi ex era un capullo, por eso lo nuestro tenía que acabar mal y acabó mal, pues yo me quedé con mis cuernos en mi casa y él se fue a pendonear con la otra. Ahora bien, yo a ti te veía tan enamorada de tu marido, con tanto sentido de la responsabilidad de mujer casada, que no acierto a entender que te dio ese Víctor.

Isa en este punto ya desenredaba su cabeza y retorcía sus manos intentando rebuscar alguna justificación que se aguantara, pretendiendo utilizar razonamientos de una mujer casada, aunque ahora ya no lo estaba. En todo caso, respecto de cómo terminó su matrimonio, ahora que ya había transcurrido algún tiempo, esa media lejanía le permitía pensar algo más serena y objetivamente. Además, la fiebre con Víctor ya se le había enfriado muy mucho, así que eso también le permitía hablar con menos condicionantes.

--No lo sé, Viva. Que se yo lo que vi, puede que unos labios diferentes, una polla diferente, no sé, supongo que vi un tío diferente. Mira, Laila es lo que es, pero se ha merendado a muchos tíos y en ese terreno tiene razón en algunas cosas. Cuando dice que lo distinto y lo nuevo excita, seguramente tiene razón. Lo nuevo cautiva. Ahora bien, si estás casada, tienes que pensarlo, que fue lo que yo no hice. Joder, en los primeros tiempos nunca supe como he podido dejarme manosear por un tío que hacía media hora que me lo habíais presentado; como pude dejarme follar por Víctor sin mediar palabra, simplemente con una mirada y una sonrisa; como he podido ir a su propia casa a tirarme a ese tío, porque iba a eso, a meterme en su casa y comérmelo entero; como he podido llamarle cornudo a mi marido, escupiéndoselo encima de sus propios cuernos. Dios, como he podido. --Isa tenía la cara como se tiene en un cementerio.

--Pues porque tú eres una mujer y Víctor es un hombre. --Se quedó descansada Viva.

--Pero ¿Qué dices? Calla Viva. --Pedía Isa. –Fui una niña. Ni puedo echarle la culpa al alcohol, o sea, justificarme con que estuviera borracha, porque no lo estaba, joder, me había tomado dos botellines de cerveza, sí, pero sabía perfectamente lo que hacía. Vale, después había empezado a tomarme un gin-tonic, pero había tomado solo un trago y, en todo caso, antes de empezar con el gin-tonic ya había mirado a Víctor como para comérmelo, ya le había sonreído con soltura sus tonterías, ya me había dejado toquetear mis dedos y acariciarme mis manos con las suyas, y hacerme ochos en un muslo. Por eso Víctor se lanzó a meterme mano hasta adentro. No, no tengo escusa.

Le había prometido muchas veces a mi marido que ningún otro tocaría ni un centímetro de mi piel, y aquella noche en el baile le hice la primera putada, máximo cuando se lo oculté.

--Isa, ¿Cómo puedes ser tan... real? Yo creía que cuando alguien pone los cuernos siempre miente, nunca reconoce ser una golfa... --Se esforzó poco Viva.

--Joder, Viva, porque yo quería una tonelada a mi marido...

--Joder, Isa, no me trates de tonta. --Repitió Viva un tanto alterada y en forma semiautomática. --¿Lo querías tanto y le has puesto los cuernos yendo tú a casa de Víctor al segundo día? A ver, Isa, que soy yo, Viva, no me jodas, que no te persiguió él, que fuiste tú quien te metiste en su casa y en su cama, ¿O no?

Esto último jodía mucho, por eso durante unos minutos entraron en otro tipo de conversación, algo banal sobre el trabajo, pero como que el agua siempre desciende hacia el mar, pronto volvieron al punto anterior, donde Viva volvió a entrar al ruedo:

--Pero, si estabas tan enamorada de tu marido, y te tenía tan encandilada después de seis años de cama, ¿Qué te dio Víctor aquella primera tarde en el baile El Cielo Total para tirártelo al día siguiente, sin mediar ni palabra, en la Sala V? ¿Qué pasó? ¿Qué Víctor la tenía más hermosa que Alejandro y te impresionó? --Preguntaba Viva moviendo los brazos y poniendo cara de no entender nada.

--Ni eso. --Replicó Isa, sin más detalles, quedando medio paralizada.

--¿Ni eso? --Intervino Viva de nuevo. –A ver ¿Qué buscabas en su casa? Que iba a ser, la buena tranca de Víctor. Y no me vengas ahora con que eso era lo de menos.

--Vale. --Admitió Isa. –Víctor no estaba mal, pero mi... ex, estaba mejor.

Viva volvió a la carga, para ver si entendía algo.

--A ver, Isa. Entiendo que tengas cosas que no me las quieras explicar, porque te sientas incómoda, pero, yo cuando me tumbo con un tío en el sofá le miro a la cara, porque me gusta percibir que es guapo, le miro el pecho, su culo y, después, le miro la entrepierna. Acaso, ¿tú no? ¿Tú qué le miras?

--Sí, yo también le miro la entrepierna, claro que sí, joder. –Respondía Isa un tanto desafiante, con la nariz semiarrugada. --Porque las mujeres comparamos lo que tienes en casa con lo que te vas a merendar fuera de ella.

--O sea, que comparaste el palo de tu marido con el de Víctor. Para que después algunas tías digan que no, que el tamaño no importa. --Se lanzó Viva victoriosa.

--Yo también, tía, yo también soy mujer, y claro que, de alguna forma, los comparé, pero... joder, el resultado era que Jandro era tan guapo y estaba... más bueno, porque tenía, o tiene, una tranca que llena y rellena más que la de Víctor. --Se le oía a Isa hablando como con nostalgia.

--¿Pero, bueno, no te entiendo, si lo que tenías en casa estaba mejor, entonces ¿Qué cojones le viste a Víctor? --Aplastó Viva.

--No lo sé, hostia, no lo sé. Porque son distintos, o yo qué sé.

Es cierto que Víctor me comía el mejillón mejor que nadie, bastante mejor que Jandro, supongo que por la experiencia de haberse tirado a más de cien tías.

Hasta aquí, vale, con la lengua Víctor ganaba, pero cuando llegaba el turno de la polla, mi marido ganaba de largo y de ancho, ya que lo que yo sentía con la tranca de Alejandro nunca conseguí volver a sentirlo con la del capullo de Víctor. Es verdad que, al principio, con Víctor se me ponía el cuerpo como la mermelada, pero en pocas semanas se fue convirtiendo en un animal que solo piensa en él, y tú eres un juguete. Fíjate, con Alejandro pasé las noches de seis años y con mi marido siempre disfruté de lo lindo hasta el último día, mientras que, con Víctor, en tan solo seis semanas, ya no es ni parecido a lo del principio. Ya me estoy dando cuenta de la cagada que cometí.

Pidieron otras dos cervezas y saborearon el primer trago de estas. Estuvieron un rato en silencio, para ordenar ideas, hasta que Isabel, con otro ataque agudo de sinceridad, se decidió a ponerlo todo patas arriba.

--Si quieres que te diga lo que yo creo, con toda mi alma en mi mano, escúchame un rato y tendrás mi verdad, o al menos, eso creo. --Comentaba Isa entre la calma y la rabia. Y prosiguió:

--Yo no sé cómo piensan los hombres, yo soy mujer.

Sé cómo pienso yo, y creo saber, como piensan las mujeres, en general. –Isa se dedicó una pausa, para situarse.

--Y más ahora, que habiendo hecho lo que hice, ahora sé que, si una mujer quiere ir de caza, al final, de una forma o de otra, casi siempre consigue hacerse con la presa, seguro. Pero, eso vale cuando se trata de acostarte con un tío un rato o una noche, mientras que, si hablamos del día a día, de las responsabilidades, de los hijos, entonces la cosa cambia. Por eso, ahora sé, que si una mujer está bien con su hombre y... no quiere o no le interesa irse con otro tío, entonces que no haga las cosas perdonables, esos toquecitos que nosotras consideramos que no importan o que tienen poca importancia, que son pequeñas, porque si las haces, detrás vienen las grandes, al otro día haces las que ya son graves e imperdonables, y entonces todo se va a la mierda. --Isa tomó un trago de cerveza y continuó.

--Eso, para mi desgracia, fue lo que me pasó a mí.

Si ese día que estábamos celebrando mi cumpleaños en el bar, no os hubiera escuchado y no hubiera bajado a la discoteca, yo me habría ido a mi casa con mi marido y mis hijos a las diez de la noche, que había sido lo prometido a Alejandro. Con eso no hubieran pasado las cosas grandes y graves que pasaron después, y yo ahora seguiría mi vida feliz como tenía.

Pero no, baje a menear mi culo a la disco, y mientras estábamos nosotras tocándonos cadera con cadera, porque así se baila esa canción, pero sin malicia, entonces se metieron en medio las caderas de Víctor, y eso ya no era lo mismo, ahí empezó lo lascivo. Después vino el resto de las cosas pequeñas o menos graves, el jugueteo de manos, mis risitas con las tonterías que Víctor decía, el baile agarrado y con mis manos acariciando su nuca, el beso que me dio en mi cuello que me temblaron las bragas y, para acabar de joderla, la metida de manos en mis nalgas y el empuje de mi pelvis contra su polla hinchada.

Nuevamente se metió por medio otro trago de cerveza, que para eso la habían pedido.

--Y tras eso, reaccioné y me fui de allí, sí, pero a Jandro le mentí, ¡joder!, no le dije nada a mi marido que es lo mismo que mentirle. Porque en el fondo estaba esperando que llegara el día siguiente para pasar de las cosas pequeñas a las grandes, para follarme a Víctor a lo grande.

Ysi no, ¿Por qué soñé con él por la noche, que en mi sueño llegue al punto de que tenía su palo ya rozando mi vagina? Estaba excitadísima cuando mi marido me despertó y, otra vez le mentí, le mentí, le dije que había sido una pesadilla donde le hacían daño a nuestra hija.

¡Qué mierda! ¡Puse a mi hija por delante para tapar mi calentón!

Le mentí a Alejandro, no le dije la verdad. En materia sexual, cuando mientes la primera vez, lloras amargamente, pero en las demás mentiras ya te sientes cómoda, ya no pasa nada.

Algo así pasa cuando le pones los cuernos por primera vez. Mientras estás excitada y gozando con tu amante como una leona en celo, vives en el cielo, pero cuando las burbujas ya dejan de empujar y vas recuperando la razón, entonces, Dios, si quieres a tu marido, es lo más horrible que puede vivir una mujer enamorada, caes en el infierno.

Lloras, y lloras, y lloras.

Pero, ay que ver cómo somos algunas y algunos, porque al día siguiente, como que los cuernos ahora él ya los lleva puestos, pues ya se te pasa el llanto y se convierte en algo mucho más llevadero, tanto que ya sonríes, rejuveneces y rezas por la hora en que puedas volver a tirarte a tu amante. Eso somos los humanos.

Isa se cayó, por fin.

Pero antes de que su amiga metiera baza, Isa concluyó tocándose la punta de las yemas de su mano izquierda.

--Esto me pasó porque no quise parar a mi entrepierna, por eso le mentí y engañé vilmente a mi marido. Él no se merece una irresponsable, una corza como yo.

Ahora Isa lloraba desconsoladamente, con rabia inmensa, a pesar de que ya era una mujer divorciada, pero los hechos pesan y los recuerdos aprietan, de ahí el llanto.

--A propósito. –Reaccionó Isa. –Aquella noche en el baile, mientras yo tocaba mi culo contra la cadera de Víctor, vosotras os largasteis. ¿A dónde fuisteis? ¿Por qué me dejasteis sola con él?

--Isa, yo no sabía que plan tenía Laila ni por qué lo tenía. Después llegué al convencimiento de que Laila y Víctor tenían que haber planeado lo tuyo, que no fue casual, pero yo no sabía nada. Laila casi me obligó a marcharme con ella para que Víctor tuviera campo libre para ejecutar su plan y enredarte. Créeme. Lo siento. --Se disculpaba Viva muy incómoda, tratando de esquivar la mirada de su amiga.

Cuando se tranquilizaron un poco, se quedaron digiriendo todo lo oído. Isa negaba con la cabeza, como preguntándose que había urdido Laila para tenderle aquella especie de encerrona.

--Si no me hubierais empujado a bajar a la discoteca, hoy estaría como yo quería estar, con mi marido y con mis hijos. --Pretendió Isa descargar su conciencia.

--Isa, no te bajamos atada... --Le recordó Viva.

--Sí, es verdad, fui yo lo bastante idiota para dejarme convencer como una cría de quince años, ¡joder!, que tengo dos hijos de cuatro y cinco años que me necesitan y tengo... tenía un marido al que yo adoraba...

Ahora Viva se metió por medio intentando aliviar un poco la conciencia de Isa.

--No te tortures tanto, que yo también me separé de mi marido porque el capullo empezó a follarse a otra... --Y Viva se cayó, repentinamente, al darse cuenta de que estaba metiendo la pata.

--No te preocupes, Viva. No me ofendo. --Atajó Isa. --Tan capullo fue tu ex metiéndose en la cama de otra, como capulla fui yo metiéndome en la cama de Víctor. Tienes razón, hay tíos capullos, muchos, y también habemos tías capullas, muchas.

Isabel se quedó un rato pensativa, muy seria, hasta que habló con la garganta.

--Qué estarán haciendo ahora mis hijos. Dios, esto que mal lo llevo. No estar todo el día con mis hijos es horrible.

Viva suponía que así era, pero como que ella no tenía hijos, intentó regresar a lo que estaban hablando, tan solo para que Isa no se torturara pensando en sus pequeños. Pero Isa se le adelantó y comenzó a asegurarle.

--Con Jandro sabia siempre a qué atenerme. –Hablaba lentamente Isa. --Sabía si hablaba en broma, y entonces yo le seguía la broma y nos reíamos; sabía cuándo hablaba en serio, y ahí era cuando yo lo miraba con interés, con ternura y, en poco tiempo, me lo contaba; sabía...

Nuevamente, saltó Viva.

--¿No sería, entonces, que te faltaban emociones, excitaciones?

Isa la miró como para tirarle un plato y, aguantándose lo suficiente, le clavó.

--No seas cruel, Viva. Yo me derretía cada noche con mi marido más de lo que la inmensa mayoría de mujeres se han corrido nunca, te lo puedes creer. De hecho, la noche anterior a la de aquel día desgraciado, que vosotras me empujasteis para que bajara al baile, cabronas, mi marido y yo nos habíamos puesto las botas en el sofá, con nata y todo.

--Eh, eh, que te empujaste tu solita. No te bajamos al baile atada, no te atamos a Víctor para que te colgaras de su cuello, no...

--Sí, sí, repito que fui yo suficientemente imbécil para dejarme embaucar por un tío que era, y es, un profesional de enredar en su antro a incautas como yo.

Pensé que los hombres eran de fiar, como lo era mi marido, pero me utilizó, solo era para él una cara bonita a la que babearme y un coño mojado al que hundirle su palote. --Con esa dureza, sin limitaciones, con esa forma tan cruda se expresaba Isa.

--¿Y lo que temblaste con Víctor de placer y de gozo? ¿Qué? Seguro que en el primer polvo en la Sala V te excitaste el doble que con tu marido; no me digas que no, porque tus ojos dicen que sí. --Se atravesó Viva.

--Sí, puede que así fuera los primeros días, pero el precio fue altísimo, tan alto que no podré nunca asumirlo, estaré hipotecada de por vida. --Contestó Isa con tristeza.

--Y eso, ¿Por qué? Sarna con gusto no pica. --Así se entrometió Viva.

--El amor. --Manifestó secamente Isa.

--¿El amor? --Repitió Viva descolocada.

--Sí, el amor te aplatana. No te atreves a pedirle a tu marido que te haga la mitad de las cosas que te hacen cuando te las hacen fuera de casa, como las hacía Víctor, en plan animal, salvaje. --Respondió sorprendentemente Isa.

--Eso desde tu lado, claro. Pero ¿Qué crees que pensaría tu marido de ti?

Isa respondió sin tardanza, como si la respuesta fuera fácil.

--Pues debería responderte él, aunque dudo mucho que él te conteste. Lo cierto es que, por unos pocos caprichos impetuosos, ahora estoy pagando montañas muy altas de sufrimiento.

--¿Te has planteado volver con Jandro? --Dijo su amiga inesperadamente.

Isa quedó en el aire, esperando no se sabía qué.

--Yo no sé si volvería..., tal vez si él me lo pidiera...

--Joder, Isa, como puedes pretender eso. --Saltó Viva con su cuchillo. --Fuiste tú la que le colgaste los cuernos a él, fue el pobre Alejandro el que tuvo que tragarse las cuchilladas cada vez que Víctor te clavaba su estaca, hombre, es él el ofendido, ¿Por qué esperas que sea él el que te lo pida?

--Yo ya no espero nada, solo decía. --Se escuchó a Isa bastante incómoda y malhumorada. --Además, dudo mucho que algo pudiera ser como antes, y, si eso lo dudo, lo que tengo seguro es que él jamás volverá a meterse entre mis piernas, y no solo eso, sino que estoy segura de que no volverá a mirarme a la cara.

--Bueno, eso igual tendrías que dejar que lo diga y decida él, ¿no? --Replicó Viva.

--Sí, claro, pero sé que no volverá a mirarme a la cara por esto. Mira:

--De un lado, porque después de que él me encontró follándome a Víctor en su piso, al día siguiente me fui a la que era mi casa para ver a mis hijos.

Con toda mi alma metida en un puño, le pregunté "si podíamos hablar", y después, "si podíamos arreglarlo", y no es que me contestara ofendido, que me insultara, que me gritara, es que ni me contestó, ni siquiera se giró para mirarme. Me ignoró por completo, me despreció como a una rata.

Por otro lado, a mi madre, uno de los días que fue a recoger a los niños, le dijo, más o menos, que mi compromiso era que yo no me la dejara meter por ningún otro, que solo lo hiciera con él, pero que ahora yo ya podía meterme la de mi amante o la de cualquier otro, menos la suya, puesto que él no volvería a follar conmigo.

Tras lo hablado y oído, hubo una pausa, para que los oídos descansaran. Cuando Viva había descansado lo suficiente, apretó de nuevo.

--Es que, Isa, eso de que su mujer le llame cornudo a su marido tiene que hacer muchísimo daño. Vale, tu no sabías que Alejandro estaba allí, pero que te llame cornudo tu propia mujer, uf, tiene que ser durísimo para un marido. --Analizó Viva tal ofensa.

Isa miró hacia cualquier lado para ganar tiempo, hasta que miró sus zapatos y dijo apesadumbrada.

--Ya, claro que yo no sabía que mi marido estaba allí, puesto que de saberlo no se lo habría dicho, pues a tal grado de miseria no llego. Lo que pasa es que, aunque Alejandro no hubiera estado allí, no tengo perdón por la forma en que me reí de él, en que me mofé de mi marido.

Y, por si fuera poco, Alejandro no solo me vio follándome a otro tío, sino que se lo restregué por sus narices, estando abrazada y besando a Víctor cuando le llamé cornudo. Mi marido no se merecía que le pusiera los cuernos, pero mucho menos, la enorme humillación al llamarle cornudo. ¡Nunca volverá a mirarme a la cara!

Las dos amigas se entretuvieron mirando la hora, puesto que el final de las confidencias se acercaba, por eso, Viva, a modo de remate, hizo una reflexión seguida de dos preguntas a Isa.

--De todas formas, Isa, ahora que ya ha pasado algún tiempo y los cuernos ya no duelen tanto, como me pasó a mí, yo creo que tú lo hiciste muy mal.

La mayoría de las veces que uno de los dos es infiel, esa infidelidad aguanta años sin trascender, puesto que la confianza y amor en tu pareja te impide fisgonear y, debido a ello, el engañado no se entera. Claro, no se entera hasta que un día sucede alguna cosa y entonces el pastel se descubre.

Sin embargo, tu marido te descubrió muy pronto, te pilló al tercer día de verte con Víctor, y eso fue porque dejaste de comportarte con normalidad con Jandro, ¿Por qué le dabas la espalda en la cama, si le querías tanto? ¿Por qué dejaste de follar con tu marido si estabas tan enamorada de él?

A Isa le había entrado la rabia por lo que Viva le estaba diciendo, por cuanto Isa sintió que su amiga le estaba llamando niña tonta por no saber esconder su infidelidad. Por eso, no pudo seguir escuchando y atropelló a Viva.

--Joder, Viva, pues sí, fui tonta, pero yo no supe esconder mi infidelidad porque yo no sé fingir. Yo quería un montón a mi marido, por eso no pude consentir llegar a mi casa trayendo la leche de Víctor dentro de mí, y como si nada, ponerme a follar con Jandro y que el semen de ambos se me juntara dentro. No pude, por eso se me notó tanto, que mi marido lo descubrió. --Isa siguió hablando con sus ojos ya más calmados.

--Yo estaba bien con mi marido, pero mi sangre se me calentó tanto con Víctor que no pude o no quise aguantar que mis bragas se mantuvieran entre mis piernas, en su sitio.

Era tal el desajuste corporal y emocional que padecía que me lancé a por Víctor sin dedicarle ni medio segundo a pensar en mi marido ni en las consecuencias que vendrían detrás, que vinieron, claro. –E, Isa, remató:

El primer día yo no comprendía por qué le había puesto los cuernos a mi marido, por eso lloré tanto y me dolió tantísimo, pero ya al siguiente día tuve conciencia de que yo también quería, como hacen la mayoría de infieles, también pretendía conservar lo de casa y disfrutar lo de fuera, por supuesto que sí, pero como mi madre no me había enseñado nunca a fingir y yo no había tenido tiempo de aprender, por eso mi marido me descubrió al tercer día de serle infiel, y con ello, se fue todo a la mierda. Todo, lo de casa, que lo perdí todo, incluido a Jandro, y lo de fuera, debido a que todo fue a menos hasta que el calentón se enfrió y se acabó con Víctor.

CAP 18   LA INCINERACIÓN

Veinte días más tarde, su madre, mientras por la mañana subía por la escalera tirando del carrito cargado con la compra, resbaló en un peldaño, rodó hasta el suelo y se despidió de la tierra. Teniendo o no relación con lo anterior, el padre sufrió un ictus aquella misma tarde, lo cual le arrebató su vida.

La pérdida de su madre y de su padre supuso un drama para Isa, supuso la pérdida de una parte de su vida. Era cierto que en los últimos tiempos la hija se había distanciado de sus padres más de lo esperado, más de lo deseado por ella y por ellos.

Sin embargo, era innegable que sus padres no le perdonaban que le hubiera hecho tal marranada a Alejandro, porque eso había implicado e implicaría sufrimiento para su hija y para sus nietos. Aun con todo eso, Isa jamás olvidaría a sus padres.

Aquellos días los hijos de Isa y de Alejandro estaban con su madre. Ella no supo cómo Alejandro tuvo conocimiento del fallecimiento de sus padres, pero él se enteró, puesto que ella recibió un mensaje que se leía:

"Si quieres, me quedo estos días con los niños".

El mensaje, aunque no contenía un "lo siento", ni "un beso", sin embargo, era claro en su ofrecimiento: primero, "si quieres", puesto que él nunca forzaría nada. Segundo, "estos días", lo que no suponía algún día para quedar bien, sino que ofrecía quedárselos los días que fueran necesarios.

Isa agradeció el mensaje, aunque hubiera agradecido mucho más una visita de apoyo, pero nada. Alejandro expiraba odio; Isabel aspiraba culpa; y, así, se vive en el purgatorio.

--Vale. Cuanto antes. --Fue todo lo que se extendió ella en contestación al mensaje anterior de Alejandro.

Poco después, sonó el timbre del piso de sus padres donde Isa y los niños estaban. Ella, sin palabras, pulsó la tecla y la puerta se abrió.

Él le dio un beso a cada uno de sus hijos, se dio media vuelta y recorrieron el camino de vuelta hasta el coche.

Isa se quedó en mitad de la puerta, clavada con sus pies y zapatos al suelo.

No hubo ningún "hola", ningún "¿Cómo estás?, ningún "adiós". Estuvieron a más de dos metros de distancia, en todo momento. No hubo miradas, ni de perfil. Ni siquiera se vieron, al menos él, porque ellas son capaces de hacer varias cosas en poco tiempo.

"¡Dios, lo que nos hemos querido, y por mi... cagada, como hemos terminado!"

Se lamentaba Isa por dentro y por fuera.

A la madre y al padre de Isabel los enterraban el mismo día. Su hija pidió que los enterraran a los dos juntos, en el mismo ataúd, pero le dijeron que eso no podía ser, así que exigió que los incineraran y que le dieran las cenizas. Le retornaron dos cofres, uno con las cenizas de su padre y otro con las de su madre. Ella compró un cofre nuevo, un poco mayor, y juntó las cenizas de los dos en ese mismo cofre nuevo, diciendo a sus padres, para que pudieran oírla:

"Para que sigáis juntos, eternamente".

No era un entierro al uso, con los cuerpos presentes y todo lo demás, sino una ceremonia para depositar el cofre de las cenizas en un nicho y... adiós, Mamá, adiós, Papá.

Cinco días más tarde, puesto que la tierra sigue girando, Isa le comentaba a Viva en La Guarde:

--Alejandro vino al entierro de mis padres.

--Anda, mira, un detalle. --Apuntó Viva.

--Sí, el detalle completo habría sido si se hubiera acercado y me hubiera dado su pésame o algo así. --Precisó Isa.

--Eh, ¿y cómo sabes que fue si ni se presentó? --Pidió que le explicara Viva para poder entenderlo.

--Pues porque lo vi, a distancia, como pasa ahora con todo lo nuestro, pero estuvo allí, lo vi. --Aclaró Isa.

--¿Por quién crees que fue al entierro, por ti o por tus padres? --Sacó Viva punta al lapicero.

Isa se distrajo un momento con unos cuentos que recogió del suelo. Cuando encontró las palabras para dar sentido a la respuesta que tenía en su cabeza, concluyó:

--Alejandro no es de mezclas, ni de porcentajes. Él Jamás compartiría mi coño con ningún otro hombre. –Isabel se calló algún tiempo, como si quisiera comprobar si algo tan duro como aquello lo había dicho ella misma. Después, continuó hablando con su alma. --O estás con él, solo y únicamente con él, y tienes que estarlo a muerte, o, te aparta de su vida hasta despreciarte por completo.

CAP 19   LA MANSIÓN

Fallecidos sus padres, a Isabel ya solo le quedaba en esta vida, que le importaran de verdad, sus dos hijos Aurora y Albor. Esa era su preocupación continua. Ella sabía que el padre de sus hijos, Alejandro, no repararía en utilizar los recursos que hicieran falta en beneficio de sus hijos, lo cual la tranquilizaba, pero también sabía que, si la situación económica de ella se ponía fea, Alejandro no dudaría en intentar que sus hijos no pasaran penurias económicas y, por desgracia, eso supondría que ella podría perder la compañía de sus niños, posibilidad que le daría un golpe demasiado duro en su vida.

Cuando transcurrió el mes en curso, Isa se despistó en el pago mensual del alquiler del piso donde vivía, ya que sus padres, quienes en vida siempre lo habían costeado, ya no iban a poder pagarlo.

De ahí que un nuevo problema se colocaba encima del tejado de Isa, pues el propietario del piso le comunicó que disponía de quince días para recoger sus cosas y dejar el piso libre.

--Oiga, deme un poco de tiempo, que hoy no ando sobrada de medios, pero pronto le pagaré. --Pedía, casi imploraba, Isabel.

--Nada, si me hubieras cogido un poco más joven, seguramente lo podríamos arreglar con otro tipo de pago, pero ahora nada. Yo quiero mi dinero, que no soy una ONG, y como tú no lo tienes, te largas. --Pinchó definitivamente el propietario.

Isa dio un portazo, cabreada por cómo se comportaban con ella la mayoría de los tíos, que todo lo arreglaban en la cama. ¡Como echó en falta la vida que tenía con Jandro! Se puso a pensar que haría ella con sus hijos. Ella podría apañárselas para vivir y dormir como fuera, pero sus hijos era otra cosa.

Pensando y pensando, no encontró otra salida más que proponérselo a Víctor e irse a vivir con sus hijos al ático suyo. A Isa le molestaba bastante, mejor dicho, le mordía mucho la idea esa, pero no encontró otra fórmula. No le gustaba porque eso implicaría, de alguna manera, perder autoestima y tener que plegarse a nuevos caprichos de Víctor.

Asimismo, le producía un alto repelús el hecho de llevar a sus hijos a un piso como aquel, donde ella sabía que por allí habían pasado mujeres de todos los colores, y que allí ella misma había ofendido al padre de los niños. Sin embargo, desde allí tal vez podría controlar algo al lagarto de Víctor, ver en que andaba metido e intentar recuperar su dinero, con intereses.

Aquella misma noche, cuando Víctor e Isa acababan de satisfacer sus necesidades carnívoras, y mientras la respiración todavía estaba en fase de descenso, Isa aprovechó la bajada del río para proponerle un negocio a Víctor. Isa le llamaba un negocio porque era como Víctor le llamaba a cualquier cosa, sobre todo si ese negocio era de los que se decidía sobre la cama, el mejor lugar para tomar decisiones, como él decía.

--Víctor. --Hablaba Isa. --Tú sabes que te presté mucho dinero y que todavía no recuperé un céntimo. También sabes que ahora estoy como desnuda...

--Sí, ya lo veo. --Se coló Víctor.

--No, tío, no me refería a mi piel, me refiero a mi bolsillo. --Añadía ella.

--Pues yo ahora no te veo ningún bolsillo. --Volvió a picar él.

--Joder, Víctor, me refiero a que estoy sin un euro. Tenía que pagar el alquiler del piso, que antes pagaban mis padres, pero no pude.

Necesito venirme a vivir aquí algún tiempo y, después ya veremos.

--¿Y vendrás con los niños? --Razonó altamente Víctor.

--Toma, claro, no los voy a dejar en la acera. --Se defendió Isa.

--Ya, pero ¿dos? Te has podido quedar con uno. Tú ex no perdía el tiempo. --Continuaba él con su filosofía particular.

Isa se levantó de la cama y se fue al baño para no tener que decirle que era un cabrón, ya que su amor propio en estos momentos andaba por los suelos, y este lechón solo hacía que pincharla, pero ahora tenía que aguantar.

Dado que ella tenía llaves del piso, al día siguiente, cogió a sus hijos y cuatro cosas y media más, y allí se instaló, bueno, se colocó.

"En todo caso, aquí estarán el tiempo que estén conmigo, pues el resto de la quincena que estén con su padre ya estarán en mejores condiciones. Yo ya me aguantaré".

Así se intentaba conformar Isabel, si bien el brillo apagado de sus ojos demostraba que aquel lugar no le gustaba nada, que aquel piso, donde su piel había gozado grandes emociones, ahora mismo ya no esperaba más que muchas decepciones.

Isa miraba a todas partes buscando algo decente en aquel piso. Claro, ahora ya empezaba a mirarlo como vivienda, no como picadero.

Entre tanto, fue rebajando expectativas, puesto que aquella no era una vivienda, ni muchísimo menos como la que tenía en su casa con su exmarido. Sin saber cómo lo iba a pagar, pues no iba a pedirle dinero a Alejandro, tuvo que comprar de urgencia dos literas para sus hijos y un hornillo para calentar la leche. No había instalación de gas, la cocina era un desastre, tenía que comprar la comida y pagarla ella, o dejarla sin pagar.

Claro, es que Víctor nunca había pensado en aquel piso como una vivienda, para vivir sin lujos, vale, pero con decencia, sino en un pisito donde satisfacer sus instintos primarios.

"Como hizo conmigo". Volvió a pincharse ella.

Isa intentaba adaptarse a la nueva situación, si bien llevaba una vida incómoda, sobre todo cuando la comparaba con la que había tenido en la época de matrimonio, donde vivía encantada en su casa, donde ella se sentía la reina, haciendo y deshaciendo según le parecía. Aun así, desde el fallecimiento de sus padres Isa había aprendido a conformarse con poco, sobre todo porque ya le quedaba poco donde desarrollar el egoísmo.

Ella empezaba a pensar en cómo esquivar que sus hijos se quedaran bajo custodia permanente y exclusiva del padre de ellos.

Sin embargo, empezaba a dudar de cómo evitarlo, ya que Alejandro tenía a su alcance gran capacidad y medios para investigar casi lo que quisiera, máximo cuando su situación y la de sus hijos era más bien precaria, lo cual no ayudaba a que todo transcurriera con normalidad.

Dado que Víctor no venía por el ático más que cuando venía a meterse en la cama con ella, Isa se planteó varias veces preguntarle dónde vivía realmente.

Hasta que una tarde, cuando los niños estaban con su padre, Víctor, tirando de fantasía, le ofreció.

--Ven, que te voy a enseñar la mansión.

--¿La mansión? --Se sorprendió ella, aunque no esperó respuesta.

Llegaron en el coche de Víctor. Entraron y recorrieron la mansión, aunque solo aquellas partes que con ella podía recorrer, ya que había secretos y puertas fuertemente cerradas.

Era una casa que podía catalogarse como de mansión, que al final resultó que era de Tito, puesto que quien mandaba en la mansión, así como en todo lo demás, era Tito.

Víctor vivía de prestado en aquella mansión. El ático si era suyo, pero era el piso de sus orgías sexuales, donde se había revolcado con doscientas chicas, entre ellas, con Isa.

Tras la visita a la mansión, Isa, visto lo que habían visto sus ojos, forzó su salida de aquel ático, porque con sus hijos de por medio no se sentía nada bien en el mismo. De todas formas, tampoco ella tuvo que forzar mucho, puesto que Isa sospechaba que Víctor ya se estaba llevando a otra incauta a algún sitio, y como él prefería su piso vacío para usarlo como picadero, con Isa y los hijos instalados allí no podía hacer mucha cosa.

Con esta situación, Víctor, empujado por Tito, aceptó que Isa y los niños de ésta se trasladaran a la casona de Tito, a la mansión del jefe Tito.

Y allá se fueron. Cambio de domicilio. Ahora ya eran personas importantes.

Isa reaccionó cuando vio por ella misma la propiedad de Tito, diciéndose:

"Anda que no. ¿Qué hacen estos dos? ¿A que se dedican estos dos para tener esto?"

Ahora bien, pronto cayó en la cuenta de que allí quien mandaba era Tito, ya que su Víctor, como ella se había atrevido a pensar alguna vez, era un segundón que obedecía sin rechistar.

También supo poco después de llegar a la mansión, que Víctor era un trágala, aunque si Víctor era poco de fiar, Isa nunca le fiaría nada a Tito, nada.

Eso era así porque ya alguna vez se había sentido intimidada por ciertos gestos de lujuria que hacia ella había iniciado Tito, eso siendo la compañera de su socio Víctor, socio o lo que fuera.

Al día siguiente, Víctor se propuso conocer más sobre la vida y pasado de Isa, pues como siempre había estado interesado en lo que tenía ella debajo de su falda, no le había quedado tiempo para fijarse en otras cosas relativas a los negocios.

--Dime, Isa. Antes de conocerme a mí, ¿eras feliz?

--Muchísimo. --Contestó Isa sin pensarlo, porque ya estaba pensado.

--¿Y tu marido se ganaba bien la vida, o teníais problemas monetarios? --Se adentró Víctor.

--Nunca tuve problemas de dinero. El cobraba dos buenos sueldos estables y seguros, esto es, un muy buen complemento como formador de Jueces Jóvenes, más grande que el sueldo de mucha gente, y un muy buen sueldo como Magistrado... -- Estaba recordando ella.

--Anda, coño, ¿Tu marido es juez? --Se le oyó medio gritando a él.

--Es juez, pero ya no es mi marido, porque tú... --Se estaba embalando Isa.

--Pero ¿Es juez de verdad? ¿De un juzgado? --Eso era lo que le interesaba a Víctor.

--Es más que eso, es Magistrado de la Audiencia Provincial de esta ciudad. --Confirmó Isa, como rezumando cierta nostalgia y tirando de orgullo pasado.

A Víctor le impactó tanto aquella noticia que se puso a bailar sobre una pierna diciendo.

--¡Ay va! Le he birlado la mujer a todo un Magistrado. ¿Tan bueno soy? --Se chuleó Víctor.

"Tú eres un capullo, y yo soy una idiota".

Eso pensó y eso se quedó ella para sí.

A pesar de las desavenencias y problemas que cada día acontecían más entre los dos, Isa no era para Víctor una más de las muchas que temporalmente pasaban por su vida. Primero porque ella tenía seguramente uno de los mejores traseros que podía tener entre sus piernas, aunque últimamente ya se llevaba a su picadero a otra de la que debía pensar lo mismo, por eso Isa sospechó que ella empezaba a perder puntos en las apetencias sexuales de Víctor. Tanto, que Isa había manifestado:

"¿Sí? ¿Y qué? ¿Voy a tener ahora celos de este animal?

Por otra parte, Víctor no podía permitirse, y Tito menos, que Isa se fuera de su control, ya que teniéndola en su casa era más fácil vigilar sus movimientos hasta que llegara el día de la eclosión.

A Víctor no le hacía ninguna gracia ver corretear por casa, allí sueltos por el palacete, a los hijos de otro, y menos a los supuestos hijos de un Juez, lo que le intranquilizaba en buena medida, por eso busco a Tito para hablarle sobre lo que acababa de descubrir y que podía afectar muchísimo a sus intereses.

Se fueron a una sala sellada y Víctor largó.

--Sabes, Tito, acabo de enterarme que el ex de Isa es Magistrado en la Audiencia Provincial de aquí. Seguro que nos va a plantear problemas.

--¿Por qué? --Quiso saber Tito.

--Joder, porque aquí están sus hijos, y va a querer saber cosas, igual se pone a investigarnos, y eso es malo. Deberíamos largar de aquí a esos críos y a su madre. --Señalaba Víctor afectado.

--Nada de eso. Los críos no nos plantearan problemas si tenemos atada a su madre, y a ésta la necesitamos aquí. ¿Recuerdas tu anillo de compromiso?

Además, Isa me pone un montón, en estos momentos más que ninguna otra. Tengo que hacerle alguna visita e hincarle el diente. Es por bien del negocio, ¿Lo entiendes?

--Sí, claro, claro. --Tragó Víctor sin atreverse a provocar la ira de su jefe.

Víctor tenía pocos escrúpulos, y celos ningunos, aunque eso de que Tito ya estuviera decidido a lanzarse a por Isa no le hacía ninguna gracia. No por Isa, sino porque en su ego no soportaba ser el que recoge las sobras.

Dos noches después, Víctor estaba desnudo y tumbado en la cama boca arriba. Isa estaba desnuda y a cuatro patas, con los pies saliéndose de la cama y las manos y cabeza entre las piernas de Víctor. Ella notó que alguien tocaba y apretaba sus nalgas y giró su cabeza. Vio a Tito que la miraba embalado, con ojos de búfalo encabritado.

Isa era consciente que Víctor no era su marido, que no podía esperar mucho de alguien que tenía negocios obscuros, tapados y seguramente, envueltos en estiércol, pero era su pareja, o su media pareja, o algo así debía de ser todavía.

Miró a Víctor pidiéndole ayuda, requiriendo su participación para parar aquello.

--¡Víctor, joder, que Tito me está metiendo mano! --Le dijo en forma muy audible. Isa se percató de que Víctor no tenía ninguna intención de defenderla. Ya hacía algún tiempo que sabía que Víctor no tenía dignidad, pero, al menos, siempre te queda la esperanza de que quien se acuesta contigo te ayude cuando otro te manosea inconsentidamente, aunque solo fuera para no herir mucho tu propio ego.

Pero, ni eso, ella se convenció que aquel invertebrado no iba a ayudarla.

Con todo aquello, todavía tendría que enfrentarse y asumir lo más grave: ella se encontró con su cabeza y hombros sujetos por las manos de Víctor y, más abajo, las caderas sujetas por las manazas de Tito. El estómago de Isa se le revolvió, porque sintió que no tenía escapatoria.

En un arrebato, pensó en morderle la polla de Víctor que tenía en su boca hasta seccionársela por la mitad, pero empezó a temblar pensando que entre los dos la iban a descuartizar en trozos más pequeños de lo que le quedara colgando a Víctor, así que tragó saliva, además de lo que andaba por su boca, y cerró sus ojos con desesperación.

Solo pudo oír, mientras Víctor le sujetaba férreamente su cabeza, como ordenándole que se olvidara de cualquier aventura de rechazo, la respuesta inhumana de Víctor:

--Disfruta, cariño, disfruta.

No tuvo tiempo de revelarse cuando sintió, sufrió que Tito ya la había tomado. Cuando a Tito le pareció que por delante no era lo que a él más le satisfacía, inició los pinchazos por detrás.

Desde el principio, ella sintió una profunda indignación por todos los golpes de Tito contra sus nalgas; luego, sintió ira furiosa por la cobardía de Víctor al sujetarla para que su jefe se la trajinara sin piedad.

Después, sintió cólera, una rabia enorme por no entender como aquellos dos gusanos, que tenían pretensiones de mandar en el mundo, eran unos mierdas que no tenían agallas para proponérselo, en vez de machacarla en pareja, sin que su estima ni derechos contaran para nada.

Cuando los dos acabaron de satisfacer sus impulsos animales, Isa, destrozada del todo psíquicamente y muy mucho físicamente, se prometió a sí misma:

"No sé cómo, ni sé cuándo, pero sí sé que ésta me la vais a pagar los dos, porque yo soy rencorosa, sí, lo soy, y jamás lo olvidaré".

CAP 20   EL CHICO

Un tiempo largo después, Víctor y Tito se iban de negocios. Dos o tres días, con sus noches, según dijo Víctor.

Isa seguía rabiosa con los dos cerdos de casa, pero no era posible otra salida, de momento. Como ella decía: "Al presente, toca joderse".

Con ánimo de sobrevivir, Isa le preguntó a Víctor, con segundas y con terceras.

--Pero ¿qué negocios tenéis?

--Son negocios. --Contestó secamente Víctor.

Isa llegó a una conclusión, y llegó pensando, que es como mejor se concluye:

"Vendéis estiércol, del que huele muy mal, ¿no?"

De todas formas, Isa se sintió con derecho a una explicación más acorde con el capital que ella había prestado a la empresa.

Un capital enorme para ella, y del que todavía estaba esperando que empezaran a reintegrarles los primeros intereses.

Así que se atrevió a preguntar expresando cierto mal estar por tal situación.

--A ver, tío, si tantos negocios tenéis, que os permite disfrutar de los mejores hoteles, de las mejores comilonas y de pagar a las mejores bragas, ¿Cuándo empiezo yo a contar con mi dinero, ese que os presté como una idiota, con los intereses del veinte por ciento que me prometiste?

Víctor le lanzó una mirada por atreverse a hablarle con tanto desafío que Isa retrocedió un paso, sabiendo que el búfalo de Víctor era capaz de todo. Aquél contestó.

--Los mejores hoteles nos los tenemos merecidos; las mejores comilonas forman parte del negocio y, las mejores bragas son las adecuadas a los mejores machos, que a ti últimamente ya se te arrugan un poco.

A Isa se le incendiaron los ojos. Empezaba a estar más que harta de aquel mamón por el que había destrozado su vida, y con el que ya no rascaba nada ni tampoco lo deseaba, pero seguía aguantando sus impertinencias.

Mientras salía por la puerta, el cabrito de Víctor masculló.

--Laila se vendrá con nosotros, para dar colorido.

A Isa ya poco le importaba Víctor, y mucho menos Tito, al que siempre lo había visto como un animal del que había que apartarse.

Tampoco sentía al presente ningún aprecio por Laila, antes, al contrario, y no porque se fuera de paquete con los dos, que eso ya no le ocupaba ni le preocupaba, sino por lo canalla que Laila estaba siendo con ella desde que regresara de su estancia anual en Colombia, así como por ciertas noticias que iba recibiendo del comportamiento de Laila para con ella desde el día que conociera a Alejandro.

Por ejemplo, Viva, con pesar le había contado lo cabrona que había sido Laila con las dos, con las dos amigas, si bien con Isa no había como justificarlo, puesto que una parte importante de las fuerzas que provocaron que Isa destrozara su matrimonio con Jandro las había alborotado Laila, ya que sus méritos habían sido muchos: Laila empujó con tesón para que Isa bajara al baile El Cielo Total, ya que sabía que allí la esperaba Víctor; planeó el encuentro y presentación entre Víctor e Isa allí dentro, que Isa no sabía, pero que si conocía Víctor; le abrió las puertas de La Guarde para que Víctor entrara a saco al día siguiente al del baile; se retiró del Ático para dejarle vía libre al mismo Víctor; y así, otras muchas. Todo ello a espaldas y sin consentimiento de su llamada amiga Isabel.

"Os sea, el cabrón de Víctor me enredó como a una cría, y la cabrona de Laila ayudó para que yo me dejara enredar. Qué víbora. --Se lamentó Isa.

Así que, Isabel empezó a endurecer su corazón.

"A la enemiga, ni agua".

Ya desde la calle, Víctor concluyó.

--Quedas con el hijo de Tito y de Laila, que sexualmente es un crio, pero es un karateka consumado, con él estarás bien y segura.

--¿Hijo de Laila? Pero ¿Qué estoy oyendo? --Quedo Isa boquiabierta.

--Sí, tonta, sí. El toro de Tito me dejó preñada cuando yo tenía apenas dieciséis años. ¿No lo sabias? Es que a ti no se te puede contar casi nada. --La sermoneó Laila con su aire de directora adjunta.

Durante la siesta, sus hijos estaban en la guarde.

Isa tenía solo encima una camisa, abrochada únicamente por el cuarto botón, sin bragas y sin sujetador, puesto que ya estaba recogiendo una toalla para ducharse. Además, ella allí ya estaba sola.

Sin embargo, no estaba sola, no exactamente, ya que se encontró a la entrada del baño con el hijo de Tito y de Laila.

Para Isa, el chico no era mucho más que un crio, aunque, eso sí, un crio de metro y ochenta de estatura, de casi dieciocho años, lo cual seguro inducía a más de una a pensar que era como un brote tierno, un regalo.

El chico la miró con ojos de gavilán, de esos cuya mirada atrae y engancha.

Isa pensó:

"Esa mirada es cosa de familia. Pues sabes qué, este será mi primer acto de venganza contra esos dos cobardes, contra el cabrón de Tito y contra la cabrona de Laila. Cada cual juega sus cartas, y yo al presente, no tengo otras. Además, yo ya hace algún tiempo que no disfruto como lo hacía antes, así que, al gavilán este, no lo voy a forzar, pero me lo voy a regalar ahora mismo".

A Isa, que, a pesar de su juventud, pues solo contaba con treinta y dos años, actualmente ya sabía dónde les picaba a los machos, no le resultó difícil conseguir que el chico creyera que él era un macho deseado, que no se le resistía ninguna mujer.

Se enzarzaron en la cama que a veces utilizaba Laila y Tito (eso era venganza), al ritmo que Isa fue marcando según su propio apetito, tirando y soltando cuerda para que el chico de diecisiete años y medio no se vaciara antes de tiempo y ella se quedara con las ganas y chascada.

El chico se fue de la habitación tan satisfecho que pretendió que Isa le garantizara tres o cuatro encuentros cada semana, lo cual no entraba en la intención de ella, en absoluto.

En vista de ello, Isa le dijo muy seriamente que se buscara a otra, que encontraría, y lo amenazó con que les contaría a sus padres lo del dinero para jugar al póker que les robaba cada día y otras fechorías que ella conocía, todo ello si volvía a mirarla a ella con cara de deseo.

Isa también quedó satisfecha con el chico, más de lo que había imaginado. De un lado, porque desde hacía ya tiempo largo que no había vuelto a rasgar ni rascar con nadie, ni siquiera lo había pensado. De otra parte, es innegable que, con treinta y dos años, las necesidades aprietan lo suyo, y como tan animales son los animales de la selva, llamados incivilizados, como animales somos los animales de ciudad, llamados civilizados, las cosas pasan, puesto que en pocas bocas amarga un buen dulce terso y fresco.

Hasta Isa acabó reconociendo que la guarra de Laila tenía razón:

"Lo nuevo, excita".

CAP 21   ANILLO Y MUERTE

La situación de Isabel, tanto afectiva como económica era muy delicada, cada vez peor. Del amor de Alejandro se había despedido. Con Víctor ya no tenía apretones, ni muchos ni pocos, ni intensos ni ligeros, sino cuando alguno de ellos dos pretendía algo, porque ahora ya no se trataba tanto de placer, al menos en ella. Isa sabía que Víctor ya la había sustituido por otra, o por otras, en su picadero, pero eso ya no le quitaba el sueño. Sí que dormía mal por su situación económica de tan mal que se apañaba, lo cual era una total contradicción si se comparaba con el palacete donde vivía.

Ella Dejó que sus ojos se pasearan por los cuadros de las paredes, las alfombras del suelo y demás artículos de relujo, para pensar:

"Hay que joderse. Yo que apenas tengo para comprar un cartón de leche para mis hijos, y estos rinocerontes viviendo mejor que reyes".

Y siguió pensando:

"Si Alejandro supiera las penurias que pasan sus hijos, no lo permitiría. Claro que, viviendo en un palacete, como va a pensar que tienen poca leche y que no es de la mejor calidad, como siempre habían tomado".

Y, después de un instante, concluyó:

"Bueno, yo qué sé cuanta información tiene y cuanto sabe Alejandro sobre mí y sobre sus hijos".

Sonó su móvil. Ella constató que era una llamada de Víctor y pensó:

"Ahora que le pica a éste".

Víctor le encargó que se fuera al ático a mediodía, que la esperaba allí, que quería enseñarle algo que le iba a gustar.

Estaban a dos días de la gran operación de desembarco de la heroína, a lo cual Isa era ajena por completo.

Isa iba por la calle, en dirección al ático donde había malvivido algún tiempo. Hacia ese piso se dirigía porque Víctor la había llamado y la había citado allí, como si de un ligue se tratara, casi podría decirse que se parecía un tanto a aquella su primera cita con él, estando ella en La Guarde. "¿Para qué me ha llamado? --Se preguntaba ella. --¿Es que pretende hacer un trio conmigo y con cualquiera otra incauta que tenga por allí?".

Mientras caminaba hacia el ático, ya cerca del mismo, miró y giró dos o tres veces el anillo de prometida que Víctor le había puesto en su dedo. Eso había hecho después de quitar el que Alejandro le había puesto antes, en aquellos tiempos felices.

Ella pensó que ahora lo importante no era el anillo, que en su día lo había sido por el solo hecho de haberlo cambiado por el de su marido; sino que, lo importante ahora era el código de doce dígitos que llevaba inscrito en el mismo. Ella pocas veces se creyó que aquel código era una simple fecha de compromiso, porque Víctor jamás cumplía un compromiso, por lo cual siempre mantuvo la sospecha alimentada que allí se encerraba algo más.

Isa entró con su llave, y sin pararse a mirar quien había dentro, pues eso ya no le ocupaba, se fue al servicio para hacer una necesidad. No venía a participar en ninguna orgía sexual, aunque otrora allí se había relamido de lo lindo. Después de haber hecho lo necesario en el baño, se propuso lavarse sus manos.

No supo por qué, pero por una reacción impensada, se quitó los dos anillos que todavía portaba en su dedo, el de prometida de Víctor y el de casada con Alejandro. Miró los dos anillos al sacárselos de su dedo, y ella pensó:

"Que cosas. Alejandro, es el día, es la luz. Víctor, es la noche, es la oscuridad. Los dos juntos en mi dedo".

Eso fue lo que pensó Isa, con gran pesar, cuando puso las dos alianzas sobre el granito del lavabo.

Víctor entró al servicio.

Cuando él contempló las dos alianzas fuera del dedo de Isa, como picado por la necesidad de controlar que ella los llevara puestos, se cabreó y quiso imponerse diciendo.

--Cariño mío, ponte los anillos en tu dedo. Si quieres quitarte el de casada, casi lo prefiero, pero él de mi promesa, tienes que ponértelo.

--Isa, todo extrañada, comenzó a pensar mientras se ponía las alianzas:
"¿Cariño mío? ¿Promesa, qué promesa? Pero ¿A éste que le pasa?".

Ella salió del baño y, cruzándose ambos, él entró en la ducha. Víctor estaba desnudo, pero ella ya no le prestó atención. Sonó el móvil de Víctor, pero cuando ella lo cogió, ya habían colgado. Sin embargo, una vez que ella tenía el móvil en la mano, introdujo el patrón de desbloqueo, que ella conocía por habérselo visto a él docenas de veces, y curioseó un poco, hasta que aparecieron cosas que no le gustaron. Intento ver más cosas del móvil, pero teniendo que Víctor saliera de la ducha, lo dejó donde estaba.

Isa esperó a que Víctor saliera del baño para preguntarle que tenía que enseñarle para que ella viniera hasta este piso. Él salió completamente desnudo, con el palote medio colgando y medio levantado.

En cuanto Isa lo vio se dijo para sí que ya sabía lo que él quería enseñarle, lo que no sabía es que buscaba él ahora, porque, de una parte, él actualmente ya se consolaba con otras tetas y, por otra parte, con lo poco que había visto en el móvil de Víctor, ella comenzó a sospechar que algo inusual tramaba.

Isa no había venido pensando en aquello del palote, como sí habría pensado en otro tiempo pasado. Así que, pasó del palote y se propuso aguantar un poco e intentar ganar tiempo para investigar más largo el móvil de él. Pero claro, entre su interés primordial en volver a hacerse con su móvil, los recuerdos que aquel piso y sus interiores traían a su memoria, así como las mañas de Víctor para con las mujeres, hicieron que volviera a la cama con él y que volviera a desatarse la guerra. La batalla fue pasionalmente de buen nivel para Víctor, pero esas pasiones ya no eran para ella lo de antes, así que para Isa fue más bien una obra de fingir lo suficiente para que él quedara convencido.

"Creo que esta será mi última tragicomedia con este Víctor". --Pensó ella, mientras él rugía.

Tras la batalla, Víctor se quedó dormido como un lirón en invierno, momento que aprovechó ella para agarrarle el móvil y bajar a una tienda de informática y móviles. Isa, que conocía al tendero del tiempo que había vivido en frente, le convenció para que le hiciera una copia el aquel móvil y se lo pasara a una memoria USB, no sin antes prometerle que algún día tendrían que hacer un hijo juntos.

Subió de nuevo al ático. Víctor dormía. Dejó el móvil de él en el mismo sitio y se fue sin importarle lo más mínimo el hecho de dejarlo panza arriba y sin más.

Ahora, toda su curiosidad se centraba en el contenido del móvil de Víctor.

En aquel móvil había archivos abiertos, que podían visualizarse y leerse, pero había otros archivos que, supuestamente para Víctor eran los importantes, se habían ubicado en una carpeta aparte y estaban encriptados. Así que ella se fue directamente a desencriptarlos, es decir, se fue a hacer visibles y leíbles los archivos importantes que contenía aquella carpeta, lo cual no era nada fácil. Para ello, se fue a un Centro cuyo jefe ella conocía, pues esta persona había emitido informes periciales que con cierta frecuencia había ordenado Alejandro desde la Audiencia Provincial. El jefe del Centro, además de todo un experto en informática y desencriptado de móviles, era forense, por eso había tenido y tenía mucha relación profesional con su exmarido.

Se saludaron efusivamente, pues ambos tenían interés en que los planes salieran bien. El forense, que sabía que Isabel y Alejandro ya no estaban juntos, se negó a manipular el pendrive que contenía una copia del móvil de Víctor, porque se dijo para sí que ella estaba muy buena y que hoy sería su día de grande. Ella, que necesitaba conocer el contenido de los archivos encriptados al precio que fuera, le insinuó una mamada. El forense no se conformó, exigiendo que fuera un completo. Isa no estaba por aquello en ese momento, porque ni siquiera con Víctor le había subido la temperatura, pero, aquel tipo era el mejor informáticamente y tenía que conocer el contenido de aquellos archivos, así que tuvo que hacerle casi de todo, hasta algún numerito poco presentable, pero al final ella obtuvo el desencriptado que necesitaba.

"Como para decir que este forense es una persona seria, hay que joderse". --Pensó ella de regreso a casa.

Isabel se encerró en un lavabo de su casa actual, cogió un portátil y el pendrive, los puso a funcionar y se quedó pasmada, indignada con lo que vio y escuchó.

"Joder, que cabrones. Me las van a pagar todas juntas".

Tuvo conocimiento de que Víctor utilizaba tanto el bar El Cielo, como la discoteca El Cielo Total, que los utilizaba impunemente como tapaderas de cortijo para sus correrías sexuales, una tras otra. Y le fastidió mucho, ya que ella también fue su capricho y también picó como una pánfila, sin pensar en su matrimonio. Pero no era eso lo que le tenía que ocupar ahora, sino el movimiento que de droga dura por allí pasaba. También fue consciente que los cabezas de La Orga en España, véase Tito y Víctor, pretendían machacarla en una emboscada, cuyo objetivo era la apertura del barco con heroína que al día siguiente llegaría, utilizando para ello el anillo que llevaba en su dedo, aquel que le había puesto Víctor, cuyo código y microchip integrados eran la clave.

"Qué bestias inmundas. Pretenden liquidarme. Pues ya veremos".

Sin pérdida de tiempo regresó a las instalaciones del forense.

Cuando éste la vio, se preguntó:

"¿Ya viene a por más madera? Qué bárbara. ¿Cómo Alejandro la dejó irse?

Isa, ahora sí, ya dispuesta a todo, le prometió que aceptaría una orgía sexual completa durante una semana, sin límites, a cambio de que la ayudara con aquel marrón muy oscuro que se traía entre manos y piernas. Tenía que confiar en el forense, así que le puso al corriente y trazaron un plan para intentar controlar las emisiones del móvil a la alianza con el microchip y que el barco no explotara. El forense, disponiendo de los datos del móvil de Víctor, del código de 12 dígitos grabado en el anillo receptor del dedo de Isa, así como el propio receptor que era el microchip integrado en el anillo, empezó a trabajar, creciendo la esperanza de Isa, que intentaba pensar en todo. Ella y el forense también pensaron en cómo controlar aquello del gas super tóxico que podría escaparse, así como en la compuerta que seguro que inundaría aquella sala contigua. Después de varias horas, pues si bien el forense era un tío algo degenerado, profesionalmente era un lince, pulieron algunos flecos para intentar minimizar lo inesperado en aquel barco. Acabaron cerca de las ocho de la tarde, momento en que ella se fue a una tienda a adquirir algo de ropa al objeto de justificar, en caso necesario, que había pasado la tarde de compras.

Isa no apartaba de su cabeza la trama de los tres miserables: Tito, un sádico despreciable para cortarle el cuello varias veces. Víctor, un caimán muy ruin, a quien, joder, solo hacía unas pocas horas que lo había vuelto a aguantar entre sus piernas. Y Laila, vaya una matona, falsa e inaguantable, la que había sido su supuesta amiga durante tiempo, era una víbora odiable.

Ella siguió repasando información mental sacada del móvil de Víctor:

"El código de doce dígitos que contenía el anillo que Víctor, que en su día él le hizo creer que era la fecha de su promesa de amor eterno, era en realidad la contraseña que, sujeta a unas condiciones de proximidad, serviría para desbloquear el cierre y sellado de todo un barco lleno de heroína líquida, el cual procedía del continente asiático, y cuyo cargamento reportaría el embolsamiento de muchos millones de dólares".

El barco contenía una carga de siete mil seiscientos litros de heroína líquida pura, operación muy controlada directamente por los responsables de La Orga en nuestro país, ello para minimizar riesgos y cortar cabezas ajenas al menor tropiezo.

La heroína líquida pura, una vez transportada al zulo-laboratorio, era convenientemente manipulada para los intereses de La Orga, adulterada con almidón, leche y otras substancias mucho más baratas, o bien potenciada con productos como el fentanilo, lo cual conseguía que una dosis se convertía en cinco o las que hiciera falta.

De esa heroína pura, como la que recibían en el barco, tenían promesa de que contenía un noventa y dos por ciento de pureza. Cuando se vendía en el mercado no superaría el quince por cien de pureza, por tanto, del quince al noventa y dos por ciento eran adulteraciones. Eso suponía que cada litro de heroína pura se convertía en, al menos, siete litros adulterada para la venta y, consecuentemente, los siete mil seiscientos litros recibidos se convertirían en más de cincuenta y tres mil litros para distribuir y vender.

Y si, finalmente, esa heroína adulterada y multiplicada se distribuía y vendía, como lo hacía La Orga, en mercados refinados y pudientes, donde el precio por litro vendría a superar los mil euros, el importe total de la operación saldría, como poco, en cincuenta y cinco millones de euros. Es decir, el milagro de los panes y los peces se hacía realidad nuevamente".

Isabel proseguía manejando más datos que no siempre estaban ordenados y clasificados, por eso se duplicaban en parte. Esta vez leía:

"El anillo incorporaba un código numérico que, según le dijo Víctor, contenía la fecha de su promesa, esto es, la fecha de la segunda escapada de Bel al picadero de Víctor. Pero, además, que nunca le dijo, lo importante es que incorporaba un microchip con varias funciones. Esto era lo relevante".

También era importante la información que Isa ahora estaba desmenuzando:

"Una de las funciones del microchip consistía en desbloquear el acceso al barco, el cual venía más sellado que un tanque militar acorazado. El desbloqueo se hacía bajo dos condiciones. De un lado, que el móvil, cuya señal de desbloqueo emitía, no estuviera alejado del barco más de quince metros, puesto que de lo contrario no habría activación y se iniciaría la cuenta atrás para la destrucción del barco. La otra condición paralela y necesaria para el desbloqueo y apertura exitosa del barco era que el dispositivo intermedio, que hacía de puente, estuviera no más alejado del barco de un metro de distancia. ¿Y cuál era ese dispositivo puente? Pues, el anillo que con el cuento de prometida le había puesto Víctor a Isabel en el ático picadero. Pero claro, el alto grado de seguridad que

La Orga pretendía, planteaba a su vez dos exigencias: que Isa estuviera con su anillo al lado mismo del barco cuando el móvil emitiera su señal de obertura y, además, que el anillo estuviera puesto en el dedo de Isa. No era posible el dedo de otra persona, puesto que el anillo incorporaba un sensor que reconocía el primer dedo en que se hubiera puesto, y allí debía estar, pues leía el ADN de la piel en el momento inicial de ajustarlo al dedo y si se cambiaba, significaría que el anillo había caído en manos policiales u otras indeseadas, con lo cual la cuenta atrás para la destrucción del barco era segura".

Por la noche, Víctor estaba tan zalamero como los primeros días en el ático.

Isa ya conocía a la perfección los planes de La Orga, que pretendían y a que estaban dispuestos, lo cual le dolía mucho. Sin embargo, lo que más dolor le producía era que Víctor, aquel tío guapo, al que ella se lo había entregado todo, todo lo más íntimo y sin reservas, estaba conforme con sacrificarla y asesinarla.

Ella, con gran amargura, se dijo para sus adentros:

"Dios, que imbécil fui, como pude dejarme embaucar por un capullo y miserable como éste. ¡Burra! Tenía un marido maravilloso. Como pude...

cambiarlo... por esta mierda de tío, por esta rata de alcantarilla".

Para que el plan funcionara y ella acabara en el puerto, Víctor le contó una historia sobre un barco que llegaría al puerto sobre las diez de la noche, y que la necesitaba a ella para recoger una pulsera especial que él le había comprado, la cual se la enviaban en ese barco. Le dio oportunas instrucciones, y le anunció que su amiga Laila la acompañaría porque ésta también esperaba recibir otra pulsera, aunque realmente no fuera así, porque no se la merecía. Eso le dijo. Para garantizar voluntades y sellar el pacto, Víctor pretendió llevarse a Isa a la cama. Ella accedió al plan de ir mañana al puerto, pero rechazó irse con él a la cama aduciendo nuevamente tener dolor de cabeza. Sí, sí, esto siempre funciona.

Al día siguiente, Tito, Víctor y Laila, estaban en reunión de pastores, para que ninguna oveja descarriara.

--La participación de Isa con el anillo es primordial. --Decía Tito.

--Sí lo sé, confío en que la estrecha de Isa cumpla lo prometido ayer y no haya problemas para que venga esta noche al puerto. --Participaba Víctor.

--¿Por qué le llamas estrecha? ¿Es que lo tiene tan estrecho? --Saltó Laila haciendo la broma del día.

--Laila, deja las cosas del coño para otro momento, que esto es muy serio. --Largó Tito en su papel de comandante. --A ver, tu Víctor, asegúrate que Isabel venga al puerto, que aquí la esperas. Te inventas lo que quieras, pero la convences, que para que fuera al picadero tuyo también la convenciste. Después...

Prosiguieron repasando ciertos asuntos, que Tito, Víctor y Laila habían analizado la noche anterior.

--Es necesario que Isa no sepa ni sospeche nada, porque ésta se va a negar a colaborar si se entera de lo que contiene el barco. --Repetía Laila.

--Lo importante es conseguir que Isa se acerque a menos de un metro del barco y, después, entre con el anillo en un tiempo corto para desconectar la cuenta atrás del sistema, pues solo así se evita que el barco vuele por los aires. --Añadió el jefe a los demás, con cara muy seria.

Tito empezó a hacer saber sus decisiones, y cuando Tito ya estaba decidido sobre algo, ya no había otras opciones ni objeciones. Por eso, Tito hablaba y los demás se callaban.

--Aquí entras tú, Laila. Isa es tu amiga y contigo entrará en el barco y hará su cometido, por eso tú Laila estarás con ella para asegurarnos que no habrá ninguna sorpresa. –Ordenaba el jefe Tito.

--Joder, Tito, tú has dicho que para que el sistema abra la bodega de la heroína, la sala contigua abre una compuerta y quien esté allí se jode, porque se ahoga. Qué la palme Isa, que se joda, ¿Pero quieres que la palme yo también? ¿Estás diciendo eso? --Laila se puso de pie y miró con odio a Tito, con las manos y la cara crispadas.

Los dos hombres también se levantaron y comenzaron a indicarle razones a Laila, a darle argumentos para tranquilizarla, pues ahora ya no estaban para cambios que pusieran en peligro el buen fin de la operación.

--Lo que pase con Isa no nos preocupa. Sabemos que la va a palmar, pero a ti te protegeremos y al final te compensaremos adecuadamente. --Prometía Tito, como si las promesas de Tito hubieran tenido algún valor en toda su vida.

--Sí, sí, que bonito. --Se quejaba Laila.

--Mientras vosotros estaréis fuera para pulsar unos botoncitos, yo me la juego allí dentro, pues que si el veneno se escapa y te paraliza hasta la sangre, que si la compuerta se abre y te encharca los pulmones, que si la cuenta atrás no se para y vuelas por los aires como una mosquita.

--Esto es una mierda. Me voy. Esperaré a Isa, pero mañana os quiero ver a los dos, y entonces ya hablaremos los tres.

Cuando Laila se fue, a Tito se le escapó una sonrisa de falsedad estudiada, pues Tito y Víctor pretendían que el plan funcionara, claro que sí, pero no consumando el plan de los tres, sino solo el plan de ellos dos, y ya veríamos si al final no era el plan de Tito solamente. En todo caso, cuando los dos matarifes se quedaron solos, Víctor preguntó al jefe Tito.

--Oye, Tito, respecto de Isa, de verdad ¿Tiene que morir? Hostia, que tiene treinta y tres añitos, que yo me he vaciado con ella más que con cualquier otra, y me da un poco de pena por sus hijos, pues que va a pasar con los niños...

--Pues claro que va a morir. ¿O es que prefieres morir tú, en su lugar? --Amenazó el jefe, sin aceptar objeciones.

Víctor, el que se decía prometido de Isa, agachó todo lo que tenía, para asentir.

--Sí, sí, claro. --Y boca cerrada.

La suerte estaba echada. A Isa pretendían utilizarla de mula. Ese siempre había sido el plan principal para ellos y, si, además, en ese tiempo habían satisfecho sus apetencias sexuales, al menos Víctor, y también Tito, aunque éste hubiera sido por la fuerza, el plan habría salido perfecto.

Isa había recordado lo sucedido pocos días atrás, cuando el propio Víctor le vertió encima:

"¡Disfruta, cariño, disfruta! ¡Que cabrones!

Llegó la hora de la verdad, bueno, de la mentira. Isa alcanzó el puerto y divisó el barco que contenía miles de kilos de heroína, aquel que iba a ser el transbordador de los cabecillas de La Orga a su cielo económico definitivo.

Se encontró con Laila. Ésta como siempre, comenzó a meterse en su papel. Isa también venía metida dentro del suyo. No hubo saludos efusivos.

Isa intentaba contenerse poniendo toda la buena cara que podía, pero estaba muerta de miedo, por eso dudaba si largarse al otro lado del mundo o vengarse de aquellos tres buitres carroñeros.

Ellas, Isa y Laila, se acercaron al barco. Ellos, Tito y Víctor, estaban atentos en la cabina disimulada de una lancha atracada a diez metros del barco importante, el de la heroína.

Isa, por los nervios, se detuvo a unos dos metros de la entrada del barco. Laila empujó anímicamente para que Isa se situara al lado mismo de la nave, casi tocándola con la espalda. Laila apoyó su mano en la cubierta de aquel barco. Esa era la clave acordada. En cuanto Laila tocara la cubierta, estarían dentro del campo de acción, así que todo empezaba, pero con un cambio de última hora, que el móvil utilizado para la emisión del código no era el de Víctor, del cual Isa había conseguido una copia, sino el de Tito, pues éste no quería cuerdas sueltas ni que le vinieran con sorpresas.

El código completo era:
0 09 0 06 0 20 21 0

Tito, mediante el teclado virtual de su móvil, pulsó el primer dígito del código grabado en la alianza portada por Isa: (0). Era el dígito de activación del sistema. Esperó cuatro segundos, pues este era el tiempo de espera entre una función y la otra.

Los dos siguientes dígitos del código (09) fueron pulsados por Tito. Tras cuatro segundos, una puerta metálica y pesada del barco se oyó y se vio cómo se abría, cual gran puerta blindada de seguridad de una central bancaria.

Laila medio cogió del brazo a Isa, que estaba aterrorizada, y se la llevó al interior del barco.

Una primera sala, a modo de recepción del barco, conectaba, a través de una puerta metálica, con un pasillo que terminaba en un ventanal con un extintor colgado justo debajo. Al otro lado de esta primera sala había otra puerta blindada, como para ir a la luna. Tras ellas, la puerta de acceso al barco se cerró.

Este cierre hizo que Víctor se inquietara, lo cual obligó a Tito a decirle que tranquilo, que después volverían a abrirla, que este cierre formaba parte del plan de asfixia.

Tito pulsó el cero (0), que solo era un dígito de avance de funciones. En medio, Isa sacó con disimulo su móvil y simplemente toqueteó dos veces su pantalla. Seguidamente, Tito pulsó los dos siguientes dígitos (06), con lo que un gas venenoso debería comenzar a brotar de dos bocas del aire acondicionado, pero que eso no sucedió, porque el cortafuego introducido por el forense lo había impedido.

Poco después se le oyó decir a Tito, que con lo instantáneo y letal que era el gas, Isa y Laila ya tenían que estar tiesas.

Pasaron cuatro segundos, y tras la pulsación de otro cero (0) como instrucción de avance al siguiente paso, Isa dio dos nuevos toques en la pantalla de su móvil, momento en que la puerta del barco que conectaba con el pasillo comenzó a abrirse. Isa dio un salto y consiguió colarse al otro lado, mientras la misma puerta, con el sensor activado por el cruce de Isa y sin acabar de abrirse, volvió a cerrarse, dejando a Laila atrapada y gritando en el primer lado.

Tito pulsó los dos siguientes dígitos en su móvil (20), mientras se le oyó que cantaba victoria con los ojos hinchados de orgullo:

--Adiós, muñecas, adiós. --Refiriéndose a Laila y a Isa.

El suelo de la sala donde Laila se encontraba se abrió en dos mitades, yéndose ella a un compartimento totalmente inundado. Adiós, Laila, Adiós. Allí acababa la vida de la controvertida Laila.

Isa recorrió a todo trapo unos doce metros del pasillo que la separaba del ventanal, arrancó con furia el extintor y con el primer botellazo sin contemplaciones, el cristal de la ventana se vino al suelo en docenas de trozos.

Tito dijo que ya era el momento de desconectar el sistema de auto destrucción del barco y pulso los dos últimos dígitos del código (21). Tras ello, los dos jefes se apearon de la lancha y comenzaron a caminar hacia el barco, pues había llegado la hora de recoger los frutos del plan maestro ejecutado.

Mientras tanto, Isa esperaba que los cambios efectuados por el forense fueran efectivos, que el barco no explotara. Y eran efectivos, pero con el móvil de Víctor, no con el de Tito, cuya codificación era distinta en este apartado.

Isa miró la pantalla de su móvil, por si hacía falta el plan de emergencia. En cuanto ella vio que en su móvil de encendía una luz intermitente, se encaramó en la ventana rota y tocó nuevamente dos veces la pantalla táctil de su móvil. Acto seguido, quitó de su dedo y lanzo al agua, lo más lejos que pudo, el anillo de prometida de Víctor con el microchip ya activado, y se dijo mientras se lanzaba al agua con toda su fuerza:

"Al agua, que quedan cuatro segundos para que la tercera bomba nuclear explote".

Durante esos cuatro segundos, Tito y Víctor se situaron justo al lado del barco, mientras que Isa se había ido a varios metros de profundidad y de distancia de la bomba nuclear.

Y así pasó. Una explosión de otro mundo levantó el barco por los aires y con el mismo a los dos buitres de La Orga, Tito y Víctor, cuyos cuerpos quedaron esparcidos en decenas de pedazos por los alrededores. Aquí terminaban las andanzas despreciables, hechas pedazos, de dos inhumanos despreciables.

Por encima del agua comenzó a verse una sustancia marrón oscura y un olor intenso a miles de litros de heroína que había saltado por todas partes, un olor que colocaba.

Isa, por el efecto de las olas provocadas por la explosión, salió disparada y dando vuelcos hasta que su cuerpo chocó con algo. Cuando ella ya en las últimas por la falta de aire, sacó la cabeza por instinto de supervivencia y pudo recuperar algo de oxígeno en sus pulmones. Esperó un casi nada, respirando con desespero, hasta que tuvo conciencia de la bestial destrucción ocasionada, de que los cinco metros de agua de mar por encima de ella habían amortiguado la onda explosiva y expansiva, por eso se había salvado, por eso y porque el forense, que, si bien era un cochinillo, informáticamente era el mejor.

Pero Isa tenía que largarse de allí, de inmediato, para que no pudieran relacionarla con los muertos, que allí quedaban esparcidos, ni con la droga, que por allí quedaba dispersada. Salió del agua, curiosamente, con su mano agarrotada, adherida a su móvil salvador, que no había soltado, y desapareció.

CAP 22   EL DESPIDO

Habían pasado entre dos y tres meses desde la explosión marítima. Isa ya se había recuperado muy bien, ya que la muerte de ninguno de los tres animales le dolió, en absoluto. Además, la satisfacción de la venganza siempre dulcifica alguna conciencia atormentada, así que Isa tenía motivos para estar satisfecha.

Las nueve y treinta horas de la mañana se habían alcanzado en el reloj de pared existente en su trabajo. Como cada día en La Guarde, donde Isa y Viva seguían trabajando, había llegado la hora de hacer un descansito de media horita para tomarse algo sólido o, al menos, hacerse con un café con leche, que siempre mejoraba el ánimo.

Las dos, Viva e Isa, se fueron al bar que últimamente iban. Un día pedía Isa y al salir lo pagaba, y al siguiente hacía lo propio Viva. Hoy le tocaba pedir a Isa, quien, tras consultar con su compañera, se fue a la barra y pidió lo de costumbre.

Sentada en un taburete esperó para recoger los dos minibocadillos de queso y los dos cafés con leche comandados.

En el taburete de al lado se sentó un policía, vestido con su uniforme, calzado y pistola reglamentaria.

Se miraron. Se habían visto otras veces allí en el bar, por ser clientes habituales, ya que la Comisaría de Policía estaba en la esquina. En días anteriores, alguna vez también se habían saludado e, incluso, comentado algunas cosas, ya que el encuentro casi diario acercaba la confianza.

--Hola. --Saludó el policía, con alegría.

--Hola. --Devolvió Isa el saludo, con más alegría.

El pidió un bocadillo entero, de los de verdad, con una cerveza sin alcohol.

--Él la volvió a mirar, y comentó.

-A mí me gusta poco la cerveza sin alcohol, me parece..., pero es lo que tiene estar de servicio, ni vino ni cerveza de la buena.

Ella sonrió y apuntaló.

--Sí, pienso igual, puesto que alguno no entendería que un policía sujete con una mano su pistola y con la otra una botella de vino.

Los dos se rieron gratamente, de buen rollo.

A la barra le trajeron la consumición pedida por ella. El policía la miró de nuevo y le informó sonriente.

--Esos bocadillos son enanos. Yo de esos me comería más de cinco.

De nuevo se vieron las sonrisas. Las sonrisas de Isa eran encantadoras. Las del policía también se lo parecieron a Isa.

Ella recogió los platos y le dijo, mirándolo intensamente, mientras se bajaba del taburete.

--Sí, son pequeñitos. Como dice mi amiga, cuando acababas de tomártelos tienes más apetito que cuando empiezas.

--Hasta luego. --Se despidió ella.

--Hasta pronto. --Respondió él.

Mientras ella avanzaba con la bandejita hacia su mesa y de espaldas hacia la barra, él policía no pudo o no quiso evitar mirarla desde la cintura hasta las rodillas, deteniéndose más por debajo de la cintura.

En cuanto Isa se sentó a la mesa, oyó que Viva le increpaba con una sonrisa maliciosa.

--Anda chica, que amigos tienes, ¿eh?

--¿Amigo? No es ningún amigo especial. Nos hemos visto antes por aquí, en varias ocasiones, y hemos hablado algunas veces como he hablado con otros, pero no mucho más, porque ni sé cómo se llama. --Respondió Isa, quitándole importancia.

--¿Ah sí? Pues a mí no me lo pareció. Os vi charlando y sonriendo muy entretenidamente, y eso no se hace con uno que te cruzas por la calle. --Añadió Viva.

--Que no, tía, solo sé que es policía. --Volvió a decir Isa.

Pero su compañera remarcó de nuevo.

--Sí, sí, que es policía también lo vi yo. Pero, no sé si tu viste el repaso que le dio a tu trasero cuando te bajaste del taburete y le diste la espalda, y no me digas que no...

--Ay, tía, la mayor parte de los tíos miran mi trasero, ¿y qué? No me acuesto con todos ellos por el hecho de que lo miren. --Isa dio por cerrado ese tema, sin embargo, ella giró su cabeza y miró hacia la barra en busca del policía, momento en que éste se disponía a salir a la calle.

Acabaron su consumición y acabaron su tiempo de desayuno.

Isa pidió la cuenta, aunque recibió por respuesta desde la barra.

--Nada, ya está pagado. Lo pagó el agente que estaba contigo.

Viva sonreía ganadora y ahora, en forma burlona, se despachó.

--Anda, mira, hasta te paga el desayuno y todo. Esto es más que un amigo.

--A ver, culebra, que también pagó el tuyo, ¿no? --Replicó Isa.

--Sí, para no pagar el tuyo solo y no hacer el feo, pero... --Siguió Viva... --Este busca algo, aunque tú no hace falta que lo busques mucho, porque cuando quieras lo tienes debajo del sujetador. --Reía Viva tocándose las manos, como aplaudiéndose.

--Pero si no lo conozco de nada. --Se limitó a decir Isa.

--Oye, salvo Jandro, que te llevaba apenas tres años, todos los otros tíos con los que te vi eran mayores. Este está muy bien, pero yo creo que no baja de los cuarenta y tantos, ¿A ti te gustan mayores? --Observaba Viva.

--No, me gusta los tíos hechos, que sepan donde tienen su mano derecha. Pero, bueno, si lo prefieres, te digo que me gustan todos y acabamos antes. --Replicaba Isa.

Rieron de nuevo.

--Yo, volviendo al policía este, hombre, nadie paga la consumición por nada. ¿Acaso tú vas por ahí invitando a un tío, que ni sabes su nombre? --Se llenó Viva de razón.

--No, claro que no. Y digo yo, ¿No será que el tío nos invitó a las dos porque quiere montarse un trio contigo y conmigo? --Lanzó los dardos Isa mientras se reía jovialmente.

--Anda, tía. --Se detuvo Viva, pensando en algo. --¿Te parece que nos pagó la consumición para intentar llevarnos a la cama a las dos?

--Cualquiera sabe lo que piensa un tío, los tíos. ¿Tú harías un trio? --Preguntó Isa con picardía, porque las chicas cuando están puestas siempre hablan con picardía.

408

Viva arrugo un tanto la nariz, y después de un rato contestó.

--No, no me veo metiéndote mano a ti. --Se oyeron dos carcajadas en todo el barrio. --Preferiría meterle mano al policía cuando estuviera solo.

--Pues móntate un trio entre tú, el policía y otro tío policía, es decir, tú con dos tíos policías, ¿Qué? --Reaccionó Isa con tanta picardía.

--¿Lo has probado tú? --Se salió Viva del centro.

--Bueno, no creo que sea mi prioridad en este mismo momento, pero ahora que no tengo que dar explicaciones, pues quien sabe. --Remató Isa en forma rápida y mientras se apartaba un mechón de pelo de su cara.

Sonaron unas sirenas en la calle, se armó un poco de revuelo, lo que desvió la atención de las dos hacia un cierto tumulto en la acera de enfrente. Después se fueron a sus deberes en La Guarde.

Al día siguiente, Isa no pudo bajar al bar debido, como rezaba oficialmente, a una incidencia en su trabajo, así que Viva bajó a desayunar con otra compañera.

Pasó la mañana y llegó el mediodía. Después de comer, sobre las tres y media de la tarde, Isa, que no había salido del trabajo en todo el día, le pidió a una compañera que la cubriera el tiempo para tomar un café, que lo necesitaba.

Se fue al bar y se sentó al fondo en una mesita con dos sillas, para no ocupar ella sola una mesa para cuatro.

Se puso a consultar su móvil, como hace todo el mundo cuando está solo, mientras le traían un café largo que había pedido. Hasta que oyó una voz a su lado que decía.

--Hola. ¿A estas horas vienes a desayunar?

Ella levantó la vista, vio que era el policía y le sonrió alegremente.

--Hola. --Contestó ella enseguida. --No, no pude venir a desayunar. Ahora solo tomo un café. Oye, gracias por la invitación de ayer. Te debo una.

--Ah, no...

--A propósito, si vas a tomar café, puedes sentarte aquí, hoy te invito yo. --Ofreció sonriente ella.

El policía no se hizo mucho de rogar. Se sentó en la silla de enfrente y pidió un café con un poco de agua.

Ella preguntó sorprendida, abriendo un tanto los ojos.

--¿Pides café con agua?

Él sonrió complacido, ya que siempre que pedía eso la audiencia se extrañaba. Sin embargo, el camarero sabía perfectamente a que se refería el cliente.

--Es una petición en clave. --Dijo el policía, mientras cruzaba perpendicularmente los labios de Isa con su dedo índice, lo cual era una señal para que no se lo dijera a nadie y, de paso, aprovechaba para hacerse un regalo tocando los labios de ella.

--¿En clave? --Repitió ella sin entender el misterio. --Los policías jugáis mucho con eso de las claves.

--Café con agua. En realidad, es "café con aguardiente". "Agua" de aguardiente. --Él reía satisfecho. --Con agua quedas menos pecador que con aguardiente.

Ella se reía como con el mejor chiste, hasta que la risa le permitió decir.

--Pero, vamos a ver, Sr. Policía. ¿No quedamos que, de servicio, ni vino ni cerveza?

--Por supuesto, Sra. Ciudadana. Pero, el café da vida y el agua es muy sana. Todo en orden. --

Remató el policía con gran satisfacción, tocándose su pistola.

Él reía grande. Ella no dejaba de reírse. Entre risa y risa, ella comenzó a pensar.

"Es muy gracioso. Además, tiene cuerpo de bombero. Seguro que es un auténtico atleta. Por fuera de los pantalones está para perderse, ¿y por dentro de esos pantalones? Solo tengo una forma de saberlo, coño, que hace muchos meses que no me como nada".

Cuando ella regresó de su edén, miró su móvil y se dio cuenta que entre risa y risa ya se había pasado cerca de una hora desde que saliera para tomar un café. Así que, pidió la cuenta, pagó el Agente Pérez y comenzaron a salir del bar.

--Oye. --Le planteó ella, tras detenerse en la acera. --Como que tú ya has pagado dos veces, para compensar un poco, te invito a otro café en la guardería, sin agua, eso sí. ¿Vale?

--¿Habrá muchos niños gateando entre nosotros? --Quiso saber el policía.

--No, hombre, no. No habrá niños ni pañales, que a estas horas están haciendo su siesta como angelitos, todos en silencio. --Contestó Isa mientras ella y él se miraban con atrevimiento, como confirmando lo que iba a venir.

Entraron en La Guarde. Isa, a esas alturas de su vida, ya sabía muy bien que cuando dos adultos, hombre y mujer, entran en terreno de poco tránsito, donde no hay estorbos, los dos saben lo que va a pasar, y claro, pasó.

La directora de la guardería, Pilar, que estando fuera de su horario ya se debería haber ido a su casa, se dio una vuelta por la planta baja, la última ronda, para comprobar que todo estaba en orden antes de irse a su casa. Pero, tras haber oído sonidos distintos a los que habitualmente se oyen en esos centros de niños, abrió la puerta de una salita destinada a utensilios de limpieza. Hacía una semana que allí se había depositado una butaca, sacada de la circulación por haber sido catalogada como rota, aunque la rotura solo afectaba a la tela de cuero en una pequeña parte de un lateral de la misma.

Allí, sobre la butaca, los encontró desnudos a los dos, a Isa y al policía, fundidos en un abrazo, jadeando, después de terminar agotados.

Pilar, indignada, llena de rabia, le gritó a Isa.

--Échalo fuera, vístete y sube a mi despacho. Ahora.

La directora era amiga de Isa.

Sus familias e hijos habían salido juntos en vacaciones y fines de semana, al menos antes del divorcio con Alejandro. Pero, lo que Isa acababa de hacer era imperdonable en una guardería, así que la decisión era irrevocable.

Isa no tardó mucho en entrar en el despacho de la directora, de la que oyó secamente nada más entrar.

--Isabel, lárgate.

--Vale, lo entiendo. Mañana lo hablaremos con más calma. --Replicó Isa esperando que al día siguiente las consecuencias fueran menores.

Pilar, con cara de perra rabiosa, le hizo saber.

--Mañana no, mañana no. Recoge tus cosas y te largas ahora mismo de este trabajo, sin indemnización y sin nada.

--Pilar, por fa, no me hagas esto, que no me queda nada... --Casi lloraba Isabel.

--No, Isabel, ya no puedo permitir más que sigas convirtiendo esta guardería en un puticlub.

Es mi responsabilidad. Y date por contenta, porque debería denunciarte penalmente por corrupción de menores, o por pornografía infantil, o yo qué sé, así que lárgate y no vuelvas.

Isa empezó a ver la realidad pura, cruda y dura. Aun así, lo intentó de nuevo.

--Pili, Pilar, si me despides no tendré ni dónde comer, somos amigas, hemos vivido muchas...

--Que no puedes hacer esto, Isa, que tu cuando te estás tirando a un tío se te oye cacarear más que cuando una gallina pone el huevo.

--Joder, Isabel que hasta te han podido oír tus propios hijos, tía. Piensa, que desde que te divorciaste de Alejandro has dejado de pensar. --Fue disparando la directora con tanta pena como rabia.

A Isa le cogió un cabreo monumental, pues quedarse en la calle y sin trabajo no podía ser aceptado ahora por su cerebro.

--Tía, ¿tú no follas? --Le soltó Isa a la directora, casi a gritos de embalada que estaba.

La directora, conteniéndose mucho, le respondió.

--Sí, coño, claro que follo, pero no los traigo aquí como tú, ni me follo a cualquiera como tú.

Aquello le dolió mucho a Isabel, puesto que estaba perdiendo su trabajo y, así de duro, la estaban echando sin remedio.

Pero, además, le estaban diciendo en su cara que era por eso, que la despedían porque en la guardería se comportaba como una cualquiera, casi, como una de la calle.

¡De que iba a comer, mañana!, Se lamentaba Isabel.

CAP 23 LAS ALEGRIAS

Isabel regresó mentalmente al pasado, a unos cuatro años atrás, en cuya época se detuvo pensando, ensimismada. Ahora que disponía de tiempo, Isa se dedicaba a pensar, a sufrir por lo que había tenido y había perdido. No tenía trabajo, ni dinero, ni amigos, ya que, en su actual forma de vida, a los amigos se les conocía de varias formas, entre otras, como "follamigos". Así que se dejó ir de vuelta al pasado. En el pasado de todos existen montañas y depresiones, alegrías y penas. Isa también encontró algunas alegrías vividas hacía unos cuatro años atrás, las cuales fue repasando, como si aquellas alegrías de una época mucho mejor estuvieran grabadas y, tras pulsar la tecla de reproducción, las estuviera visualizando:

"Alejandro era muy buen padre, a pesar del tiempo que debía dedicarle a su Sección en la Audiencia Provincial, añadido a las muchas horas exigidas en la formación de Jueces Jóvenes.

No obstante, sacaba horas para dedicar a sus hijos, las cuales aprovechaba con esmero.

Ahora bien, ella se desvivía por sus dos hijos. Hasta cuando no estaban con ella no los apartaba de su memoria.

Es cierto que en algunos pasajes con aquel Víctor no pensó precisamente en ellos, ni en las consecuencias que sus hijos iban a sufrir, pero tampoco pensó en su marido, a quien en esos momentos le debía más pensamientos que a sus hijos. Sin embargo, su Albor y su Aurora lo eran todo para ella".

--Una tarde le prometimos a nuestros hijos que, al día siguiente, sábado, los llevaríamos a una cabaña en el cielo.

--¿Una cabaña en el cielo?, ¿Dónde está el cielo, Mami? --Dijo la inocencia de Albor abriendo los ojos cual búho sorprendido en la noche.

--Pues, está en el cielo, cariño, porque aquello es tan bonito como el cielo. --Aseguró ella a su hijo abriendo tanto los ojos como su pequeño. La madre, con su corazón henchido de alegría, disfrutaba con su sonrisa y disfrutaba con la del niño.

Allá, a la cabaña se fueron. Jandro y Bel tuvieron que trabajar de lo lindo en materia de limpieza, y trabajaron para que aquello quedara bajo unos mínimos.

Los dos pequeños corrían, de un lado a otro, como dos potrillos desbocados.

Albor, con tres añitos ya se defendía muy bien, pero Aurora, solo con dos, obligaba a su padre a ir detrás de ella a todas partes. Comieron en la mesa del exterior, macarrones, claro.

Fueron al lago a ver los peces y los pájaros, que revoloteaban encima de ellos en espera de encontrar la merienda. Y también fueron a la cascada, la cual les impresionó por la cantidad de agua que se deslizaba sin descanso.

Bel miró a Jandro, le sonrió maliciosamente y le confesó al oído.

--Tranquilo, "La tripa del Ligón" ya no me impresionaría tanto como cuando estaba soltera. Ahora tengo tu tripa, ya no estoy necesitada como antes.

Regresaron a casa con los bolsillos llenos de felicidad, por los niños, y por ellos también. De regreso a casa, mientras los niños dormían en el coche por lo mucho que se habían cansado, Bel, con voz también cansada, pero sumamente feliz, le decía a Jandro.

--Aunque el resto de las cosas fueran un desastre, el solo hecho que los niños estén, la vida ya adquiere sentido, es vida".

Bien. Isabel regresó al presente. Bien. En la cuneta crecen amapolas, pero también te encuentras espinas que se te van a clavar en la garganta, en el estómago, en los intestinos, como clavos en la cruz.

A Isabel le gustaba relamerse con los buenos tiempos, los de antes, como aquellos que estaba repasando en su cabeza, pero sabía que su situación actual, la de ahora, era cada vez más catastrófica.

Tanto era así que cada vez que lo pensaba acababa en el mismo punto: El temor de perder a sus hijos, que se quedara sin su compañía, sería la mayor espina que tuviera que tragarse intestinos abajo. Sería inhumano, aún más que perder a su marido, y aunque sus hijos no tenían un gramo de culpa, a veces los administradores del cielo reparten mal las culpas y ellos, los hijos, sufren las consecuencias.

Isa volvió al pasado, que le gustaba mucho más que el presente, al menos si volvía la vista a tiempos inmediatamente anteriores a sus treinta años. Y como la tierra no cesa de girar, sin que los humanos puedan pararla, también se acercó a su propio cumpleaños, cuando ella cumplía treinta años.

"Aquel treinta cumpleaños representaba para ella lo peor y lo mejor de su vida. Lo peor venía marcado por aquel día que Isa se fue de fiesta a celebrar su propio cumpleaños, el cual, por la tarde, lo celebró en el bar El Cielo, con Laila y con Viva, donde estuvo bien, pero, por la noche, lo celebró con Víctor en la discoteca El Cielo Total.

Esa noche fue nefasta, terrorífica, porque en aquella noche se le metió Víctor en su cuerpo y en su vida, y todo se fue por el desagüe del wáter, ya que en esa noche se inició su declive matrimonial y personal.

Sin embargo, Isabel no quería recordar ni repasar las penas del día de su cumpleaños en El Cielo aquel, ya que cuando recordaba el cielo más bien sufría el infierno. Es por ello, que solo quería rememorar las alegrías del día anterior, cuando lo celebró con su familia, con sus dos hijos y con su marido, que entonces lo era, y que al día siguiente dejó de serlo.

El día anterior al de su treinta cumpleaños fue de lo mejor en su vida, era recordado por Isa como el del sosiego, de la unidad, de la alegría y del amor vivido entre los cuatro durante su celebración, que lo vivieron el día anterior al día real que cumplía los años.

Jandro se despertó debido a la vibración que sobre su muñeca provocó su reloj. Este reloj, además del resto de prestaciones, también disponía de la función de despertador por vibración, que Jandro al acostarse había activado en lugar de la alarma sonora clásica.

Se levantó con especial cuidado para no despertar a su amada, si bien ella se despertó porque ya no era temprano. Bel se estiró satisfecha y, con una sonrisa en los labios, se hizo la remolona debajo de las sábanas.

Jandro dio alguna muestra de remover cosas en la cocina y en el salón, hasta que se fue a la habitación de los niños y los despertó suavemente.

Los dos pequeñines, en cuanto recordaron el cumple de Mamita, se levantaron eufóricos, pues tenían que llevarle los regalos y almorzar con ella en la cama.

Su hijo Albor, con tres años, era un sol. Bel lo veía como a un niño perfecto. ¿Y su hija Aurora? Guapísima, con la sonrisa de una virgen de dos años, para darle besos día y noche.

La puerta de la habitación matrimonial donde Bel estaba supuestamente dormida se abrió. El padre ya no pudo aguantarlos más tiempo. El hijo, que podía correr más, se subió antes a la cama. Detrás vino su hija, gritando todo lo que podía. Ambos niños se abrazaron a su madre y, ésta emocionada, se los comió a besos.

El padre les llamó con ganas, insistiendo.

--Niños, vamos, que se enfría.

Los dos pajaritos se fueron a la cocina. Con la ayuda mayoritaria de su padre, cogieron una gran bandeja con un mejor desayuno y se la llevaron a su madre y esposa. Además del desayuno, llevaba tres rosas, una como regalo de Aurora, otra como regalo de Albor y la tercera como regalo de Jandro.

Bel los vio entrar con la bandeja. La hija y el hijo sonreían con tanta sencillez que para su madre fue el mejor regalo del día, pues nada llena tanto el corazón como la sonrisa de dos hijos felices. Le cantaron el cumpleaños feliz, y ella se emocionó tanto que necesitó una sábana para secarse los ojos.

Su hija Aurora, con sus dos añitos para cumplir, le deseó a medias:

--Felici-a, Mami.

Albor, lo completó.

--Felicidades, Mamita.

La madre se fundió en un abrazo y en un mar de besos con sus hijos.

Después vinieron los regalos.

Una rosa pintada por su hija, si bien un poco repintada por su padre.

Una foto de un corazón recortado de algún sitio, con un sol pegado a un lado.

Un sombrero "fashion" para el sol.

Una pulsera preciosa de oro con tres brillantes.

Jandro se le acercó, le dio un beso grande y le deseó.

--Feliz cumpleaños, mi amor.

Mientras sus hijos se comían las magdalenas, que habían venido como desayuno para ella, Bel tomó un sorbo de café que contenía un tazón espléndido, miró a Jandro, le sonrió y le transmitió con voz dulce:

--Ya lo sé, cariño, todo esto es amor tuyo. No me olvido de ti. Más tarde, ya te lo demostraré".

CAP 24 LA VIDA DURA

Isabel ya no tenía trabajo, se quedó sin ingresos. Vivía ella y sus hijos de la pensión que Alejandro le pasaba religiosamente, porque el padre seguía siendo fiable, aunque no tuviera obligación de hacerlo, ya que habían pactado que cada uno pagaba los gastos de sus hijos cuando estuvieran en su compañía, aparte de los gastos extraordinarios, que eran siempre sufragados por Alejandro, aunque tampoco por pacto era deber suyo.

Pero claro, la pensión, por así llamarla, era de los hijos, no suya, y ella no tenía ingresos. La casa donde el matrimonio había vivido era de Alejandro, ya que ella le había vendido su cincuenta por ciento y, por tanto, de ahí ya no podía sacar nada. El piso donde habían vivido sus padres era de alquiler, por lo que no sacaría ni un euro; un cierto colchón que tenía de dinero en efectivo, se lo había confiado al estafador de Víctor, por lo que nunca más se supo.

Así las cosas, podía decirse que Isa no tenía ni donde caerse muerta.

Una mañana, ya siendo mediodía avanzado, había ido al Ayuntamiento a solicitar una ayuda que paliara algo su situación económica tan precaria. Le denegaron la ayuda. La persona del Ayuntamiento que la atendió, metiéndose en donde no debía, vino a decirle disimuladamente que se pusiera a trabajar, o a otras cosas, que Dios le había dado de todo y muy bien puesto.

Isabel se cabreó, pero el cabreo se quedó otra vez en cero euros.

Ella subió andando por la Avenida, ya que el transporte costaba dinero.

Isa iba muy chula, eso sí, pobre, pero chula, que a belleza y cuerpo le ganaban muy poquitas. Alguien le había dicho que, incluso después de tener dos hijos, en esta tierra muy poquitas le ganarían, y si alguna le ganaba, seguro que era por muy poquito.

Llevaba un sujetador nuevo. Un corpiño de malla color beige, para liberarse, que ya alguna restricción había vivido en la época de casada.

Claro, al Ayuntamiento tendría que ir un poco más modosita, por eso se puso encima un pañuelo mono que tapara un poco lo que se intuía.

Cuando subía por la Avenida del Gran Bulevar, donde a un lado se asentaban grandes tiendas y marcas comerciales y, al otro lado, se podían observar grandes clubes de libertad, libertinaje y sexo amigo, a ella le empezó a picar la espalda.

Se quitó el pañuelo, pues no hacia frio ni le hacía falta. Se lo ató con un nudo a la correa del bolso.

Se rascó.

Al momento le siguió picando y volvió a rascarse. Y siguió picándole. Intento arrancar la etiqueta del sujetador que estrenaba esta mañana, pero no pudo. Se cabreó como una mula muy cabreada y, en un impulso con cola de caballo, se lo desabrochó por detrás, lo sacó por un brazo y, llena de rabia, tiro el sujetador en una papelera.

"Arreglado. Menos problemas". --Pensó ella.

Siguió caminando. Pelo al vuelo, la cabeza alta, falda hasta medio muslo y, de cintura para arriba, solo un top de maya, cuyos pechos, sin sujetador, se enseñaban casi tanto como se tapaban, además del movimiento de arriba a abajo que seguían el ritmo de su caminar, lo cual provocaba que los tíos y alguna tía con las que se cruzaba se volvieran a mirarla.

Se le acercó un hombre de una edad, eh, uno o dos años mayor que ella, se fijó en lo que se veía de sus pechos, para animarse. Seguidamente, la sorprendió con un:

--¿Cuánto?

A ella, repentinamente, le salió por la boca:

--Dos cientos.

--¿Dos cientos euros? Joder, vas por las nubes. Por aquí hay tías buenas por cuarenta o cincuenta euros. --Protestó el tío, quedándose un paso detrás.

--¡O lo tomas o lo dejas! --Finalizó ella.

El, ojeó rápidamente sus piernas y su trasero e imaginándose lo buena que estaba, decidió arruinarse. Y sin tardanza, dijo.

--Vamos. ¿A dónde?

Isa le preguntó.

--¿Tienes piso por aquí?, porque yo no.

--Bueno, yo vivo por aquí, tres calles a la derecha. ¿Vamos allí?

Ella dando por hecho la confirmación de aquel tío, se dirigió hacia donde él había indicado con su brazo, y allá se fueron.

Cuando Isabel retornó a la calle le inundó un sentimiento de no supo qué. No era de culpa, porque ahora ya no estaba sujeta a restricciones ni a explicaciones; no era vicio, porque ella con aquel tío no había disfrutado, simplemente le había dejado hacer; no era de chulería, porque ella no iba así por la vida, pues de convertirse en una puta no podía jactarse. Entonces, ¿que era? Era necesidad, nada más y nada menos, dura necesidad. No había encontrado ninguna otra forma de seguir comiendo, especialmente, la comida de sus hijos cuando les tocaba su custodia.

Después de volver a la Avenida anterior, ella se dijo que ya quedaban pocas cosas que le causaran sorpresa, lo único que pretendía era dar de comer a sus hijos lo mejor que pudiera, y no se iba a romper ahora la cabeza contra un muro por los perjuicios de la sociedad, de aquí o de allá. Así que, sacó del bolso los dos cientos euros que se había ganado en menos de diez minutos, se los pasó por los labios y se dijo:

"Es mi piel, y con mi piel hago lo que quiero".

Qué maravilla. Hacer lo que uno quiera, uf, es maravilloso, podría haberle contestado algún o alguna incauta, pero nada es gratis, y esta aventura tampoco lo será.

Unos pocos días después, puesto que no sabes lo que te va a tocar en este mundo de hienas donde ella se había iniciado, sube con un tío a un coche. Se van a un piso donde había otros dos bisontes descerebrados.

Uno de ellos dijo mascando tabaco:

"Anda tía, que hoy te ha tocado la lotería, porque por el precio de uno, hoy vas a disfrutar el

triple, pues te vas a ir con tres polvazos, más los de regalo".
La ataron, la insultaron, la maltrataron, la denigraron y la violaron, todo lo que los tres animales aguantaron. Ella quedó encogida y doliéndose durante tres semanas.
Alguien sensato podría haber sentenciado: Miserables. Que sabréis vosotros, atacando a mujeres, que sabréis lo que es un buen polvo. Una violación grupal es lo más horrible para la dignidad de la persona. El problema era como Isa evitaba aquello. ¿Denunciándolo? Eso sucede en la vida tranquila, mientras que en la vida agitada de las mujeres de la calle te amenazan con que te van a descuartizar si abres la boca. Nadie se cree a una puta callejera, su palabra no vale nada, documentos no hay, así que, a mirar al frente.
Una mañana, cuando ella todavía estaba convaleciente por la tortura sufrida, llamaron el timbre de la pensión donde ella todavía dormitaba. Una persona, que se identificó como Auxiliar judicial, le pidió que se identificara y le entregó unos papeles del Juzgado. Le dijo que dentro del sobre estaba todo. Ella firmó la recepción y se fue para dentro del piso.
Abrió el sobre y leyó lo que pudo. No podía creerlo. Era consciente que el Sr. Murphy siempre tiene razón, ya que siempre que algo puede pasar,

acaba pasando, es cuestión de tiempo, pero una madre nunca se convence de que ahora sí, que ahora le van a quitar a sus hijos y se quedará completamente sola el resto de su vida.

Los papeles del Juzgado contenían una citación para la celebración de una vista judicial, ello al objeto de poder resolver una modificación de las medidas adoptadas en la sentencia de divorcio, donde la custodia se había pactado en forma compartida. El problema era que las circunstancias desde aquel tiempo habían cambiado enormemente en la vida de Isabel, pues mientras al principio los hijos disponían de una vida ciertamente ordenada, aquello se fue degradando hasta el punto de que sus hijos a duras penas disponían de alimentos adecuados, habían vivido entre traficantes de drogas y, por si esos no fueran suficientes problemas para acusarla de que sus hijos no disponían de una vida infantil sana, ahora su madre era tachada de ejercer la prostitución, lo cual era insostenible.

Tras la vista, a la que Isa no asistió, la resolución judicial dictaminó que al padre le quedaba asignada la custodia judicial de sus hijos, pero ya no compartida, sino en exclusiva al padre, a Alejandro, teniendo la madre solo derecho a unas visitas regladas y con la asistencia de una persona que vigilara la actitud de la madre.

Hasta aquí había llegado Isabel, pues le estaban comunicando que ya no era suficientemente buena madre para disfrutar ella sola de la compañía de sus hijos, sino que para verlos alguna vez tendría que soportar la vigilancia social de una especie de tutora.

"Madre mía, que desastre. No fui especialmente buena hija, puesto que alguna trastada les hice a mis padres; fui una mala esposa, puesto que la jodí en lo que ningún esposo enamorado soporta; no soy una buena divorciada, ya que ahora vivo de los tíos que me pagan; pero, esto, que me digan que me quitan a mis hijos porque soy una mala madre, esto sí que no lo aguantaré, no lo aguantarás, Isabel". --Ella se maldijo, se dijo todo aquello que le vino a su boca, teniendo la cara desencajada.

Isa volvió a llorar, tal vez más que en ninguna otra ocasión. Es cierto que lloró cuando perdió a sus padres por el fallecimiento de éstos. Fue horrible. También es verdad que lloró tras la primera vez que ella le fue infiel a su marido. También fue horrible. Asimismo, ella lloró cuando ella y Alejandro se divorciaron. Igualmente fue horrible. Pero tras la pérdida de sus hijos, Isabel entró en un agujero negro del que no podía salir, no quería salir.

Pasados algunos meses, Isa hablaba con su amiga Viva, con la que de vez en cuando se veía.

No tenían prisa, por eso hablaban de cualquier cosa banal, ya que las cosas importantes ya no tenían cabida en la vida de Isa.

--Bueno, después de todo, ahora eres libre. --Decía Viva.

--¿Tú crees? --Fue toda la respuesta de Isa.

--Hombre, ahora puedes hacer lo que quieras; o sea, ahora sí que tu piel es tuya y con ella haces lo que te da la gana. --Pronunció Viva con el convencimiento de que había hilvanado una frase perfecta.

A Isa se le escapó una triste sonrisa. Sus ojos no se centraban en nada concreto, sino que vagaban por cualquier sitio. Al final, acertó a contestar.

--¿Libre? ¿Qué es la libertad para ti, Viva? ¿Meterte en la cama con un tío que ni sé cómo se llama, que todos sus pensamientos están entre mis piernas y que, después de su descarga, yo ni me acuerdo de quien se descargó en mí? ¿A esto llamas libertad? No, Viva, eso también lo pensé yo en más de una ocasión, pero la realidad es bien distinta, ya que en cuanto que aceptas una contraprestación, en dinero, en especies o como sea, tu piel ya no es tuya, ya no cuenta lo que tú quieras o hayas pensado, sino lo que te van a exigir, porque tú has vendido tu piel y ya no puedes hacer con ella lo que tú quieras.

Viva se quedó desconcertada, pues por su cabeza revoloteaban ideas y pensamientos que después de lo escuchado ya no sabía cómo darles sentido.

--Pero, tiene que haber alguna forma donde la persona sea libre, ¿no? --Se sublevó Viva, para poder seguir diciendo cosas, aunque ni ella se lo creía.

--Supongo que sí, aunque no sé si pretenderlo. El caso es que espero que algún día pueda hacerme enormemente poderosa, más que el más poderoso de este mundo, con tanto dinero que me estorbe, y entonces podré contestarte si ese día seré libre. --Así de ilusa se expresaba Isabel, puesto que la ilusión es muy atrevida, tanto como la ignorancia.

--Isa, cuando tú estabas con tu marido Alejandro, ¿entonces eras libre? --Se fue Viva al río, ya que no todo iban a ser respuestas terrestres.

--Más que ahora, sí. Lo que creo a estas alturas es que solo nos hace libres la razón, pero siempre la jodemos por el mismo sitio. Quiero decir que mientras la fiebre de la entrepierna está arriba, la entrepierna hierve y, en consecuencia, la razón de la cabeza esta abajo, el cerebro duerme. Eso me pasó a mí. Yo quería con locura a mi marido, lo juro, pero mi entrepierna hizo que me comportara como una delincuente, le fuera infiel y le faltara al respeto, seguro que para él en forma despiadada. Ahora sé que se me nubló la razón y se me hinchó el pezón, y cuando eso pasa, uf, no hay razón que valga, pierdes tu libertad y te conviertes en una adicta al sexo, como me pasó con el desgraciado de Víctor.

Las dos amigas se despidieron después de dos horas más de recorrido, si bien siempre acababan en el mismo sitio.

--Cuídate, Isabel.

--Cuídate, Viva.

CAP 25   LA NOSTALGIA

A Isabel le apetecía dar un paseo largo, por un lugar donde hubiera poco ruido y se pudiera hablar sin tener que pedir permiso, sin tener que contestar cualquier cosa porque no se hubiera escuchado la pregunta.

Llamó telefónicamente a Viva. Viva seguía siendo su almohada. Ya no eran compañeras de trabajo, pero Viva siempre sería su compañera de vida, su amiga con alma.

Hablaron de sus vidas, de sus cortas vidas de treinta y tres años. Viva no contó mucho, pues su vida era diferente a la de Isa. Para unos, la vida de Viva sería una vida mucho más ordenada que la de su amiga, para otras podría calificarse como de una vida vulgar; incluso, para alguno podría ser una vida sin vida. Pero era su vida, la que ella se había trazado.

Isa tenía necesidad de airear sus trapos limpios durante su vida de casada, una "maravilla de vida", feliz como en el cielo.

Así fue durante siete años desde que conoció a Jandro hasta que le hizo la putada con Víctor; desde ahí, solo podía airear sus trapos sucios, durante los tres últimos años, una mierda de vida, penando con alma y cuerpo en el purgatorio.

Las dos amigas hablaron del pasado lejano, bueno, más bien habló Isabel. Habló sobre la ilusión experimentada en las fiestas de su pueblo, aquel año que se hizo novia, y se hizo prometida de Jandro. De su primera visita a La Nariz, un día inolvidable. De su boda y viaje de novios, apoteósico. Del nacimiento y vida de sus hijos, que separarse de ellos fue su mayor suplicio.

Después se acercaron al presente, a los tres últimos años. Y claro, salieron las razones y los cojones por los cuales su vida cambió a lo bestia. Isa decía.

--Es que, si los cuernos en sí ya tienen lo suyo, creo que lo peor es sentirte traicionado por quien tu confiabas que nunca eso te haría. Es verdad lo que decía mi ex, que la promesa de matrimonio no tiene por qué ser vitalicia, pero cuando uno de los dos sabe que ya no se puede aguantar y que la va a romper, porque lo sabe, tiene que decírselo antes de romper esa promesa, y entonces habrá cabreo, pero no habrá cuernos.

Eso iba diciendo Isa mientras caminaba sin preocuparse de si movía primero el pie derecho o el izquierdo. Ella, que estaba ejerciendo la prostitución, ella que había coadyuvado, que había intervenido en que cientos de tíos les pusieran los cuernos a sus mujeres, ella reconocía que los cuernos duelen. Jo, qué turbia es esta vida.

Isa continuó sin apenas mover sus labios.

--Si cuando terminó aquella tarde en el baile de El Cielo Total, donde yo me puse... caliente como una niña soltera, si por la noche se lo hubiera dicho al entonces mi marido, si se lo hubiera dicho mirándolo de frente, mi vida podría haber sido diferente. Tenía que haberle dicho:

"Yo no fui a buscarlo, no debí bajar a bailar mientras tú cuidabas a los niños, vale, pero una vez allí surgió solo, fue el poder del interior de las bragas".

Isa miró por encima de unos setos y volvió a decirle a Viva, casi repitiendo lo mismo.

"Si al llegar a casa le hubiera dicho que yo no había ido buscando a un tío, pero se me cruzó y no pude o, tal vez, no quise evitarlo, y dado que empecé a saber que yo no iba a poder evitar tirármelo, porque en mi interior sabía que eso iba a pasar, debí decírselo.

    Pero no, fingí y se lo escondí y, para colmo, lo que más me viene destrozando el alma es que le mentí poniendo a mi hija por testigo, jurándole que había tenido una pesadilla horrible porque iban a secuestrar a mi niña, cuando en realidad estaba embalada a punto de follar con Víctor en un sueño. Hasta eso llegué, le oculté el manoseo del baile, y después puse a mi hija en medio para tapar mis debilidades, mi falta de dignidad. Si le hubiera dicho la verdad del baile y del sueño, también nos habríamos separado, probablemente, pero yo no habría hecho las marranadas de faltarle al respeto a Alejandro y a mi hija".

    A viva, que tenía la virtud de escuchar sin interrumpir, aunque no siempre diera con las preguntas o respuestas adecuadas, se le ocurrió.

    --Es muy difícil confesarle los pecados a esa persona con la que convives, a ese que sufre el pecado. Lo sé porque mi exmarido también me fue infiel y tampoco me lo confesó.

    --Sí, lo es. --Mostraba su conformidad Isa. --Por eso se genera tanto odio, tanto como Alejandro me tiene a mi ahora, odio sobre alguien a quien has amado tanto, como él me amaba a mí. Yo ahora para él soy una alimaña, quien no merezco ni su mirada.

--A ver, tía, tampoco es para tanto, que otros muchos y muchas se han puesto cuernos, y se han separado, sí, pero muchos se siguen comportando como civilizados. Fíjate lo que hice yo: Si tú prefieres a otra, lárgate y que te den. --Se atrevió a contradecir Viva.

--Claro, como civilizados. --Sonreía amargamente Isa. --Y en mi caso, ¿Quién fue más civilizado, él o yo? Porque, a ver, si tu mujer no te importa o te importa poco, supongo que los cuernos no te importan o te importan poco, pero para un hombre que daría la vida por su mujer, los cuernos deben joder muchísimo, porque a mí me joderían un montón. El problema es que cuando la entrepierna no te deja pensar, no te acuerdas de nada hasta que ya no tiene arreglo. Yo sé que Jandro nunca me habría puesto los cuernos a mí, por eso él no puede aceptar que yo se los hubiera puesto a él. Para que veas, hasta te diría que, desde nuestro último polvo, ahora que ya no me debe nada, no ha vuelto a hacerlo con ninguna otra mujer. Tuvo que dolerle más que cientos de cuchilladas en sus testículos.

Lo de las cuchilladas le había aplastado la estima de Isa, que levantó la cabeza y paseó sus ojos por los alrededores en busca de algo que la justificara.

--Pero, tú Isa, a mí siempre me dijiste que tú nunca le mentiste a tu marido. ¿Cómo te divorcias de tu marido sin una sola mentira? –Apuñalaba Viva a su amiga Isa.

--Bueno, Viva, a los humanos nos cuesta muchísimo reconocer ciertas situaciones, puesto que necesitamos un cierto tiempo para que el velo se vaya retirando delante de nuestros ojos y seamos capaces de aceptar que, durante una relación con tu pareja o con tu marido, ciertas verdades no se confiesan nunca sinceramente, sino que se enmascaran y las escondemos hasta que se rompen, con el daño que esas roturas causan.

Por ejemplo, yo a Alejandro le mentí varias veces, antes y después de casarnos, puesto que no le conté las cosas tal como eran, sino que les día la vuelta para que parecieran lo que no eran. Escucha y verás:

Primera mentira: El segundo día que bailaba con Alejandro en aquel baile de DiscoDance, Laila bailaba a poca distancia con un chico, que con el tiempo resultó que era Víctor, aunque yo no supe su nombre hasta mucho más tarde. Es verdad que en la primera mirada que le lancé a Víctor, yo tenía más en mente a Laila, que esa mirada era producto de la curiosidad por ver cómo era el chico que estaba con nuestra amiga. Sin embargo, cuando decidí volver a mirarlo, esta segunda mirada ya no era por Laila, ya me interesaba más el chico, ya me dije para mis adentros que era guapo; y, la tercera mirada, cuando me encontré con sus ojos que también me miraban, ya me quedé un ratito embelesada, ya noté que su virus se me estaba colando en mi sangre y ya formaría parte de mi hasta que alguna cosa pasara algún día. Pero como a Víctor lo condenaron y desapareció, pasé medio año con Jandro y acabé enamorándome de él. Ahora bien, ¿por qué digo que fue mi primera mentira a Jandro? Porque, siendo cierto que cuando Jandro se dio cuenta que yo miraba a Víctor, yo me avergoncé y le pedí disculpas sentidas a Jandro, pero también era cierto que yo no tuve suficiente con ver cómo era el chico de mi amiga, si no que repetí la mirada dos veces hasta que me encontré con la de Víctor, y éste me pareció guapísimo, y eso se lo oculté a Jandro.

En esto le mentí, puesto que ya no le fui sincera, porque realmente yo bailaba con Jandro y miraba a Víctor, es decir, sí que bailaba con los dos al mismo tiempo, y a Jandro le dije que no, le mentí en sus ojos.

Segunda mentira: El día de mi boda, después que Alejandro contestó con un "si quiero y prometo", el párroco también me lo preguntó a mí, y yo me quedé en silencio, hasta tres veces. Tras sentir la mirada de Jandro, yo reaccioné y dije "Si quiero", pero en ese silencio anterior había una causa de fondo. Es verdad que yo estaba muy emocionada el día de mi boda, supongo que como están todas las novias, pero mi bloqueo no venía por la emoción del día, sino que era una forma de esperar, de apurar hasta mi último segundo, por ver si Víctor aparecía por algún sitio.

Como no apareció, yo acabé casándome con Jandro, pero si hubiera aparecido Víctor, yo ahora estoy convencida que allí mismo, yo me hubiera cogido de la mano de Víctor y me hubiera largado con éste, de forma que habría plantado a Jandro en todo el altar. Si eso hubiera sucedido así, yo no me hubiera casado con Alejandro, ahora lo sé. Habría sido una doble realidad en el tiempo, pero esa realidad paralela, que hizo que yo dudara a la hora de decir el "sí quiero", yo nunca se la conté a mi marido. Y siendo verdad que yo se lo contaba todo, todo menos esto, en esto le mentí, porque se lo oculté.

Isabel se quedó cabizbaja, pensando en lo que podía haber sido su vida si Víctor no se le hubiera metido dentro, dentro de su cabeza y de su cuerpo.

--Yo, Isa, en algunos pasajes no te sigo, porque tú tenías a tu amado Alejandro, pero lo cambiaste por Víctor, ¿Era ese Víctor, en el sexo, mejor que Jandro, y por eso te fuiste a la cama con Víctor?

--Uf, Viva, para contestarte bien a eso necesito cerca de dos días. --Rieron, sin mucha alegría. --Aunque lo intentaré hacer en menos tiempo. Fíjate lo que era la vida con uno y lo que habría sido con el otro:

--Si hablamos de hijos, no habría habido color. Los hijos que tuve con Alejandro son dos soles, en guapos, en responsables, en nada protestones, en todo.

Sin embargo, estoy segura de que los hijos que hubiera podido tener con Víctor habrían sido un desastre. Es posible que hubieran sido tan guapos como los que tengo, pero en lo demás habrían sido unas balas perdidas como Víctor, porque del estafador de Víctor no podía salir nada mejor. Conclusión: En este terreno, ganaba Alejandro por muchísimo.

--Si hablamos de la vida, mi vida con Alejandro era como vivir en un jardín, siempre en paz, siempre generoso en la ayuda, sin problemas de dinero, vivía idealmente. Con Víctor, la vida era un adelanto del purgatorio, con penurias económicas, totalmente irresponsable, me trataba como a una inferior, era un guarro. En este extremo, Alejandro ganaba de calle.

--Si hablamos como marido o como pareja, la diferencia a favor de Alejandro habría sido tan enorme que no habría habido discusión posible. Alejandro era todo respeto, comprensión, atención. Desde que lo perdí, eché muchísimo en falta su cariño. Con Víctor, el tiempo que pasé con él fue como caminar descalza encima de unas brasas, pues me quemaba continuamente. Víctor solo pensaba en él, su pareja era su criada, por eso a los dos meses yo ya estaba desesperada por marcharme a vivir donde fuera y con quien fuera. Yo solo tuve un compañero de verdad, que fue Jandro.

--Si hablamos de amor, yo me enamoré de Alejandro a los tres meses de salir con él, llegué a amarlo hasta con todas las uñas. Después de Alejandro conocí a docenas de hombres, pero nunca me enamoré de ninguno, ni siquiera me acerqué. Sé que Jandro fue el único amor de mi vida. Sin embargo, Víctor era un cafre, en quien no podías confiar, hasta tal punto que me sujetó con sus propias manos para que yo no pudiera defenderme y el cabrón de Tito pudiera violarme por delante y por detrás. Incluso se burló de mí:

"Disfruta, cariño, disfruta".

--¿Y si hablamos de sexo? Bueno, sin este apartado, cualquiera me podría reprochar que enterrara toda mi vida maravillosa en el momento que decidí ponerle los cuernos a Alejandro.

Sí, sí, puesto que no eres infiel por mala suerte, nada de eso, yo decidí ponerle los cuernos a mi marido, en La Guarde y en su ático, y no es que disfrutara ofendiéndolo, pero ahora, con la distancia, ya lo puedo ver con mucha más objetividad y con cierto realismo, no como al principio, que Jandro era inigualable en todo y no entendía por qué cojones había maltratado así a mi marido. El caso era que, si hablamos de los empujones en la cama, de cuando me ponía a cuatro patas en la escalera, de toda la furia contra la pared, es decir, si hablamos de sexo mayúsculo, entonces tengo que hablar de Víctor.

En el resto era un cabrón, pero en materia de jodienda no tenía nadie que se le igualara, ni siquiera Jandro. Ya sé que esto hiere, pero era así. Yo estaba satisfecha sexualmente con mi marido, pero entre estar satisfecha y disfrutar a lo bestia, buf, hay un mundo. Y esto era Víctor, desde la primera vez que lo vi bailando con Laila me quedé obsesionada por lo guapo que era, tan obsesionada que su cara la recordé siempre, y aquí también le mentí a mi marido, porque esto nunca se lo dije a Alejandro.

Como sabes, seis años después me pusisteis delante a Víctor en El Cielo Total, y aunque yo disimulé mi alegría por volver a verlo, lo cierto es que no pude resistirme a su sonrisa y a sus manos, tanto que solo una aparición de Jandro en mi cerebro hizo que aquella noche aguantara y me fuera a mi casa.

Pero, al otro día, y a los siguientes, ya no pude ni quise cerrar mis piernas a Víctor, ya que tenía tal incendio entre mis piernas que solo me calmaban los chorros de Víctor. Con su sexo estaba tan desarmada que abandoné a mi marido y abandoné todo lo que no formara parte de Víctor. Yo había jurado muchas veces que no permitiría que ningún hombre distinto de Alejandro me tocaría ni un centímetro de mi piel, y con los demás hombres lo había cumplido, pero con Víctor no pude resistir, con Víctor no me importó ponerle los cuernos a mi marido, y lo hice a sabiendas de que lo hacía.

Isa se pasó un mechón de su cabello por detrás de una oreja, que con la brisa se le había descolocado. Y volvió a su relato.

--Fíjate. Alejandro, que entonces para mí todavía era Jandro, no sabía cuánto tiempo llevaba yo viéndome con Víctor, y aunque solamente habían sido tres días, Alejandro lo tuvo que pasar tan mal

que seguramente pensó, dudó, y hasta se pudo llegar a convencer que sus hijos no eran hijos suyos.
--Y de verdad, ¿lo eran? --Hizo Viva una pregunta que ofendía hasta a una actual mujer de la calle, como era Isa.
--Claro que lo eran, Viva, y lo son. --Elevó su voz Isa. --Hasta que me subió la fiebre con el desgraciado aquel de Víctor en El Cielo Total, yo jamás me había acostado con otro hombre que no fuera mi marido, nunca le había dado ni un beso en los labios a ningún otro hombre, ni siquiera jamás otro hombre me había tocado ni un centímetro de mi piel, que no fuera en la mano para un saludo de educación o así, pero nunca lascivamente. ¿Cómo crees que me iba a quedar embarazada de otro tío distinto de Jandro?
--Lo tuyo, Isa, es de película. --Medio se burlaba Viva. --¿Cómo te has podido colgar tanto por aquel Víctor, si con tu marido lo tenías todo? ¿Cómo?
--Sí, es cierto, pero el amor no lo para todo, o al menos eso no funciono conmigo. Si el día anterior a dejarme comer por el Víctor aquel, alguien me lo hubiera dicho, le habría mandado al psiquiatra, y mira, me quedé ciega y no quise ver nada más que no fuese Víctor y su polla, ni siquiera Jandro, que era mi sol, ni siquiera él pudo pararme.

Viva e Isa alcanzaron una zona donde unos bancos de madera aguantaban las sentadas de los caminantes que por allí pasaban. Viva había caminado con su cerebro un poco enraizado, así que inició unas preguntas, alguna de ellas con interés propio.

--Pero, Isa, esto lo has dicho tú, lo has repetido tú. Dijiste que en tu casa tenías al hombre más fiable, ya que nunca te falló en nada; que tenías al más responsable, pues siempre cumplió sus compromisos; que tenías al mejor marido, tanto dentro de la cama como fuera de ella; que dormías con el hombre más guapo y el que estaba más bueno; que lo querías con locura y él te quería a ti.

Joder, tía, y aun así, te olvidaste de tu marido y te fuiste con otro que ni sabías quien era. ¿Qué cojones le viste al Víctor ese para que tú fueras a meterte en su cama?

--Sí, Viva, esas virtudes de mi marido las reconozco y las veo ahora, pero aquel día en el baile no las vi, ni las quise ver en aquella primera mañana de cuernos en la Sala V, puesto que no me acordé de las virtudes del hombre que tenía en casa.

Tengo que reconocer que aquellos primeros polvos con Víctor me pudieron, se me calentaron tanto las fibras que me cegaron la vista y el entendimiento. Pero, desde que la euforia con Víctor se me descolgó y la ceguera dio paso a que mis ojos vuelvan a ver, y que mi cabeza vuelva a pensar, ahora es cuando valoro lo que entonces tenía en mi casa, sí, claro, pero lo valoro ahora, ahora que ya lo he perdido todo. --Se resentía Isabel moviendo sus manos y gesticulando con cabreo.

--No te ofendas, Isa. --Planteó Viva. --Te lo digo porque yo estoy en el otro lado, ya que fue mi marido quien me puso los cuernos a mí, por eso yo te pregunto y tú me contestas si quieres: Digo yo, si en una pareja, uno de los dos ya no disfruta en la cama, pues vale, se separan y que te vaya bonito.

Pero, si tú quieres a tu marido, ¿qué es lo que atrofia tanto la cabeza para que dejes de comportarte como una persona casada y te eches en los brazos de otro tío, poniéndole los cuernos como un bicho?

¿Es eso una tormenta que pasa y te nubla la razón, pero cuando vuelve el sol y te das cuenta, ya es tarde, o qué coño es?

Isa levantó su cabeza y sus cejas, intentando encontrar una respuesta sensata a lo planteado con balas por su amiga Viva.

--Joder, vaya pregunta, aunque, como tú dices, tal vez algo del coño sea. No, en mi caso, no fue un capricho de un rato, porque la primera vez que vi a Víctor, hace siete años, ya me gustó, ya le miré con deseo, incluso mientras yo bailaba con Alejandro.

    Después de siete años, aquella tarde en el baile por mi cumpleaños, yo me apreté a Víctor como si estuviera soltera, como si no le debiera explicaciones a Alejandro; por la noche soñé con Víctor, durmiendo yo en la cama con mi marido; al día siguiente yo le abrí mis piernas a Víctor como si yo no tuviera un marido al que abrírselas; al otro día, fui yo la que entré a comerme a Víctor en su casa, como si estuviera desesperada, como si no tuviera un hombre en casa y el único hombre de la tierra fuera Víctor. Uf, un día después, hice todo tipo de marranadas con Víctor mientras mi marido las sufría detrás de la ventana; y, después de corroerme la conciencia por los cuernos, cuando aquella noche ya ni siquiera pude volver con mi marido y mis hijos, al día siguiente, para esto sí pude, al día siguiente volví a follar con Víctor. ¿Cómo se llama eso? Yo no sé cómo hostia se llama, pero algo del coño debe ser.

    --Pues se llama amor, se trata de que, en quince minutos en aquel baile, te enamoraste de Víctor y... --Filosofaba Viva, si bien Isa no masticaba esa filosofía.

--Que no, Viva. No digas burradas. Yo nunca me enamoré del señorito de Víctor, nunca le amé, ni a los quince minutos ni a los quince días. Lo de Víctor no fue una tormenta de una hora, fue un virus que me ponía el cuerpo a cuarenta de fiebre cada vez que se me acercaba, hasta que el virus de Víctor se cansó de mi o yo me cansé del virus de Víctor y, cuando pretendí volver a mi vida de princesa, yo en mi casa ya no era una princesa, ya solo era una villana despreciable, pues ese fue el comportamiento de Jandro cuando yo le propuse al día siguiente de la infidelidad en el ático, si podíamos arreglarlo. Él ni perdió el tiempo en contestarme, ni siquiera en mirarme.

Viva sacó un caramelo y se lo ofreció a Isa antes de sentarse.

--Toma. Endulza un poco la boca, que últimamente te sobra amargura.

Isa se puso el caramelo entre sus labios. Actualmente, a ella nunca nadie la escuchaba, pues en su actual trabajo de hacer felices a los tíos, no tenía cabida lo que ella hubiera hecho en su matrimonio. Por eso, abusó dialécticamente de Viva y volvió a hablar de su matrimonio, como si le persiguieran cientos de kilos de nostalgia.

--Para una mujer, cuando las fuerzas interiores de su cerebro y las de su vagina tiran hacia el mismo lado, o no eres de carne o resulta muy difícil nadar contra corriente. --Pretendía razonar Isa. --Y si en una noche de cumpleaños, tus amigas te ponen a ti delante de un tío que te gusta y que te sabe atornillar, puf, caes seguro. Y eso fue lo que me paso con Víctor.

Él era guapo, estaba bien físicamente y sabia como manejarme, porque había manejado a otras muchísimas mujeres antes que a mí y sabia como tocar la tecla y cuando meter el dedo en el teclado. Ya dije que como marido o como pareja, esto es, para convivir con Víctor, era un desastre completo, un imposible de aguantar, joder, pero en la cama, y en el sofá, y en el suelo, y en cualquier sitio, al principio era la hostia, acababa desbordándome como un riachuelo en primavera.

Viva, que pensaba con bastante sensatez, apreció:

--Entonces, a ver si lo entiendo. Para darle rienda suelta al cuerpo durante un mes, Víctor era la hostia, pero, claro, arruinar toda una vida por un mes, eso es mucho palo. ¿No?

Isa envolvió las palabras de Viva, reuniendo las palabras adecuadas para expresar lo que ya se había formado en su cabeza. Y se expresó.

--Yo entonces amaba a Jandro, y con él disfrutaba de sus besos con dulzura y de sus apretones con amor, pero la furia con la que me enrosqué al principio en Víctor yo no lo hacía con

Jandro. Claro, seguro que desde el lado de Jandro pasaba lo mismo. Si Jandro se hubiera ido con otra, seguro que esa otra le haría las guarradas que yo ya no le hacía a mi marido, porque esas guarradas, que te ponen como a una corza en celo, solo te las hace y se las haces al que te meriendas fuera de casa.

Y como Viva solo hacía gestos de aprobación, unas veces, y de sorpresa, otras, pero no dijera nada, solo escuchaba, por eso Isa no callaba.

--Yo no quería perder lo que tenía. Por seguridad, por afectividad, por comodidad, no sé, no quería perder mi casa, pero un día la sangre se te calienta y empuja tanto que acabas enroscada con otro como... como dos culebras enjabonadas. –Isa suspiró. --Yo tenía a mis hijos, tenía a mi marido, tenía paz, tenía dignidad, tenía dinero, pero me deje follar por un desconocido, y, y reconozco que los temblores y descargas al principio, con Víctor, habían sido insuperables. Esas descargas no tenían el amor de Jandro, eran más a lo animal como era Víctor, pero yo estaba tan roja y encendida por dentro que, en los primeros polvos, por dentro me derretía. Cuando iba a su piso, por dentro era un volcán, y cuando entraba en erupción, nada, ni nadie, ni siquiera la imagen de Jandro podía pararme.

Por fin Viva entró en danza. Ella prefirió escuchar a Isa y dejar lo suyo para cuando su amiga ya estuviera más desfogada. Y comenzó a decirle.

--Chica, me da un poco de miedo...

--¿Qué es lo que te da miedo, Viva? Tú nunca haces nada que dé miedo. --Se metió Isa en medio. Se metió porque aguantaba menos escuchando que hablando, y eso que con Alejandro había mejorado mucho la virtud de aprender, es decir, de escuchar, pero desde entonces había vuelto a las andadas.

--Poco hubiera creído que yo me podría volver a enamorar de nuevo. --Así sonaba sentimentalmente Viva. --Decía que me da un poco de miedo, porque la primera vez acabó en un desastre.

Isa elaboró su respuesta en un dos por tres.

--Tú, Isa, cumple tu parte del trato. Es la única forma de tener derecho a pretender que él cumpla con su parte, pero antes de exigirle a él, cumple tú tu parte.

No había acabado Isa de decir lo que había dicho, cuando ya su lengua expresaba.

--Joder, ¿me has oído, Viva? Hasta me atrevo a dar consejos. ¡Ay va la hostia!

Por fin se rieron de lo lindo, pues las dos chicas estaban necesitadas de sonrisas y la ironía de Isa se lo merecía. Cuando se gastaron las sonrisas, Viva acertó a decir.

--Anda chica, ya te pareces a uno de esos que tu decías, ¿cómo era?
--Sí, un palabrero. --Confirmó Isa.
Ja, ja, ja, se rieron las dos otra vez como dos chiquitas de catorce años. Pero acabaron las risas y los árboles cercanos tuvieron que aguantarse sin escuchar nada por unos instantes. Fue Isa la que aguantó menos el silencio, hasta que prosiguió.
--Jo, qué fácil es dar consejos; a los humanos nos encanta. En mi futura vida yo seré orador, pregonero, uno de esos que reparten consejos, como algún psicólogo, buena parte de los curas, y casi todos los políticos. Así se lo montan, así se ganan la vida:
"Te diré lo que tú debes hacer, que yo haré lo que me dé la gana".
--A ver, Isa, ¿Me estás diciendo que de esos psicólogos, curas y políticos también algunos te han pagado? --Preguntó Viva interesada en la clase de tíos que subían a la habitación de Isa. Ésta redondeó la respuesta.
--Uf, si tú supieras. La jodienda no tiene enmienda. Me han pagado y por eso se han metido entre mis piernas, pues mira: comerciales, políticos, albañiles, médicos, eh, casi críos, casi ancianos, etcétera, y muchos de esos estando viudos, casados, solteros...

--Chica, un soltero en busca de una descarga con un tipazo como tú, pues, que quieres que te diga, hasta lo entiendo, pero ¿Casados? ¿Es qué no descargan en su casa?

--Ja, fíjate. --Prosiguió Isa con su actual mundo profesional. --La mayoría son casados, y alguna casada, también. No te puedes creer lo que les pone a los tíos montar a una tía casada. Se miran tanto el anillo de casada como a mis tetas. Piensan que, a mí, como casada, me van a dar lo que no me da mi marido, y eso ensancha su ego de macho hasta las fibras. Y nada más lejos. Primero, porque ahora ya no tengo marido y, segundo, porque yo jamás disfruté con ningún tío que me haya pagado. Que contradicción: me acuesto con veinte o más tíos cada día, y yo hace muchos meses que no me como ni un rosco.

Cuando Viva escuchó eso de que "no me como ni un rosco", le regaló el siguiente bocado a su amiga.

--Isa, ¿Tú sigues enamorada de tu marido, bueno, de Alejandro?

Una necesidad de mayor cantidad de aire en los pulmones de Isa hizo que se le inflara el pecho y que lo soltara con cierta rabia.

--Sí, joder, sí. --Cerca de gritar estuvo Isa. --En el momento que debía, mi cabeza no controló mi cuerpo, mi entrepierna, y ahora... pagaré toda mi vida por ello.

--O sea, que volverías con él. --Afirmó más que preguntó Viva.

--Viva, es que no se trata solo de mí. --Refrendaba Isa. --Yo, aparte del sentimiento de culpabilidad que por los cuernos que le puse tendré siempre conmigo, igual volvería con él, pero se las hice tan gordas que sus labios jamás volverán a besarme, puesto que, con sus ojos viéndome en el ático, lo humillé lo indecible. Además, en mi actual vida, que va, es imposible. Si por follar con un tío, con Víctor, me hizo un vacío y despreció total y absoluto, por follar con veinte tíos al día, como mínimo, me crucificaría veinte veces.

Viva trataba de digerir todo lo que había dicho su amiga en aquel tiempo. En el asiento de al lado, Isa hizo una mueca de pena y siguió echándose tierra encima, repitiendo situaciones ya dichas.

--Con mi marido había amor, había cariño, por eso siempre estuve bien con él. Con Víctor, sin embargo, había... vicio, apretones sexuales. Ya te dije que yo nunca estuve enamorada de Víctor. Yo jamás amé a Víctor. Lo mío con Víctor fue un reventón de fibras. Reconozco que los primeros polvos con Víctor fueron torrenciales, pero los torrentes fueron a menos hasta que se extinguieron. Después, yo para Víctor solo era un culo guapo con el que jugaba de vez en cuando, hasta el punto de que no le importó, y hasta el cabrón me sujetó por la cabeza, para que el jabalí de Tito me denigrara por delante y por detrás, enfrente de sus narices, sin dignidad ninguna.

Viva todavía estaba en shock. Cuando pudo, exclamó.

--¿Dices que lo tuyo con Víctor fue un reventón de fibras? ¿Qué coño es eso?

--Sí, sí, no creas que es un chiste. Fue la mayor desgracia de mi vida. Eh, un reventón de fibras te pasa cuando las neuronas de tu cabeza se quedan anestesiadas, no piensan, mientras las fibras de tu cuerpo se encienden tanto que revientan, explotan, el fuego por dentro te quema, y entonces te dejas hacer lo que el otro quiera, e incluso, le exiges que te haga y le haces cosas que no son racionales en otro momento, que no las puedes explicar, porque quien dicta tu comportamiento no es tu cabeza, sino tus fibras, tu coño.

--La verdad es que, según tú, teniéndolo todo en tu casa, solo un reventón de fibras con Víctor tiene alguna explicación. --Reconocía Viva.

--Bueno, si lo envuelvo con Víctor, tiene explicación, pero si lo envuelvo con Jandro, no tiene ninguna. --Aseguró Isa con cara de madrugada. --Me jodió mucho por Alejandro, porque yo le fallé.

Porque él confiaba en mí. En el altar me prometió que siempre me seria fiel, y él cumplió, mientras que yo no lo cumplí, y no solo eso, sino que tuvo que tragar en vivo y directo como Víctor me la colocaba por entero.

Hubo un pequeño tiempo de silencio. No porque se hubiera acabado la saliva, sino porque lo anterior no se digería muy de prisa. Cuando Viva pudo respirar, se le ocurrió decir algo.

--Eso tiene que ser muy duro, que un hombre quiera a su mujer y que tenga que tragarse en directo como otro se la maneja, tiene que ser durísimo.

--Pues, imagínatelo. Y por si contemplar y tener que tragarte como se follan a tu mujer no fuera suficientemente humillante, trágate que tu mujer te lo restregue colgada del cuello de ese otro, mofándose los dos de ti y llamándote cornudo en tus propios ojos y morros. --Se desató Isa con sus ojos cerca del llanto. No obstante, reaccionó de forma sorprendente, y dijo con mucha ira:

--Yo veo a mi marido que se folla a otra delante de mis narices y... y... los descuartizo a los dos con unas tijeras.

Viva se quedó boquiabierta, no sabía cómo encajar eso de descuartizar al marido, sobre todo cuando eso viene dicho por una mujer que le puso los cuernos y que ahora ejerce la prostitución.

Después de un buen rato en reserva, se atrevió a que Isa le explicara lo siguiente.

--Pero, Isa, explícame una cosa. ¿Cómo Alejandro se quedó mirando desde la ventana, aguantando los empujones de Víctor a la par que tus gemidos? Si ya os había pillado y ya tenía evidencia de tu engaño, pues yo qué sé, tira la puerta abajo y líate a hostias con los dos, o, o lárgate y ya le pedirás responsabilidades a tu mujer, pero Alejandro se quedó hasta el final y se lo tragó todo. Joder, ¿no me hagas pensar que ver como tú gemías y te desbordabas con Víctor, que eso le gustaba, que eso le ponía?

Después de la parrafada y conclusiones de Viva, Isa se creyó con derecho a desarrollar casi un tratado.

--No, no, Viva. Yo ya no tengo muchas cosas seguras en esta vida, sobre todo en cuanto a confianza, porque yo no tengo derecho a reclamar confianza. Yo gozaba de la confianza de mi marido, y traicioné y maltraté esa confianza, así que más vale que no hable de eso. --Isa agachó la vista, pero continuó.

--Si estoy segura, sin embargo, de lo siguiente. Eh, verás:

--Alejandro sabía y sabe por su trabajo, que las personas, bueno, que las tías y los tíos mienten, que mentimos a veces vilmente, me lo contó muchas veces, pues había oído en declaración judicial y solemne como alguien negaba una evidencia y su prueba. El caso es que cuando él vio que mi comportamiento estaba siendo diferente, que yo ponía escusas de dolor de cabeza y otras para no calentarme con él, que ya no le besaba con las ganas de su mujer fiel y enamorada, que le daba la espalda cuando me metía en la cama, eh, supongo que necesitaba saber que estaba pasando conmigo. Por eso llamó a La Guarde, y cuando allí le dijisteis que yo me había ido del trabajo más de tres horas, sin haber una razón convincente, y haberle dicho yo a él que yo no había salido de nuestro trabajo, su confianza en mí debió quedar por debajo de la alfombra. Estoy segura de que, en ese nivel de confianza, el ya no habría tenido suficiente con haberme visto enroscada en Víctor, porque yo ya le había mentido otras veces, pues no le dije nada del manoseo en el baile El Cielo Total, le engañé cuando soñé con Víctor en su propia cama, le volví a engañar con mi primer polvo con Víctor en la Sala V de la Guarde, y, joder, le traicioné cuando yo misma fui al piso de Víctor y me puse allí como una gata en celo. Él se convenció que yo le mentía, que le estaba traicionando, que yo gozaba poniéndole los cuernos y, por eso, precisamente por eso, el ya no tenía suficiente con verme. No, no, el no disfrutaba viéndome follar con otro, puesto que

estoy segura de que cada vez que Víctor me la enterraba a mí, a Jandro le enterraba una puñalada sangrienta entre sus piernas.
--¿Entonces? --Dijo Viva pretendiendo la razón.
--El ya no iba a tener suficiente con que yo le siguiera mintiendo, que yo se lo siguiera negando. --Iba hablando Isa con la lengua pastosa. --Alejandro diría que sí, que él lo había visto, y yo podría decir que no, que eran celos, que él estaba tonto y que se lo inventaba, lo cual quedaría en un empate, como él decía, en una sentencia absolutoria por falta de pruebas. Alejandro, por su condición profesional y personal no podía tirar la puerta abajo y liarse a hostias con nosotros dos, por eso aguantó lo inaguantable, por eso no se fue de aquella ventana hasta que yo no salí a la escalera, para poder mirarme a los ojos, que fue lo que hizo cuando yo estaba abrazada a Víctor en el descanso de aquella escalera, y que yo le mirara a sus ojos al mismo tiempo, allí "in situ", en el momento y en el acto, para que yo no pudiera negárselo en mi vida, para que yo supiera y tuviera conciencia de lo que le estaba haciendo. Por todo eso, Alejandro nunca me perdonará.

    Y llegado a este punto, Isabel hizo una reseña infinitamente aclaratoria:

"Alejandro no es de los que traicionan, por eso, precisamente por eso, no es de los que perdonan".

--Explícate un poco más. –Pidió Viva.

--Pues, eso, que solo pedimos perdón los que traicionados. Pretendemos el perdón para así poder seguir traicionando. --Machacó Isa con su lengua en su mano. Y quiso finalizar con todo lo que llevaba dentro, porque de lo contrario reventaría:

--Desde aquella nuestra última mirada, yo abrazada a Víctor, toda feliz, y Jandro sentado enfrente, destrozado, en su mirada yo sentí lo que él pensaba:

"Cabrona, maldita, qué me estás haciendo".

--Después de eso, nunca volví a tener paz. Me he dejado follar por cientos de tíos, pero en todos los casos con pena, ninguno con gloria. Esta es y será mi maldición mientras viva.

Esta vez se hizo el silencio total, sin nada que lo quebrara, que nadie se atreviera.

Tras esos siglos de silencio, a Isa le entró una ráfaga de algo en su cabeza; no supo cómo entró, porque después del tiempo pasado era poco menos que impensable, pero entró, ¿Cómo? Pues, tras un cierto tiempo hablando del presente y del pasado cercano, Isabel regresó de nuevo al pasado más lejano, a aquel día de la boda con Alejandro, cuando en el altar, tras el "sí quiero y prometo" de su marido, ella había quedado bloqueada, en blanco puro e inmaculado.

 Y recordó, y exclamó para que el mundo la oyera.

 --Ahí va, la hostia. Mi marido prometió cuidarme y serme fiel hasta que la muerte nos separara, pero…, pero yo no, yo no le prometí eso, yo solo pronuncié "sí quiero", es decir, "si quiero casarme con Alejandro", sin prometerle que tendría que serle fiel hasta la muerte. Anda, por tanto, yo no rompí promesa alguna, y, por tanto, hasta puedo decir que yo no le puse los cuernos a mi marido. Joder, aquello de quedarme en blanco y hacer esperar a todos los presentes por el "sí, quiero", incluido a mi prometido, fue la hostia. El caso es que, bien mirado, yo le dije que sí, que quería casarme con él, y me casé con él, pero nada más, nada de serle fiel eternamente.

 --Bueno, pero te casaste, y eso implica respeto conyugal y de cama, ¿o qué? --Razonó Viva.

 --Sí, pero técnicamente, yo no incumplí promesa alguna. Si quieres, una falta de respeto o de consideración, pero yo no prometí serle fiel toda mi vida… Mira, hasta me siento más aliviada.

--Eh, pues tú verás. --Concluyó Viva. --Si tú lo quieres ver así, pues eso, pero pregúntaselo a Alejandro a ver cómo lo ve él.

Esto último de Viva hizo mella en los oídos y en el cerebro de Isa, que se quedó bastante desinflada respecto de que ella no había sido infiel a Alejandro por el hecho de que ella no se lo había prometido a pregunta del párroco, hasta el punto de que Isa se levantó, dio una vuelta alrededor del banco, y se sentó de nuevo, sin saber que quería hacer.

Estuvieron un rato hablando de cosas varias, para distraerse, hasta que, como algo inevitable, a la mente de Isa retornó el sentimiento de culpa y desesperación que le acompañaba desde entonces, así que, como para despedirse, le dijo a su amiga, en forma muy triste:

--Traicioné a mi marido y vendí mi cuerpo muchas veces por veinte euros. Si tú ni te respetas a ti misma, como vas a respetar a tus padres, a tus hijos, a tu marido, a aquellas personas que te interesan. ¿Como? --Y continuó, mostrando su cara muy pálida.

--Rompí la vida de mis padres; ellos vivían para mi bienestar, y los maté a disgustos. Rompí la vida de mis hijos; como iban a estar conmigo, si su madre es una cualquiera, una prostituta. Rompí la vida de Jandro; le mentí en sus ojos y le traicioné en aquello que un marido más quiere en este mundo. Y rompí mi propia vida, que me denigré hasta humillaciones inaguantables.

--Ya no merezco nada, ni puedo seguir viviendo.

Isa se levantó. Viva también.

Isa se abrazó a Viva. Su cara no decía nada, no contenía expresión alguna.

Solo salió algo corto de la garganta de Isa, que lo oídos de las dos percibieron.

--Viva, mi amiga eterna. Se feliz.

Isa dio media vuelta y se fue. Viva, después de unos segundos, también se fue.

CAP 26   DE LA NOCHE AL DIA

*** La noche ***

En un mediodía gris, con muchas nubes oscuras en el firmamento, tantas que más que un mediodía gris más bien era un mediodía negro, Isabel tomó una decisión, también negra; había tomado otras decisiones bastante negras en la última parte de su vida, pero la de este mediodía era insuperable, la negrura, la obscuridad era absoluta.

Se lavó sus manos, ve a saber por qué y para qué. Últimamente, ella había hecho muchas cosas que no respondían a ninguna pregunta honesta ni se asociaban con ninguna respuesta sensata, pues así se lo habían repetido todos los que de ella estaban cerca.

Después de desmaquillarse adecuadamente, se puso una ropa holgada, para compensar lo apretada que había ido este último año de su vida. Se calzó unas manoletinas bastante usadas, porque hoy no tenía necesidad ninguna de subirse a unos tacones de vértigo que realzaran sus glúteos. Eso se había acabado.

Iba rara, porque era la primera vez en su vida que no llevaba bolso. Fíjate, una mujer sin bolso, pero no lo necesitaba. La cartera, tampoco. Nada de documentos, ya había llevado muchos en la etapa de casada. Iba más ligera que en cualquier otra ocasión, pues hasta iba sin ropa interior, si bien esto que hubiera sido impensable unos años atrás, tampoco era extraño desde hacía algún tiempo. Sin embargo, por la fuerza superior de la costumbre y sin darse cuenta, se había metido su móvil en un bolsillo que por allí encontró.

Pensó en quien ella debía pensar. Pensó, sin dudarlo, en sus hijos.

Escribió una carta en papel. Hacía mucho tiempo que no escribía una carta que no fuera en formato electrónico, pero esta vez tuvo que ser al estilo convencional. No supo del todo lo que en esa carta llegó a escribir, puesto que la escribió según sus pulsaciones le iban dictando, sin repasos ni rectificaciones. La idea era que cuando saliera a la calle y alcanzara algún buzón, allí la depositaría para que a casa de sus hijos llegara. Sus padres ya no vivían. Se llevaría con ella su recuerdo, para siempre.

Pensó en Alejandro. Después de un sí, de un no, de un no, y de un sí, dijo: Adiós.

Isabel entró en su coche. Lo puso en marcha y miró el indicador de carburante que indicaba carga para quince kilómetros.

"Bueno, --pensó. --tampoco necesito más".

Después se miró en el espejo interior del coche. No supo reconocer la expresión de su cara, puede que porque no tuviera ninguna.

Aceleró, ya no le importaba el límite de velocidad ni las multas, ya que cuando la gravedad desciende a números de la estratosfera, lo que pase en este mundo se relativiza a niveles imperceptibles. Encontró un buzón. Se detuvo y depositó su carta. Retomó de nuevo su viaje programado, sin pérdidas.

Alcanzó el destino elegido. Dejó el automóvil en cualquier sitio, pues ya no iba a preocuparse de si era multado o se lo llevaba la grúa. Y si fuera así, peor para ellos.

Bajó del coche, con calma, con la serenidad que da el hecho de no tener prisa alguna. Ya no importaba si era una hora u otra, si la hora pertenecía a la mañana o a la tarde. Levantó el mentón, para demostrarse que mantenía su dignidad intacta.

Miró hacia atrás como despidiéndose de todo lo que dejaba tras ella, que no dejaba más que aquello que había sido lo más querido por ella en su mundo, como eran sus dos hijos, y como en sus días había sido su marido, el amor de su vida, aunque seguro que al presente él no iba a pensar lo mismo.

Sus ojos se pasearon por todo lo que había en los alrededores. Divisaron un embalse a su izquierda, una gran masa de agua retenida por un muro de contención que impresionaba. En frente, justo donde acababa la masa de agua contenida, se podía seguir una vía, un sendero de cemento de alrededor de un metro de ancho, cual vía peatonal pensada, que conducía a una central hidroeléctrica situada cerca de medio kilómetro desde donde ella se encontraba. Por la derecha y todo a lo largo del sendero de cemento, se había levantado un pequeño muro también de cemento de unos sesenta centímetros de alto y otro tanto de ancho, con el cual se pretendía separar el sendero del precipicio. Ya a la derecha de ese muro lateral, la impresión se hacía realidad. Una pendiente casi vertical, algo inclinada, de unos cien metros de caída, era conformada por el gran muro de contención de la masa de agua embalsada, dando todo ello sentido a lo que se conocía como la presa hidráulica más grande del país.

En cuanto que Isabel se fijó en la imponente profundidad del muro de contención, desde lo alto donde ella estaba hasta el final de este en el rio, se le acudió un calificativo que alguna vez había llegado a sus oídos:

"Esto es un auténtico despeñaperros".

Pues, eso, ese era el precipicio perfecto para el plan concebido por Isabel.

Ella caminó despacio cuatro o cinco metros hasta situarse al lado mismo del muro lateral. Se sentó en aquel muro endiablado, donde una ráfaga de mal viento te podía arrastrar hasta las profundidades del infierno.

Se puso a recordar. No eligió el qué ni rechazó el cuál, simplemente fue dejando que su cerebro se fuera desprendiendo de la pasión, de la rabia, de las alegrías, de las tristezas y de las emociones. De los sin sabores y de los con sabores.

Recordó su infancia, con sus padres, cuando ella se sentía la hija querida y protegida. Después creció, vinieron los diecisiete años, los veinte y los veintitrés, con sus ilusiones rodando por el pueblo de Otero y por la ciudad de La Villa.

Con los veintitrés conoció a Alejandro en aquel DiscoDance, el único descubrimiento masculino que valió la pena en su vida. Alejandro se convirtió en Jandro, con el que gozó seis años de amor, paz y pasión, cuyo resultado fueron sus dos hijos, lo más de lo más en su existencia.

El destino hizo que se le cruzara Víctor en forma de demonio, y ahí comenzó su purgatorio, con el desprecio absoluto de Alejandro, el sin vivir en La Mansión, el casi ahogo en el barco de heroína y el sufrimiento insufrible en la prostitución, hasta el día de hoy, que concluiría su vida en el infierno de este despeñaperros.

Isabel levantó un poco su vista y la dirigió hacia el precipicio. No pudo ver el semblante de su cara, porque era indefinido. Tampoco las autoridades del cielo sabrían cómo era, ni siquiera los lacayos del infierno, acostumbrados a ver calamidades, se atreverían a describirla.

Sin proponérselo, Isabel percibió una chopera situada en el lado derecho de la presa, con unos chopos frondosos y desafiantes, ya que con el vapor de la cascada provocada por la caída del agua desembalsada no les faltaba la humedad ansiada. A la derecha de la chopera se levantaba un pequeño cerro que escondía parte de la chopera y parte del remanso del río. En la parte alta de ese cerro aparecía una casa señorial, sin muchos remilgos, pero que parecía hecha de piedra de cantería de la buena, de la muy buena, sobre todo porque ni en aquel lugar ni en sus alrededores se encontraba ese tipo de piedra.

Isabel, con su autoestima por debajo de sus pies, permanecía agarrada al muro de la presa donde se asentaba la central hidroeléctrica. Ella ya estaba mentalmente en el altar donde se abandona este mundo.

Por el rabillo del ojo, que es por donde se cuelan las mejores y peores impresiones, percibe que se le acerca un tío con un chándal y una capucha, con una mascarilla en la cara y gafas de sol puestas. Vio que venía directo hacia ella. Por su paso largo se le veía decidido. Ella conocía a los tíos porque había librado muchas batallas con ellos y, también, las había perdido casi todas. Sabía cuándo buscaban satisfacer la entrepierna, y éste venía con la cara y la vena de búfalo muy hinchada.

Ella empezó a temblar y se quedó agarrotada, intentando clavar sus uñas en el muro de cemento que separaba la vía peatonal del precipicio.

Que cosas tiene esta vida, pues no tenía temblores con su decisión de lanzarse al vacío y abandonar este mundo y, sin embargo, se puso a temblar en cuanto supo que aquel búfalo despreciable venía a violarla.

Comenzó el forcejeo. Cuando ella ya estaba vencida, sin bragas y sin fuerzas, decide qué se lo va a poner todo lo imposible que esté en su sangre, para lo cual se gritó a sí misma:

"Mi piel. Esta es mi piel, y con ella hago lo que quiero".

En este momento tan negro, ella no estaba precisamente para fiestas, y aunque a ella se la hubieran toreado cientos de tíos, no estaba dispuesta a aguantar la salvajada de otra violación, aun cuando había pasado por calamidades iguales, y puede que peores, ya que las violaciones en grupo son lo peor de la raza humana, puesto que, aunque no te maten, te dejan sin vida.

El búfalo humanoide le cogió sus dos muñecas y se las agarró con una mano. Ella intentó soltarse. No pudo. El búfalo le abrió las piernas y ni siquiera tuvo que romperle las bragas, porque ella no llevaba.

El agresor puso sus piernas entre las de ella y la miró, con furia, con fuego en sus ojos. Ella estaba aterrada, repleta de ira y de cólera, intentando resistirse, pero la barbarie ya estaba a punto de pasar, ya se iba a consumar, de forma que los malhechores del infierno nuevamente les iban a ganar la batalla a los bienhechores del cielo.

De un zarpazo, el agresor se quitó la mascarilla y las gafas de sol, mientras con voz enfurecida, rezumando odio, mascullaba a medio control:

--¿Qué esperabas, que te follaran todos, hasta cualquier mequetrefe que lleve veinte euros encima, menos yo?

Ella vio su cara y reconoció su voz. Su cerebro explotó de indignación, tanta que solo pudo pensar:

"No hay Dios, ni hay cielo, solo existe el infierno".

No supo dónde estaba Dios, porque no le contestó, más bien oyó las sonrisas siniestras de los desalmados del infierno. El cielo comenzó a derrumbarse hasta las negras salas del centro de la tierra, mientras que el infierno ascendió y cubrió la tierra de un negro olor a muerte.

¡Inconcebible! Era la cara y la voz de su exmarido, de Alejandro.

Ella lo miró a los ojos, con absoluto desprecio, y le espetó:

--Eres un rastrero, un desecho para la institución de la justicia.

Intentó insultarle mucho más, pero solo pudo acabar con algo así.

--¿Por qué haces esto? Cabrón, cornudo de mierda, salvaje.

Ella, con el forcejeo, había quedado tendida de espaldas sobre el muro, con su medio cuerpo superior asomándose al precipicio.

Él, mientras la miraba como muy descolocado, bramó:

--Sí, yo soy un cornudo, porque tú me has hecho cornudo, pero tú no volverás a ponerme los cuernos, porque en cuanto acabe contigo, tú te iras con tu coño al fondo del pantano.

Ella replicó con su ira entre las nubes.

--¿Es por venganza? Pues, empieza, cabrón, consuma tu venganza.

El agresor, como si las palabras de ella fueran gasolina encendida, pretendió penetrarla hasta el fondo.

Todo se venía abajo. Lo previsible era que Isabel se fuera con su cuerpo y alma al precipicio, pero no siempre las previsiones se cumplen. A ella, que a aquellas alturas ya no podía aguantar una agresión más, sobre todo porque el agresor era su propio exmarido, se le hincharon los ovarios, y no fue de placer.

Ayudada por el hecho de que su Alejandro podría tener mucha inteligencia (eso siempre es lo que parece), pero no era un dechado de fuerza poderosa e irresistible, mientras él se preparaba para las envestidas furiosas, ella pensó rápido en lo que hacer.

Él concentró su fuerza y pensamiento en la estaca de su entrepierna, más que en sus brazos para amarrar a su víctima.

Cuando él ya notó que su miembro tenía pujanza suficiente para su pretensión, Isabel consiguió soltar sus manos de la de su agresor, agarrarlo por la nuca y poner sus pies en la barriga de él. Esta era una postura muy sexual, que ella conocía muy bien, pero esta vez no pensaba en facilitarle la entrada del miembro masculino que otrora con Jandro habría sido una delicia, sino que empujó con sus piernas ferozmente, y como tenía la espalda apoyada en el muro de medio metro de altura, la palanca fue perfecta, de forma que volteó a su exmarido, a su agresor por encima de su cabeza y..., y allá detrás del muro se fue Alejandro.

Se fue por despeñaperros, unos cien metros de caída libre, dando vueltas y descuartizándose por el muro de cemento inclinado que formaba la presa del pantano.

Ella asumió que Alejandro se había triturado en miles de pedazos, pues desde aquella altura no había forma humana de salvarse, tanto que la investigación policial concluiría que habría sido un fatal y fortuito accidente con resultado inevitable de muerte segura.

Isabel había entrado en "modo desesperación", no cesaba de temblar, su cuerpo estaba invadido por un ataque feroz de odio, de ira, de vómitos, de náuseas.

Sin fuerzas que la sostuvieran se dejó deslizar por la cara interna del murillo de cemento hasta quedar sentada en el suelo de la vía.

Acurrucada pasó algún tiempo, hasta que comenzó a hablar en voz alta, con tono punzante y cortante, para que el viento pudiera sentirse herido y acuchillado:

¡Qué les pasa a los machos para que las hembras tengamos que pasar por esto!

Pasaron unos minutos llenos de desespero. Cuando ella superó el estado de miseria, recordó una frase que Alejandro le dijera a su madre tras los primeros días de cuernos, y que más o menos decía lo siguiente: "Ahora vuestra hija ya puede follar con cualquiera, menos conmigo. Podrá tener otras pollas dentro, las que quiera, pero nunca más volverá a tener la mía".

Ella, recordando esta frase y dirigiéndose a su exmarido, como si pudiera oírlo, exclamaba con saña:

"Mal nacido, yo que siempre pensé que tú cumplías tus compromisos, pues no, viniste a violarme como un bisonte enfurecido, miserable de mierda".

Isabel prosiguió, con la vista clavada en el suelo y las uñas de las manos clavadas en el muro de cemento.

"Yo confiaba ciegamente en ti, desgraciado. Sí, sí, ya sé que tú también confiabas en mí y te las metí cruzadas, ya lo sé, pero yo ya me flagelé lo mío, así que ahora te jodes tú, mamón. ¿Querías vengarte? Pues haberte vengado como un hombre de verdad, como yo esperaba que fueras, que me ignoraras, que pasaras de mí y me demostraras que tu merecías más la pena que yo, y durante un tiempo lo hiciste, joder, y aunque me jodía lo mío, llegué a estar orgullosa de tu honor, de tu hombría, que yo había pisoteado, sí, pero que yo siempre esperé que tu fueras mejor que yo, que el padre de mis hijos fuera un ejemplo para ellos. ¿Y ahora que les digo a tus hijos? ¿Qué yo soy una mierda y que tú eras más mierda que yo?"

Isabel tomó aire, pero retomó su manifestación de ira.

"Miserable, ¿Por qué has intentado matarme? ¿Por qué me follaba a cualquiera, menos a ti? Pues, ahora estoy segura de que yo como prostituta tengo más honor que tú como Juez.

Seguro que tus compañeros son unos santos, pero tú tenías memos honor que Satanás. ¡Cabrón! Ahora no siento haberte puesto los cuernos, ahora siento no habértelos puesto mucho antes, y también siento todas las lágrimas que derramé sintiéndome culpable, cucaracha, ahora resulta que el cerdo eras tú. Eras más mierda que yo, y mira que yo he tragado mierda con veinte o treinta tíos diferentes cada día, y aun así yo no me siento delincuente, el delincuente eras tú que eres un pretendido agresor de mujeres y que venías con la voluntad clara de asesinarme tirándome al precipicio".

Isabel seguía recorriendo todos los rincones de su cerebro y no podía dejar de repetirse frases parecidas, con reproches parecidos, con ira parecida:

"Por qué has hecho esto, desgraciado. Les abrí mis piernas a muchos tíos y también te las habría abierto a ti si me lo hubieras pedido. ¡Joder!, hasta igual habría tenido contigo el último orgasmo de mi vida, que hace un siglo que no tengo. Pero, pero, yo estaba segura, tanto que habría puesto mi cuello debajo de una guillotina, que tú eras el único hombre de verdad, el único hombre al que valía la pena mirar en esta mierda de tierra. Y mírate tú ahora".

Ella continuó clamando al cielo, destripando los mismos argumentos:

"Después de traicionarte te seguí queriendo, por eso me di muchos puñetazos en las partes que Víctor me había tocado, por eso viví hasta hoy con una culpa que me mordía constantemente hasta la vejiga. ¡Mierda!, yo siempre creí que tú eras mejor que yo, que nuestros hijos tenían que seguirte a ti, que tenían que comportarse como tú, y ahora ¿Qué les digo a tus hijos, que su madre era una prostituta y que su padre era un asesino? ¿Les digo eso?".

Otra vez se encontraba Isabel ante el gran dilema de decir la verdad, de decir la verdad de color negro, la verdad real, o, como había pasado, repetir la historia, callarse y dejar que las apariencias conformen una mentira y una opinión falsa, una mentira lavada y de color blanco, de color ficticio, que es lo habitual entre los humanos.

Isabel comenzó a mover sus manos, como si pretendiera escurrir algo que le estorbara, alguna cosa que le sobrara. Y fue ahí cuando se dio cuenta que todavía conservaba puesto en su dedo la alianza de casada. Aquella que, un día inolvidable, le había puesto Jandro en su dedo. Ya no llevaba el anillo de prometida de su exmarido, puesto que, en un día de cuernos, Víctor se lo había sacado y cambiado por aquel anillo de nueva prometida, codificado y siniestro. Este anillo de prometida de Víctor tampoco lo llevaba, ya que lo había expulsado de su dedo para salvar su vida en aquel barco lleno de heroína. Pero, qué cosas, una mujer dedicada a la prostitución seguía llevando la alianza de casada.

Ella miró aquel anillo, y con profunda indignación y tristeza, con la esperanza triturada y avinagrada, quitó la alianza de casada de su dedo diciendo en voz alta, para que Alejandro se enterara y se lo tragara:

--Entérate, desgraciado, me quito yo esta alianza de casada contigo porque tú, cabrón, ya no puedes quitármela. Ahí la tienes, quédatela para siempre, miserable. Aquel día que estando en el altar me casé contigo, que me quedé atragantada, en vez de un sí, debí decirte que no, que no quería casarme contigo.

Isabel alzó su mano y lanzó la alianza hacia el mismo lugar por donde se había ido Alejandro, despeñándose seguramente la alianza por algún lugar cercano.

Isabel volvió a llorar. Y ahora ya sin promesas matrimoniales vigentes, su cerebro se desató, entró en "modo libre" y volvió a repetirse con saña, preguntándose continuamente por qué su ex se había comportado de forma tan descerebrada con ella.
"¿Por qué me has hecho esto, por qué? -- Sollozaba. --Te hubiera abierto mis piernas con tanto deseo como el que teníamos en nuestra casa, y seguramente me hubiera corrido contigo, pero, animal, porque tuviste que venir aquí a vengarte, bestia, alimaña. Yo te tenía en un pedestal, eras mi Dios. Ya sé que fui yo la que te fallé al incumplir mis promesas, pero era yo la que en estos tres años me sentía culpable y me mortificaba.

Joder, no niego que te ofendí hasta lo indecible, donde más se ofende a un marido, lo sé, tanto de palabra como de obra, y hasta podría entender que vinieras con dinero a comprar mi cuerpo, como hacen otros, que quisieras humillarme en forma ciega, hasta te comprendería, pero, cabrón de mierda, que hayas venido con la intención de violarme de esta forma y que vinieras claramente a tirarme por el precipicio para acabar con mi vida, miserable, jódete tú, alimaña salvaje".

"Jamás volveré a dedicarte ni medio segundo más de mi vida, jamás volveré a llorar por ti, cornudo nauseabundo".

Y sí, esta vez Isabel empezó a cumplir su promesa y su pensamiento se fue al encuentro de sus hijos. Allí empezó a hacerse planes:

"Si un día me voy al planeta Marte, recogeré a mis hijos, si ellos quieren, ya que será lo único que de este planeta Tierra intentaré llevarme.

Ni siquiera me llevaré el recuerdo del animal de mi ex, porque de él ya pronto solo quedarán sus restos convertidos en polvo, que el viento se encargará de esparcir entre la soledad de la tierra".

Isabel, hablando consigo misma, ahora que tenía total libertad para pensar, puesto que su conciencia ya nada le reprocharía por pensar, esta vez se dejó llevar y pensó:

"Bueno, ahora que el salvaje de mi exmarido ya no puede oírme, ahora puedo prometer lo que quiera, como hacen todos los humanos, porque seguro que, sobre mis promesas, Alejandro diría:

"Sí, sí, promete, promete, que a mí también me prometiste muchas veces amor eterno, y mira lo que me has hecho".

Sin embargo, esta vez Isabel habló en voz alta, para navegantes:

--Prometo que, aunque volviera a nacer, jamás volveré abrir mis piernas por dinero. No las abriré ni, aunque se trate de una operación para controlar todo el planeta Marte, ni así lo haré, pues mandará mi sangre, mandará mi piel.

Sin embargo, Isabel tenía los hombros caídos, no estaba ahora para promesas de futuro. Después de varios minutos transcurridos, ya tenía muy masticado acabar aquí con su piel, quien sabe si por el mismo rincón que Alejandro. Decidió que lo que había venido a hacer seguramente lo haría. Por eso dedicó su último pensamiento:

"Ya no me queda nada que hacer en este mundo de perros malvados, salvo un pensamiento final para mis dos niños, mi niña Aurora y mi niño Albor, a los que debo muchas cosas y, por eso, no me atrevo ni a pedirles su perdón".

Con la calma que da la locura convencida y definitiva, se subió al muro de cemento de algo más de medio metro de alto, cerró los ojos y abrió los brazos en cruz.

Algo desde su interior, que nunca supo lo que fue, le obligó a oír su propia voz serena, que, sin gritos, sin sustos, se decía:

"Es tu piel, y con tu piel puedes hacer lo que quieras. Has podido con el cocodrilo de Tito, con la serpiente de Laila, con el alacrán de Víctor y, también, con el descerebrado de Alejandro. ¿Te vas a rendir ahora?".

Isabel abrió los ojos y le hizo saber al mismo cielo:

"Hice lo que quise. Era mi piel, y con mi piel podía hacer lo que quisiera. Ni siquiera Alejandro pudo evitarlo. Es verdad que desde que conocí a Jandro hasta que oyó de mi boca "que se joda el cornudo de mi marido", es cierto que él fue el único que se acercaba mucho al hombre ideal, puesto que fue el único por el que llené vasos de lágrimas, pero después de comprobar el cerebro maligno que tenía, que se joda. Por tanto, como que mi piel siempre saca la cabeza para respirar aire fresco, ya no voy a consentir que todas y todos esos mamarrachos que conocí, y que me queda por conocer en esta vida, se crean que tienen los ovarios o los cojones más grandes y más redondos que yo. Ahora ya no necesito hombres que me manoseen, ahora ya solo necesito oxígeno limpio en mis pulmones y paz serena en mi alma".

*** El día ***

Al final, ella se queda mirando al suelo, ensimismada, como si buscara algo minúsculo. Fue así como el hombre sin nombre se le acercó y comenzó a hablarle despacio, sabiendo que no era su problema, con la serenidad que dan años de toreo.

Aquel hombre, sin nombre, que desde detrás del muro había observado lo que pasaba al otro lado, vio como ella volteaba al hombre que pretendía despeñarla. Subió y se quedó a una distancia prudencial de Isabel, con ánimo de acompañarla. No pretendía expiarla, ni adulterar sus pensamientos, que eran suyos.

Tras oír todo el testamento que ella había dictado en voz alta, el hombre comenzó a recitar su contra testamento, pronunciando palabra tras palabra, casi deletreándolas:

--Eres una pobre ilusa, María Isabel, como lo son otras muchas, y como lo soy yo. Decir que, "mi piel es mía, y con ella hago lo que quiero" es muy loable, muy aplaudible, es muy de humanos, pero eso pocas veces se cumple, puesto que tu piel es tuya, sí, pero rara vez puedes hacer con ella libremente lo que quieras, puesto que la piel de las humanas, especialmente la de algunas humanas, como la tuya, es muy deseada por la piel de los humanos, y siempre habrá quien, por mucho que te escondas, pretenda cobrarte intereses de un capital que nunca te ha prestado.

    Isabel le daba vueltas a lo que acababa de oír, y dado que ya se había recuperado un tanto anímicamente, hizo un esfuerzo por levantar la vista del suelo y buscar visualmente al hombre sin nombre. Durante el mismo tiempo, ese hombre sin nombre comentó perezosamente:

    --A mí me sobran años, pues tengo muchos, ochenta y ocho; también me sobran bienes, y me sobra el dinero, tanto que no conseguiré nunca ni empezar a gastarlo, pues ni siquiera alcanzaré a gastarme una parte ínfima de los intereses. ¿Y qué me falta? Porque siempre falta algo, incluso a los ricachones nos falta algo. Pues, me falta un alma serena que apacigüe mi alma atormentada.

    Isabel, tirando de ironía, pensó:

    "Anda, joder, pues has dado con la más indicada".

    --Físicamente, desde la frente hasta los pies, eres la mejor. --Continuó el hombre sin nombre. --Pero, tranquila, no te inquietes, ahora ya no voy atacando a mujeres, a mi edad, ya no. Espiritualmente, creo que no eres mala, por eso podríamos ayudarnos, contarnos nuestras penas y nuestras glorias, si queremos, y si no nos callamos. Isabel lo miró por primera vez. En la vida le habían hecho proposiciones de todo tipo, de las unas y de las otras, pero ésta era realmente singular. Se le ocurrió de golpe:

--¿Y qué ha hecho tu alma para estar tan atormentada? ¿También has despeñado a tu mujer por el precipicio de este embalse?

A él se le escapó una sonrisa un tanto forzada, y contestó:

--No, no, ella se murió de leucemia, y aunque eso de despeñarla lo pensé más de una vez, lo cierto es que si no lo hice fue porque soy más cobarde que tú.

Sin esperar más razones, al hombre sin nombre se le oyó decir:

--Yo sé que hoy ya has cubierto el cupo de los lanzados por el despeñaperros, por eso también sé que ahora ya no harás nada más que mejorar. Si me esperas momento y medio, vendré a recogerte con mi coche, porque yo ya no estoy para llevarte mucho tiempo en brazos. Cuando llegue nos iremos a tomar un refrigerio a mi barco que está muy cerca, y después tú decides.

Y el hombre sin nombre se fue, obligándola a ella a no pensar más en tirarse por el despeñaperros.

Mientras tanto, Isabel, intrigada por todo lo que rodeaba a aquel hombre mayor, puso su teléfono móvil en marcha y, mirando aquel magnífico barco que antes no había visto, vio ahora que sobre el mismo aparecía rotulado: "El Tránsfuga". Tecleó el nombre y le salió el propietario:

"Indalecio Villasevil de la Torre".

Un hombre envidiado, con un poderío económico inmenso, dueño de multitud de empresas y, como colofón, propietario del ochenta y seis por ciento de acciones de la multinacional interestelar "Sueño Marciano", cuyo valor de acciones, ahora que todo el mundo quería irse de vacaciones al planeta Marte, se cifraba en más de cincuenta mil millones de euros.

--Joder con el Villasevil éste. --Se le escapó a Isabel a pesar de que, de euforia, en su mente no tenía nada de nada.

Vino Villasevil con su coche, que no era un coche cualquiera, sino un Jaguar de lo más impresionante, aunque también es verdad que tenía más rayas y golpes que el de un chatarrero muerto de hambre, si bien esto jugaba a favor de Indalecio, ya que eso indicaba que ya no le preocupaba su coche, sino vivir su vida, lo que le quedara de la misma. Entraron en el coche y poco después llegaron al barco: Espectacular.

Isabel miró a su alrededor y se tumbó en una hamaca preciosa, situada cerca del agua. Ella estaba callada. Villasevil respetó ese silencio y solo dijo:

--Te dejo con tus cosas el tiempo que necesites. Cuando quieras, avísame.

Ella sonrió en su interior y pensó:

"Esta vida es un bidón. Ayer, de hecho, yo estaba de mierda hasta por encima del cuello y, ahora mismo, puede que mañana esté llena de gloria. ¿Cuánto me puede aguantar este Villasevil? ¿Un año?, ¿Dos años?

Yo ahora tengo treinta y tres años. Jo, como Jesucristo. Espero no acabar en la cruz como Él.

Desde que me dediqué a vivir de los tíos, sacándoles su dinero y su semen, ahora ya sé, después de haber aguantado tantas cabronadas, ahora ya sé en lo que piensan los tíos. A partir de ahora ya no voy a dejarme torear. Y pensando en el toreo y en los cuernos, se le escapó:

"Jódete, señoría, jódete, Don Alejandro, yo te puse los cuernos y yo te despeñé por el precipicio. Te he ganado".

Y siguió pensando en su futuro.

"¿Qué quiere este Villasevil? Lo de todos, solo que seguro que ahora sus ojos ya pueden más que sus vísceras. Mientras este Villasevil, este proyecto de dinosaurio esté vivo, yo viviré como una descosida, pues lo de follar ahora ya me preocupa muy poco, y el día que mi cuerpo me pida unos apretones, no va a ser este Villasevil quien me los impida. Lo bueno es que, fíjate por donde, Alejandro tenía razón: Te mereces un príncipe petrolero. Y aquí está".

Estiró los brazos y continuó con el futuro.

"No hay bien material ni espiritual en este mundo, ni en otros mundos, que tenga tanto valor y tanto poder como el coño de una mujer bien plantada. Los machos montan sus guerritas, aleccionan conciencias, mueven la bolsa, manejan la energía y toman sus decisiones... pero la mayoría de esas decisiones y la mayoría de quienes toman esas decisiones acaban arrodilladas debajo de las piernas de una mujer bien plantada.

Yo eso lo sé porque entre mis piernas tuve a todo tipo de hombres, de todas las razas, de todas las edades, de todas las culturas y de todos los bolsillos".

En este punto, al cerebelo de Isabel se asomó una ráfaga de algo indefinido, de algo que podría ser un coctel de experiencia, venganza, liberación, feminismo y veinte elementos más. Por eso, abriendo grande los ojos, se dijo todo lo siguiente:

¿Y si los hombres y las mujeres son infieles por su propia esencia?

Eso implicaría que la búsqueda de emociones fuera de casa sería inevitable, nos guste o no, y que solo los tíos cobardes y las tías feúchas son fieles por obligación, no por devoción. Isabel se cambió de posición en su hamaca.

¿Y..., y si esa obligación de tener que ser fieles no es neurológica, sino que nos lo hizo creer algún humano iluminado?

Eso significaría que los humanos adultos nos dejamos enredar por cuentos de hadas y de sirenas. Esto es, haced lo que yo diga, pero no hagáis lo que yo haga.

Isabel se removió nuevamente en su hamaca y concluyó sus reflexiones:

¿Y..., y si..., y si los hombres y las mujeres tenemos el cerebro entre las piernas?

Eso explicaría porque cuando el cerebro de la entrepierna dice si, lo tiene mal el cerebro de la cabeza para mantener el no. Eso explicaría por qué yo no pensé con el cerebro de la cabeza, y por eso no pensé en Alejandro, sino que pensé con el cerebro de la entrepierna, y por eso no vi más que a Víctor.

    Uf, ya sé que éstas son unas reflexiones muy poco científicas, pero tampoco la ciencia lo puede explicar todo. Y remató los primeros flecos del futuro.

    Desde ahora mismo me olvidaré de mi vida pasada. De mis primeros veintitrés años preciosos con mis padres; de los siete años muy blancos que viví con Alejandro; y, sobre todo, enterraré los tres años muy negros malvividos entre animales carnívoros, entre animales sin sentido.

    Isabel levantó su mano izquierda y con el dedo índice de su mano derecha trazó una cruz sobre la palma de su mano levantada, mientras murmuraba:

    "Juro y perjuro, Isabel, que en esta nueva vida me lo voy a destilar inmensamente bien, sin los prejuicios que tenemos los pobres sobre la moral. Conseguiré la fortuna de este Villasevil, además conseguiré la de sus amigos, porque todos vendrán detrás de mí, y, por supuesto, también la de sus compinches, que también me seguirán. Después, el cielo me oirá proclamar con satisfacción:

¡Ahora dominaré el mundo, con todos los tíos de este mundo a mis pies!

¡Mi piel... siempre será... mi piel!

www.ingramcontent.com/pod-product-compliance
Lightning Source LLC
Chambersburg PA
CBHW060348250426
43667CB00051B/2464